古典文獻研究輯刊

三七編

潘美月・杜潔祥 主編

第**34**冊

辟疆園杜詩注解（下）

陳 開 林 整理

國家圖書館出版品預行編目資料

辟疆園杜詩注解（下）／陳開林 整理 -- 初版 -- 新北市：花
木蘭文化事業有限公司，2023〔民 112〕
目 10+214 面；19×26 公分
（古典文獻研究輯刊 三七編；第 34 冊）
ISBN 978-626-344-497-3（精裝）

1.CST：（唐）杜甫 2.CST：唐詩 3.CST：注釋 4.CST：研究考訂

011.08   112010532

古典文獻研究輯刊
三七編　第三四冊　　　　　ISBN：978-626-344-497-3

辟疆園杜詩注解（下）

作　　者　陳開林（整理）
主　　編　潘美月、杜潔祥
總 編 輯　杜潔祥
副總編輯　楊嘉樂
編輯主任　許郁翎
編　　輯　張雅淋、潘玟靜　美術編輯　陳逸婷
出　　版　花木蘭文化事業有限公司
發 行 人　高小娟
聯絡地址　235 新北市中和區中安街七二號十三樓
　　　　　電話：02-2923-1455／傳真：02-2923-1452
網　　址　http://www.huamulan.tw 信箱 service@huamulans.com
印　　刷　普羅文化出版廣告事業
初　　版　2023 年 9 月
定　　價　三七編 58 冊（精裝）新台幣 150,000 元

辟疆園杜詩注解（下）

陳開林 整理

目
次

辟疆園杜詩注解五言律卷之七

平興王養晦翰孺甫評

東萊毛澂秀文濤甫

梁谿顧　宸修遠甫著

去蜀

　　五載客蜀郡，一年居梓州。如何關塞阻，轉作瀟湘遊。萬事已黃髮，殘生隨白鷗。安危大臣在，何必淚長流。

　　按：公乾元二年己亥冬至成都，距廣德二年為五載，而於其中一年居梓州，蓋寶應元年秋至廣德元年秋在梓州也。此詩廣德二年春作，時公在閬州，未知嚴武再鎮蜀，思出峽為瀟湘遊也。

　　萬事老年已灰，殘生與鷗上下，但所不能忘者，去年十月，吐蕃寇長安，逼乘輿，立廣武，此乾坤何等時也，其安其危能不切念？公所以涕泗交流也。轉而自慰曰：此際安危，自有大臣在。大臣指郭子儀言。「何必淚長流」，公自言無可致力也。思至此，正復淚橫溢而不能收矣。

　　丘慎清曰：「《尚書》言『尚猷詢茲黃髮，則罔所愆』。蓋老成為國所倚毗也。公自言閱歷萬事，已至黃髮，乃不能仰贊廟謨，轉危為安，奔走餘生，僅隨白鷗於江湖，能無憾乎？然而社稷安危之寄，有當事大臣在，卑官遠謫，叩閽無路，雖痛哭流涕，祗益罪耳。燭之武告秦：『臣之少也，猶不如人。今老矣，無能為也。』曹劌告人：『肉食者謀之，又何間焉？』二十字中兼此二感，宛轉深厚，只如不覺。此杜所以為詩中六經也。」

泛江

　　方舟不用楫，極目總無波。長日容盃酒，深江淨綺羅。亂離還奏樂，飄泊且聽歌。故國流清渭，如今花正多。

「方舟」，並船也。字出《爾雅》。因無波，故不用楫也。

「長日容盃酒」，「容」字妙，一任泛江者盃酒為樂，而長日能容之，不愁暮色之侵逼也。「深江淨綺羅」，從無波生來，猶「澄江淨如練」之意。舊謂「江花色淨如綺羅」，似添出「花」字。

三聯感慨最深。方舟而泛者，不止一人，不止一舟，然泛舟之人當此亂離，還如平日之奏樂，亦以為泛江之恆事。而公飄泊於此，亦復聽歌，非不知此非歌宴之時，聊自遣其羈愁耳。「還」字、「且」字，無限迴環。

公身雖泛江，心無刻不在長安，故對江流忽起清渭之感。此際之綺羅奏樂總不足戀，而還念長安。此時花當盛放，恨不身親其爛漫。思花意不在花，寓感尤深。

陪王使君晦日泛江就黃家亭子二首

黃鶴曰：「王使君即王閬州也。正月晦日為唐令節，當是廣德二年在閬州作。」

山豁何時斷，江平不肯流。稍知花改岸，始驗鳥隨舟。結束多紅粉，歡娛恨白頭。非君愛人客，晦日更添一作「禁」。愁。

此詠晦日泛江也。「豁」，開豁，即山之斷處也。欲說江平，先說山斷，謂當此開豁處，江若更平而不肯流也。

舟移則花改而鳥隨，謂岸逐舟而移，此岸之花又改彼岸也。鳥則隨舟而飛，初無定止。「稍知」、「始驗」從「不肯流」來。若江流迅疾，並花改鳥飛亦不復知，不及驗。今則稍知之，始驗之也，較前詩「青惜峰巒過，黃知橘柚來」意更曲折。

秦甲先曰：「得承上之妙。『稍』字、『始』字方有著落。否則『改岸』、『隨舟』處處可用。」

白頭之人對紅粉，偏生憎恨，衰老自傷，覺此歡娛之景都非本懷。止因使君愛客之故，勉爾追隨也。若非使君愛客，則當此令節更爾添愁，何暇為此泛江之樂哉？

有徑金沙軟，無人碧草芳。野畦連蛺蝶，江檻俯鴛鴦。日晚煙花亂，風生錦繡香。不須吹急管，衰老易悲傷。

此詠就黃家亭子也。從泛江而有徑，乃就亭子之徑。其徑皆沙，故「軟」。「無人」，言亭子中無人也。「野畦」，亭外之畦。「江檻」，亭子之檻。蛺蝶低

飛，若與畦連。公詩「沙暖低風蝶」是也。鴛鴦俯伏，近在檻際，皆從亭子下望而見。

飲至日晚，煙花相亂，忽而風生，錦繡為香，形容泛江之盛麗。煙花錦繡，美人芳草，俱在其中。或曰：錦繡，繡衣也，當指王使君言。

「急管」，笛聲也。公每聞吹笛，必起悲傷，況當此衰老，益易感情，故曰「不須吹急管」。言此宴雖極歡娛，已多白頭之恨，何堪急管之吹，更入老人耳哉！合二首觀之，言外悲感無盡。

江亭王閬州筵餞蕭遂州

離亭非舊國，春色是他鄉。老畏歌聲短，一云「斷」。一云「繼」。愁從舞曲長。二天開一云「悲」。寵餞，五馬爛生光。川路風煙接，俱宜下一云「看」。鳳凰。

以江亭為離亭，言為餞別處也。《莊子》云：「舊國舊都，望之暢然。」公客閬州，恒歎知己者少，故以他鄉為感。

公詩云：「老去一盃足，誰憐屢舞長。」又云：「不須吹急管，衰老易悲傷。」是老年畏聞歌聲也。此反云畏其短，則是喜聞歌矣。總之，畏短憎長，俱不樂聞歌意。歌聲雖短，亦復畏聞，況其長乎！「愁從舞曲長」，仍是厭其長，故愁不覺與俱長也。

後漢蘇章遷冀州刺史，故人為清河太守。章行部案其姦臟，乃請太守設酒肴，陳平生之好。太守喜曰：「人皆有一天，我獨有二天。」章曰：「今夕與故人飲，私恩也。明日冀州刺史案事，公法也。」遂舉正其罪。此但取設酒肴陳平生之意，以比王也。「五馬」，指蕭遂州言。言太守將行也，「開寵餞」者為王，「爛生光」者為蕭。王為主人，蕭為行客，故五馬屬蕭。兩刺史賓主出住分矣。凡五馬事，惟太守出使時宜用。

謝玄暉詩：「馳驛不可接，何況隔兩鄉。風煙有鳥路，江漢無限梁。」閬、遂二州皆屬蜀郡，故云「風煙接」。結句兼稱二公。昔黃霸治穎川，鳳凰集於郡，以比二公之為郡，俱能使鳳凰下集也。

王翰儒曰：「前四句公陪餞自詠，後四句方詠餞客。若他人為之，即顛倒矣。」

暮寒

言春日暮寒也。

　　霧隱平郊樹，風含廣岸波。沉沉春色靜，慘慘暮寒多。戍鼓猶長擊，林鶯遂不歌。忽思高宴會，朱袖拂雲和。

　　「霧隱」，言霧遮掩其樹也。平郊皆霧色，此是暮景。岸既廣潤，波為風含，此是寒景。沉沉春靜，說明首句暮色；慘慘寒多，說明次句寒意。

　　是時兵戈未息，鶯遂不歌。「遂」字、「猶」字緊相呼應。禽鳥何知，亦避兵氣，所謂春燕歸巢於林木也，寫得慘澹。

　　《古詩》：「今日良宴會。」《周禮·春官·大司樂》：「奏雲和之琴瑟。」雲和，山名。《東京賦》：「孤竹之管，雲和之瑟。」「朱袖」，紅袖也。公當此際之寂寥，忽思置酒高會，且攜紅粉奏雅，樂人云樂極悲來，我亦可悲來。樂極從最相反處形容，故云「忽思」也。前詩紅粉白頭之恨，飄泊聽歌之愴，不覺於此思見諸實事，翻入一層，愈覺悲感。不然鶯且不歌，而況於我乎！

雙燕

　　旅食驚雙燕，啣泥入此堂。應同避燥濕，且復過炎涼。養子風塵際，來時道路長。今秋天地在，吾亦離殊方。

　　燕春時以其匹至，故《詩》曰「燕燕于飛」，言其雙也。《古詩》：「思為雙飛燕，啣泥巢君室。」

　　《左傳》：「子罕曰：『吾儕小人，皆有闔廬以避燥濕寒暑。』」故舊注云：公言與燕同避燥濕。非也。燕惡濕，春必南來，所以就燥也。「同避」，謂雙燕也。歷夏秋方歸，故曰「過炎涼」。

　　梁吳均《燕詩》：「問余來何遲，山川幾紆直。」「養子風塵際」，言燕客居之苦。「來時道路長」，言燕來客之難也。此詩通首詠燕，只首句「旅食」二字及末二句，公以燕自喻。

　　「天地在」三字意殊廖廓，蓋謂雖盜賊相尋而乾坤不改，猶得「海闊從魚躍，天空任鳥飛」也，豈能羈吾行轍哉？吾亦將離殊方而去也。時公未知嚴武再鎮蜀，將有出峽之志。

百舌

　　百舌來何處，重重祇報春。知音兼眾語，整翮豈多身。花密藏難見，枝高聽轉新。過時如發口，君側有讒人。

　　「百舌」，反舌也，能反覆其舌，隨百鳥之音，春則囀，夏則止也。首云「來何處」，便寓怪駭之意。「重重」，正狀其反覆也。「祇報春」者，言春色佳

處偏來相報也，已摹出佞人情狀。

能隨百鳥之音，故曰「音兼眾語」。言其音無所不通，故無所不入也。整翮而來，一鳥已足。讒佞之害，正不在多人也。

「花密藏難見」，有「為鬼為蜮」之意。「枝高聽轉新」，有「巧舌如簧」之意。此杜詩風刺之最顯者，然亦何嘗直罵。

《汲冢周書・時訓解》：「芒種之日，螳螂生。又五日，鵙始鳴。又五日，反舌無聲。」螳螂不生，是謂陰息。鵙不始鳴，令奸壅逼。反舌有聲，佞人在側。言此鳥過時而鳴，必主讒邪在君側也。黃山谷曰：「余讀《周書・月令》，乃解老杜『過時如發口，君側有饞人』之句。」

遊子

時公欲南下，尚留滯巴蜀。

巴蜀愁誰語，吳門興杳然。九江春草外，三峽暮帆前。厭就成都卜，休為吏部眠。蓬萊如可到，衰白問群仙。

公厭居巴蜀，遊吳而又不遂，即前詩「厭蜀交遊冷，思吳勝事繁」是也。

「九江」，洞庭湖也。三峽在夔州，皆南下至吳所歷之地。九江之春草空綠，三峽之暮帆自懸，言己不能順流而下也。

《史記》：「嚴君平避世，賣卜於成都市中。」《晉書》：「畢卓為吏部郎，盜飲北舍酒，因醉眠，為掌酒者所縛。」公意已厭住成都，即有酒堪眠，亦不願更留滯也。

庾信《哀江南賦》云：「舟楫路遙，星漢非乘槎可上；風飈道阻，蓬萊無可到之期。」此言非止南下游吳而已。蓬萊仙山如可到，則亦往矣，意在必欲出蜀也。

畢致中曰：「結聯雖若推開，其實從通首意來，言蜀既不可居，吳又不能去，庶幾蓬萊可到，吾將以衰白之年，問群仙求不死藥耳。雖屬遷妄之想，具見愁悶之情。」

《留青日札》：「少陵《遊子》詩云：『巴蜀愁誰語，吳門興杳然。』『興杳然』者何？曰：『九江春草處。』『愁難語』者何？曰：『三峽暮帆前。』生涯流落，不能上霄漢，故曰『厭向成都卜』。家國憂勤，不忍耽杯酒，故曰『休為吏部眠』。終戀戀不忘朝廷，冀衰老而猶得見君，故末云『蓬萊如可到，衰白問群仙』也。范元寶所注不解其妙，乃謂君平之卜所以養生，吏部之飲

所以忘憂，今皆不能如意，又傷人世險隘，不能容己，故有蓬萊之思，殊屬臆解。」

滕王亭子

亭在閬州玉臺觀內。

寂寞春山路，君王不復行。古牆猶竹色，虛閣自松聲。鳥雀荒村暮，雲霞過客情。尚思歌吹入，千騎把霓旌。

首二句便生感慨，上句因下句。唐汝詢曰：「亭在道間，是王所經行之處，故以路之寂寞發端。」

葉夢得曰：「老杜《滕王亭子》詩云：『古牆猶竹色，虛閣自松聲。』若不用『猶』與『自』兩字，則餘八字凡亭子皆可用，不必滕王也。此子美工妙，人力不可及處。」按愚：「古」字、「虛」字皆是眼，上一字下四字句法。牆猶竹色，則牆已古；閣自松聲，則閣已虛。石林知「猶」與「自」二字之妙，不知「古」與「虛」二字先已寓眼也。

「暮」字從「鳥雀」來。昔之亭子，今為荒村，但見亭間之鳥雀暮則來棲。「情」字從「雲霞」來。昔供王遊，今任客過，祇餘亭祭之雲霞時繫客情。言外寂寞之感無限。

鮑明遠《蕪城賦》：「歌吹拂天。」《上林賦》：「拖霓旌，靡雲旗。」《梁孝王傳》：「得賜天子旌旗，千乘萬騎。」因此亭寂寞之甚，轉憶滕王當日歌吹而入，千騎羅列，得賜天子旌旗，何其盛也！而今且安在哉？惟令人尚然思念而已。

玉臺觀

玉臺觀在閬州北七里。

浩劫因王造，平臺訪古遊。綵雲蕭史駐，文字魯恭留。宮闕通群帝，乾坤到十洲。人傳有笙鶴，時過此俗本作「北」。山頭。

《度人經》曰：「惟有元始浩劫之初。」師古曰：「劫即俗謂塔之一級二級也。」公《嶽麓道林二寺行》亦曰：「浩劫宮牆壯麗敵。」若以世劫言之，則觀乃滕王所造。高宗調露間，去子美未百年，烏可言浩劫乎？「平臺」，在大梁東北。梁孝王大治宮室，為複道，自宮中連屬於平臺。此以梁王比滕王也。「訪古遊」，公訪古蹟而遊也。

「蕭史」、「魯恭」，俱借喻。以詩意推之，觀中必有公主遺跡及滕王書冊

鍾磬在焉。

《道書》云：「群帝，五方之帝也。」東方朔《十洲記》：「漢武帝既見西王母，言八方巨海之中有祖洲、瀛洲、玄洲、炎洲、長洲、元洲、流洲、生洲、鳳麟洲、聚窟洲，謂之十州，皆人跡所希絕處。」

《列仙傳》：「周靈王太子晉好吹笙，作鳳鳴。嘗乘白鶴，駐緱氏山頭，舉手謝時人而去。」

公以群仙事形容玉臺之勝，猶七言律意也。言此觀造自滕王，我則訪古蹟而遊，見綵雲則若蕭史之駐，文字則如魯恭之留。宮闕之高，通於群帝；乾坤之內，如到十洲。世所傳王子喬笙鶴之事，彷彿見之。此滕王舊遊之處，古蹟猶隱隱在目如此。前首有荒墟之感，此首大有縹緲不可即之思，聊以慰客遊之寂寞也。

別房太尉墓

廣德二年，在閬州將赴成都作。

房琯，字次律。玄宗幸蜀，拜為相。因陳濤斜之敗，肅宗乾元元年六月，貶為邠州刺史。上元元年四月，改禮部尚書，尋出為晉州刺史。是年八月，為漢州刺史。寶應元年四月，拜特進刑部尚書。在路遇疾，廣德元年八月卒於閬州僧舍，年六十七。《新書》載琯卒在廣德二年，與《舊書》異。按：公《祭房公文》「廣德元年九月」，與《舊書》合。《酉陽雜俎》云：「邢和璞居嵩、穎間，房琯問邢終身事，邢言降魄之處，非館非寺，病起於魚飧，而休於龜茲板。其後房公舍閬州紫極宮，見有治龜茲板者，始憶邢之言。有頃，刺史具魚膾邀房，房悟」云云，皆與《舊書》合。《新書》誤也。

他鄉復行役，駐馬別孤墳。近淚無乾土，低空一作「空山」。**有斷雲。對棋陪謝傅，把劍覓徐君。唯見林花落，鶯聲送客聞。**

時公去閬，將復之成都，因別太尉之墓，近者就其墓而哭之也。涕淚之多，土為之濕。「低」者，雲若低而下垂也。哀傷所感，空際之雲亦為斷也。

按：琯為宰相，喜聽董庭蘭彈琴。李德裕《遊房太尉西池》詩注：「房公以好琴聞於海內。」公以謝傅圍棋為比，蓋為房琯解嘲也。劉禹錫《和德裕房公舊竹亭聞琴》云：「尚有竹間露，永無棋下塵。」毛文濤曰：「『對棋陪謝傅』，言生前相好之情。『把劍覓徐君』，言死後不忘之誼也。」

公祭文云：「撫墳日落，把劍秋高。」

結聯二句一意，以「聞」、「見」二字參錯成韻。本謂別時不見房公有送客之人，送客者惟有落花啼鳥耳。按：琯長子乘自少兩目盲，孽子孺復時尚幼，故去世未久，冢間寂寞如此。

陪王漢州留杜綿州泛房公西湖

《九域志》：「成都北至漢州，不滿百里。」《方輿勝覽》：「房公湖，即西湖也。琯既死，名曰房公湖。」按《壁記》：「房相上元二年牧漢州，其時始鑿湖，有詩存焉。」李德裕《漢州月夕遊房太尉西湖》詩云：「誰憐濟川楫，長與夜舟歸。」陸務觀詩：「房公一跌叢眾毀，三年漢州為刺史。繞湖鑿池一百頃，島嶼屈曲三四里。」

舊相恩追後，春池賞不稀。闕亭分未到，舟楫有光輝。豉化蓴絲熟，刀鳴鱠縷飛。使君雙皂蓋，灘淺正相依。

此詠琯既死而後人不忘舊相之恩。其刺漢州，有遺愛焉，故後人追而思之。見其所鑿之池猶留於漢，當春遊賞甚盛也。

「闕庭分未到」，正言琯奉召，道卒於閬州，未到闕庭而先卒也。「分」字作去聲，謂不分也，猶「不分桃花紅勝錦」之「分」。此就後人追思舊相，代為不分也。恨其未到闕亭而卒，猶幸留此池，使遊人舟楫尚有光輝也。舊解云：公自言我分雖未能到闕亭，但於漢州楫中思之。殊謬。

前四句但言泛房公西湖，後四句方及王漢州留賓設肴及公得追陪兩使君於淺灘也。

《世說》：「陸機曰：『千里蓴羹，但未下鹽豉耳。』」蓴羹得鹽豉始美。潘安仁《西征賦》：「饔人切縷，鸞刀若飛。」此言王之宴客，有鹽豉化蓴絲而美。化言調也。魚膾若縷飛，言其細也。二物皆湖中所有。

「雙皂蓋」，指王、杜二刺史言。公陪二君同遊，正逢淺灘，得久依為樂。然觀前四語，公憶房之感為多，因陪遊而發之。

舟前小鵝兒

公自注：「漢州城西北角官池作。」

鵝兒黃似酒，對酒愛新鵝。引頸嗔船逼，一作「過」。無行一作「杭」。亂眼多。翅開遭宿雨，力小困滄波。客散層城暮，狐狸奈若何。

「官池」，即房公西湖。此公泛舟房公池作也。胡邃叟曰：「此房公池書所見也。思其人，憐其物。」《方輿勝覽》：「鵝黃乃漢中酒名，蜀中無能及者。」

陸務觀詩云：「兩川名醞避鵝黃。」東坡《岐亭》詩：「洗盞酌鵝黃，磨刀切熊白。」然王荊公「弄日鵝黃嫋嫋垂」，則以鵝黃言柳；裴虔餘「滿額鵝黃金縷衣」，則以鵝黃言婦人粧。

《爾雅注》引《聘禮》云：「私覿，愉愉焉，出如舒雁。」鄭《注》云：「威儀自然而行列也。」鵝一名舒雁。王羲之愛其宛頸。宛頸而宿，鵝之常性。今云「引頸」，則鵝嗔怒時也。無行列，言不復循其行列，因亂眼者多也。謂舟在小鵝之前，故觸之以亂其眼，致引頸無行也。

翅微開而遂遭宿雨，則翅不能展矣。力既小而困於滄波，滄波，水之大也。中二聯皆詠小鵝兒。船逼亂眼，則詠舟前也。

船過客散，暮景來逼，狐狸能攫麵食之，戒其當有畏心，正為小鵝兒戒也。

渡江

廣德二年春，嚴武再鎮蜀，公自閬州再往成都。此詩渡江時作也。

春江不可渡，二月已風濤。舟楫欹斜疾，魚龍偃臥高。渚花張_{一作}「兼」。素錦，汀草亂青袍。戲問垂綸客，悠悠見汝曹。

春江桃花泛漲，故不可渡。舟楫既欹斜，行又迅疾，魚龍雖偃臥，而漲勢溢發，亦隨之而高。次聯正見風濤之甚。

渚花仍如錦，漲水不能沒也。公《送表侄王砅》古詩云：「水花笑白首，春草隨青袍。」蓋取庾信《哀江南賦》「青袍如草」語。此言渡江時景也。垂綸之客不知江之險，終日悠悠於其中，公故戲而問之，獨羨汝曹之能渡也。

程崑崙曰：「『悠悠』二字極寫垂綸之樂，正公所深羨也。《秋興》詩：『江湖滿地一漁翁』，意亦如此。」

行次鹽亭縣聊題四韻奉簡嚴遂州蓬州兩使君諮議諸昆季

蔡夢弼曰：「廣德二年，公自梓州挈家再往閬州。嚴武再鎮蜀，春晚遂歸成都。」黃鶴曰：「遂川與梓州為鄰，蓬州則鄰於閬州，而閬與梓又為鄰也。」

《舊書》：「嚴震，字遐聞，梓州鹽亭人。至德乾元間，屢出家財以助軍需，授州長史、王府諮議參軍。嚴武移西川，署為押衙。德宗朝，累官至同平章事、檢校尚書左僕射，實封二百戶。礪，震之宗人也，累官至山南西道節度使。時論以為不當。」《寰宇記》：「嚴震及弟礪二墓，在負戴山下，去縣西一里。」據此，嚴遂州蓬州二使君名未詳，諮議諸昆季則嚴震及礪也。震家鹽亭，公因簡震昆季而並簡遂州蓬州兩使君耳。

馬首見鹽亭，高山擁縣青。雲溪花淡淡，一作「漠漠」。春郭水冷冷。全蜀多名士，嚴家聚德星。長歌意無極，好為老夫聽。

《寰宇記》：「鹽亭縣因井為名。負戴山，在縣西一里，高二里，自劍門南來，過劍州，入當縣。龍盤虎踞，起伏四百餘里，至此卻蹲。山有飛龍泉噴下，南流入梓潼江，水色清冷，其味甘美，時以為瓊漿水。」公於馬首即望見鹽亭高山，其山擁縣而青，正言其盤踞起伏處也。溪花淡淡，春水冷冷，即所云「水色清冷」也。

《蜀都賦》：「近則江漢炳靈，世載其英。爵若相如，嚼若君平。王褒暐暐而秀發，楊雄含章而挺生。」「全蜀多名士」，概言蜀之多才也。《異苑》：「陳實，字仲弓，與諸子姪季和父子討論。於時太史奏德星聚。」引以比嚴氏也。一句內包含遂州蓬州及諮議昆季。

結二句見奉簡之意。止四韻耳，本非長歌，而曰長歌，公之意則長也，未能各簡，而以四韻合簡，老夫之意無極。雖不能盡意，諸君幸好為聽可也。

倚杖

公自注：「鹽亭縣作。」趙次公曰：「鮑明遠詩有『倚仗牧雞豚』之句，公因以為題。」

看花雖郭內，一作「外」。倚杖即溪邊。山縣早休市，江橋春聚船。狎鷗輕白浪，歸雁喜青天。物色兼生意，淒涼憶去年。

俗本作「看花雖郭外」，若云「郭外」，不必用「雖」字矣。公言雖在城內看花，然倚杖而行，已不覺即乎溪邊也，溪邊方是郭外。

公於郭內看花，已見縣中休市，言山縣之市其休甚早。公遂至溪邊，見江橋聚船頗多。山縣本非聚船處，惟當春，故有聚船也。

「狎鷗」、「歸雁」，皆江橋所見。「輕白浪」、「喜青天」，言當春也。

「物色」，指山縣江橋之物色。「生意」，獨指鷗雁言。「淒涼憶去年」，公自言去年春在梓州，今復倚杖而過此，自傷行役之淒涼也。

此詩次聯承首聯，三聯承次聯，結聯承三聯，相承到底，細玩自見。

自閬州領妻子卻赴蜀山行三首

再歸成都依嚴武時作。

汨汨避群盜，悠悠經十年。不成向南國，復作遊西川。物役水虛照，魂傷山寂然。我生無倚著，盡室畏途邊。

首二句見避亂之久，次聯言屢思南下游吳而竟未遂，今復赴蜀，非其志也。

趙次公曰：「言身為物役，水亦走相照，而不得優游觀賞之。」解誠是。然公意言行役之苦，水宿山棲，水亦虛照我耳，我見水而影增慚也。山行寂寞，止魂魄相依，見此路中同行者絕少。

程崑崙曰：「行役之苦，惟山水足以解之。『水虛照』、『山寂然』，則不惟不足以解憂，反覺觸目堪憐矣。比『感時花濺淚，恨別鳥驚心』更進一層。蓋花鳥之傷心易見，山水之傷心難知也。杜甫一生愁，信哉！」

師古曰：「地著，謂安土也。《左傳》：『盡室以行。』『畏途』，見《莊子·達生》篇。因我生之無著而使盡室皆在畏途，公累妻子矣，故下首云『飄飄愧老妻』。」

長林偃風色，迴復一作「首」。**意猶迷。衫裛翠微潤，馬啣青草嘶。棧**一作「徑」。**懸斜避石，橋斷卻尋溪。何日兵戈盡，飄飄愧老妻。**

林中風急，樹為偃仆，見行色之慘。公再入蜀，非其本懷。「迴復」二字費躊躇無限。今已行矣，而意猶迷也。

山中翠微之色潤浥衣衫，衫亦為綠。馬無芻豆以秣，止啣青草而嘶，總見山行之艱苦。

「棧懸」，即劍閣道也。崎嶇皆石徑，欲避石道，須於斜處行之。「橋」，石橋也。石橋斷處，再尋溪路以行，跋涉勞苦如此。若非干戈載道，何致飄零以累妻子哉？

形色遞隱見，人煙時有無。僕夫穿竹語，稚子入雲呼。轉石驚魑魅，抨音烹。**弓落狖貐。真供一笑樂，似欲慰窮途。**

行色遞隱遞見，為峰巒林木所遮蔽也。人煙或有或無，兵戈之餘，喪亂畧盡也。旅行之人，當此益慘。

「穿竹語」、「入雲呼」，承上「行色遞隱見」，謂僕夫稚子時而相失，則穿林而高語，或陟高山之顛，如入雲際，又大聲以疾呼，恐行伴不能相追隨，以致各迷其徑道也。「驚魑魅」、「落狖貐」，承上「人煙時有無」。魑魅，山中之精。人煙絕處，恐其出沒，則轉石而驚走之。狖，猿屬。貐，山鼠也。抨，彈也。僕夫稚子以此為樂也。寫出山行之況，欲笑欲哭。

《射雉賦》：「始解顏於一笑，既穿竹又入雲。」既「轉石」，又「抨弓」，真堪供一笑也，亦聊慰窮途云爾。

按：三詩有次第章法存乎其間。首章泛言山水。二章詳山水之曲折，然翠

微、青草、斜石、斷橋猶有迷人之景色。至三章，則愈荒墟矣，人煙俱斷，惟魑魅狄題之與俱，則愈不可行矣。公始而畏初行危徑，未免戒心；繼而愧，則忘畏而反自愧矣，然猶有妻子存於胸中；又繼而笑而樂，則此身竟付之異物，不復畏且愧，而反笑樂矣。欲啼啼不得，轉供窮途一笑。公入蜀之況，豈真得已哉！

歸來

廣德二年，自閬州歸成都草堂作。

客裏有所過，歸來知路難。開門野鼠走，散帙壁魚乾。洗杓開一作「斟」。新醅，低頭著小冠。一作「拭小盤」。憑誰給麴蘗，細酌老江干。

「客裏有所過」，言有所以過而公若不自知也。客況之無聊亦甚矣。路難應在未歸之先，而歸來方知之，所云痛定思痛也。觀公《領妻子赴蜀行三首》自見。

「散帙」，開帙也。開門惟見野鼠，如《東山》詩「伊威在室」是也。散帙而蠹魚已乾，則帙之不啟久矣。

「低頭著小冠」，如《木蘭行》所云「脫我戰時袍，著我舊時裳」是也。公於干戈之際，艱險崎嶇，短衣匹馬，途中必另有裝束。今得歸來，始低頭而著小冠也。董斯張曰：「『著小冠』正用《漢書》杜鄴事。又，杜之松尹太原，請與王無功相見，卒不敢屈，但歲時贈以美酒。二聯俱暗用杜姓，故實亦有致。」

「憑誰給麴蘗」，深致望於嚴公，然豈真戀戀醉鄉，亦有託而逃，如阮步兵之一醉四十日耳。曰「細酌老江旁」，則無意於幕府可知。

寄邛州崔錄事

邛州崔錄事，聞在果園坊。久待無消息，終朝有底忙。應愁江樹遠，怯見野亭荒。浩蕩風塵一作「煙」。外，誰知酒熟香。

崔錄事，本邛州人，時寓居成都，必與公素相友善。今公歸，怪其不來相訪也。果園坊，在成都。公《為徐卿覓桃栽》云「果園坊裏為求來」是也。

「江樹」、「野亭」，草堂景色。公久待崔而不至，想愁遠耶？抑畏荒耶？落寞歸來，聞人足音，恐然而喜。崔竟不我顧，何耶？

「浩蕩」，即荒遠意。草堂雖僻在風塵之外，而酒熟正香，崔亦可來同飲。此為諧謔之詞。

過故斛斯校書莊二首

公自注：「老儒艱難，時病於庸蜀，歎其歿後方授一官。」

此老已云歿，鄰人嗟亦一作「未」。**休。竟無宣室召，徒有茂陵求。妻子寄他食，園林非昔遊。空餘總帷在，淅淅野風秋。**

俗本作「嗟未休」，古本作「嗟亦休」，更妙。《古詩》所云「親戚有餘哀，他人亦已歌」是也。看下文一派荒涼之狀，正是「嗟亦休」。

生無宣室之召，死徒有茂陵之求，正言「其歿後方授一官」也。

「妻子寄他食」，用《左傳》「民食於他」。「他」字，妻子之流離，園林之零落，正逼出「空餘總帷在」句。

「總」，細布而疎者。「總帷」，靈帳之裙也。野風淅淅，寫出無人之景。妻子且他食，而況於鄰人乎！

燕入非傍舍，鷗歸祇故池。斷橋無復板，臥柳自生枝。遂有山陽作，多慚鮑叔知。素交零落盡，白首淚雙垂。

「非傍舍」，言燕仍入其舍也。「祇故池」，言鷗仍在其池也。「斷橋無復板」，則無人行矣。「臥柳自生枝」，園無主人，任草木之自為榮枯耳。合四句所云，園林非昔遊也。

向秀與嵇康為竹林交，後經山陽嵇康之居，作《思舊賦》。公此詩即山陽作也。鮑叔與管仲交。管仲曰：「知我者鮑子。」公以斛斯為能知我也。劉孝標《絕交論》曰：「素交盡，利交興。」零落之歎，淚垂白首。交誼之厚，真不愧古人，豈僅酒徒酒伴而已乎！

送舍弟頻赴齊州三首

廣德二年作。詩題本是「頻」字，今本改作「穎」。考穎未嘗隨公至成都。檢校草堂者，獨佔耳，故公詩「相隨獨爾來」。曰「獨爾來」，可見穎之未嘗來矣。按：公有四弟：穎、觀、豐、占。憶觀詩獨多。外有《第五弟豐獨在江左》詩、有《遠懷舍弟穎觀》等詩。此在成都草堂送弟赴齊州，恐即是先歸草堂檢校之占也。「頻赴」，謂臨行也。

岷嶺南蠻北，徐關東海西。此行何日到，送汝萬行啼。絕域惟高枕，清風獨杖藜。危時暫相見，衰白意都迷。

「岷」，蜀山名。「南蠻」，南詔蠻也。岷嶺在南詔蠻之北，「徐關」，齊地，在東海之西。二句中包南北東西四字。弟自南北而赴東西，行李跋涉，有甚艱

者，故憂其「何日到」而「送汝萬行啼」也。

蜀在南蠻之北，可云絕域矣。弟既別去，草堂益無事事，但有高枕而已。「獨杖藜」，見形影相弔之苦。

弟來而即去，故曰「暫相見」。曰「危時」者，追隨奔走，無刻即安也。此正「相隨獨爾來」。臨別之際，心意都迷，寫出衰白不堪之狀。

風塵暗不開，汝去幾時來。兄弟分離苦，形容老病催。江通一柱觀，日落望鄉臺。客意長東北，齊州安在哉？

世亂道阻，既去便不能來。兄弟分離，已為最苦，況兼老病相催乎！寫到真處至處，幾於無文，正爾文情歷亂。

「一柱觀」，在荊州。「望鄉臺」，在成都。俱詳前注。在弟也，江之所通，經一柱觀而住。在公也，日之將落，倚望鄉臺而望，分離之苦已盡於二語中。

「客意」，弟之意也。兄不忍別弟，弟又不忍別兄，兄代揣客意，雖東去也，而意未曾忘北，故曰「客意長東北」，正隳括第一首首二句。

「齊州安在哉」，五字作結，慘甚。黯然魂銷之際，不覺將齊州呼出，卻又不知其安在在。公則自蜀而望，心意都迷。在弟則蒼茫而行，不暇致問。五字中，兄弟分手，一時情緒惶惑錯亂之狀盡為寫出。若作別後相思之情，意便散緩。

諸姑今海畔，兩弟亦山東。去傍干戈覓，來看道路通。短衣防戰地，匹馬遂秋風。莫作俱流落，長瞻碣石鴻。

公作《范陽太君盧氏墓誌》：「審言之女，薛氏所出者，適魏上瑜、裴榮期、盧正均，皆前卒；盧氏所出者，適京兆王佑、會稽賀撝。」會稽則瀕於海也。齊州近海，則是山東矣。諸姑既在海畔，兩弟亦在山東，此去正欲往覓之，故下接云「去傍干戈覓」。

中兩聯，公臨別囑弟之詞，言此一去，干戈之際，既冒險而覓，若更欲來，須看道路之通與否，毋徒漂梗而不得來也。

王瀚孺曰：「『傍』字囑其勿嫌冒險，不可羅干戈之操，只傍之而行，一字中無限且前且卻。『看』字中有二意，未通則不可輕來，懼其攖鋒鏑而致害也；既通則不可緩來，懼其滯他鄉而遲歸也。囑咐殷勤，全在兩字中。」

更囑之曰：汝此去須著短衣，使遇爭戰之地，則微服而過，可以防亂。又慮其匹馬而行，苦無同伴之人。若逐秋風，更宜自慎自儆。珍重叮嚀，骨肉之

愛，溢於言外。

結語云今諸姑兩弟既流落矣，汝更莫與俱流落可也。《淮南·覽冥訓》：「遇歸鴻於碣石。」碣石，海畔山也。我唯長瞻碣石，望歸鴻之音而已。舊解作弟瞻碣石，謬。

懷舊

廣德二年，再至成都後作。

地下蘇司業，親情獨有君。那因喪亂後，便作死生分。老罷知明鏡，悲來望白雲。自從失詞伯，不復更論文。

蘇名預，避御諱，改名源明。終於秘書少監。廣德二年死。《新書》云：「雅善杜甫。」公詩云：「故舊誰憐我，平生鄭與蘇。」故曰「親情獨有君」。

「老罷知明鏡」，言攬鏡知衰老，公自歎也。「不知明鏡裏，何處得秋霜」，苦在不知。「老罷知明鏡」，苦又在知。總寫出衰年憔悴，攬鏡自憐之況。「悲來望白雲」，蓋用淵明《停雲》思友意也。公《聞高常侍亡》詩亦曰：「哭友白雲長。」

公《哀少監》詩有云：「文章日自負。」又云：「前後百卷文，枕藉皆禁臠。」又云：「結交三十載，吾與誰游衍。」可知末二句之意。亦猶鍾期既死，伯牙不復鼓琴也。

所思

《古樂府》有《有所思》，故以為題。公自注：「得台州鄭司戶消息。」

鄭老身仍竄，台州信所一作「始」。傳。為農山澗曲，臥病海雲邊。世已疏儒素，人猶乞酒錢。徒勞望牛斗，無計斸龍泉。

此公得台州消息而遙憶之。既竄之後，傳言未真。今曰「信所傳」，是傳其真消息也。「為農」、「臥床」，便是「信所傳」。

公贈虔詩云：「賴有蘇司業，時時乞酒錢。」乞音氣，猶與也。郝敬曰：「乞謂分給之也。身既竄矣，無不疏而遠之。與酒錢者，獨蘇司業一人耳。公得消息時，想蘇司業猶未歿也。」

豐城獄底有雙劍，一曰龍泉，一曰太阿。公以喻虔之貶台州，如劍之在獄，但遠望有衝牛斗之氣，無計出之也。「斸」，掘也。

公哭蘇少監鄭司戶詩有「俗依綿谷異，客封雪山孤。瘴病餐巴水，瘡痍老蜀都」之句，故知此詩在蜀都作也。蓋公自敘此時展轉歷綿、梓、閬間而復來

成都也。又云「凶問一年俱」，是知二公同年死，蘇先而鄭後也。

嚴鄭公堦下新松得霑字

公在嚴幕中作。

弱質豈自負，移根方爾瞻。細聲聞玉帳，疏翠近珠簾。未見紫煙集，虛蒙清露霑。何當一百丈，欹蓋擁高簷。

「弱質」，謂新松也。新松本不堪自負，得嚴公移種堦下，方有瞻爾之人，言始得邀人顧盼也。

「玉帳」，乃兵家厭勝之方位，謂主將於其方置軍帳，則堅不可犯，如玉帳然。其法出黃帝遁甲。按：玉帳以月建前三位取之，如正月建寅，則巳為玉帳。李太白《司馬將軍歌》：「身居玉帳臨河魁。」戌為河魁，謂玉帳在戌也。「珠簾」，幕中簾也。松雖新，而細聲已堪聞，疏翠已堪近矣。

松高則雲煙常聚，新松則未能，但霑清露耳。

「一百丈」，預擬後日之詞。松巨則頂如偃，蓋可擁於高簷之際矣。

嚴鄭公宅同詠竹得香字

綠竹半舍籜，新梢纔出牆。色侵書帙晚，陰遇酒樽涼。雨洗娟娟淨，風吹細細香。但令無剪伐，會見拂雲長。

謝靈運詩：「初篁包綠籜。」帙為書衣，綠色侵之，晚更可觀。綠陰移於酒樽之上，並樽亦涼也。

孫奕《示兒編》云：「櫻桃初無香。退之詩云：『香隨翠籠擎初重』，則以櫻桃為香矣。竹與枇杷本無香。子美云：『風吹細細香』、『枇杷樹樹香』，則皆以香稱之。至於太白《詠鵝》曰：『白門椰花滿店香』；又曰：『梨花白雪香。』花開必有氣味，皆可言香，非必蘭蕙椒桂而後稱香也。」

末聯只囑其愛護意。武再鎮成都，新松、綠竹必皆武手自栽培，總欲其蔚然茂美，堪供吟覽也。舊謂二詩借物喻諷，甚謬。

晚秋陪嚴鄭公摩訶池泛舟得溪字

《寰宇記》：「污池，一名摩訶池，蕭摩訶所置，在錦城西。」公自注：「在府內。」

湍駛風醒酒，船回一作「行」。霧氣隄。高城秋自落，雜樹晚相迷。坐觸鴛鴦起，巢侵翡翠低。莫須驚白鷺，為伴宿清溪。

「湍」，急流也。「駛」，疾貌。謝靈運詩：「浩浩夕流駛。」此言泛舟宴歸之遲。

晚秋之色落於高城，景色堪畫。樹既雜而又晚，故相迷也。汪瑗云：「『秋自落』貼『風』，『晚相迷』貼『霧』。」

「觸」與「傾」皆言泛舟。鴛鴦、翡翠，棲於水際。舟之所過，觸鴛鴦使起，又若傾翡翠之巢而低飛也。

末云「莫須驚白鷺」，留為宿清溪之伴。公蓋自甘寂寞於浣花溪，便有不樂居幕府意。

樹間

秋在幕中作。

岑寂雙甘樹，婆娑一院香。交柯低几杖，垂實礙衣裳。滿歲如松碧，同時待橘黃。幾回霑葉露，乘月坐一作「上」。胡床。

公在幕中，每以岑寂為歎。「永夜角聲悲自語，中天月色好誰看」是也。雙甘樹豈真岑寂？公對之自岑寂耳。「婆娑」，盛貌。曰「一院香」，知公在院內也。

柯曰交，言其雙也。實曰垂，公在院正當秋時，其實已垂也。曰「低几杖」，便有不甘受庇之意。曰「礙衣裳」，便有拂而去之之意。

甘葉經四時而柯不凋，秋時結實，與菊同黃。公亦有東籬之思。

末二句，公自詠也。公每在樹間，幾回得霑其葉露。謂露下之時，猶坐樹間也。「胡床」，幕中之物。胡床適在樹間，公遂乘月而坐耳。

村雨

雨聲傳兩夜，寒事颯高秋。挈帶看朱紱，開箱覩黑裘。世情只益睡，盜賊敢忘憂。松菊新霑洗，茅齋慰遠遊。

邵二泉曰：「此永泰元年，自幕中歸溪上作。」似也。但公是年歸草堂，五月即離草堂南下，安得云「寒事颯高秋」？黃鶴曰：「是廣德二年在草堂作。」按：是秋，公正在幕府。至明年始辭幕歸草堂。且云「挈帶看朱紱」，正是為郎官時。既在草堂，何云挈帶也？愚謂此是懷西郭茅舍而作。題曰《村雨》，懷江村之雨也，與七言《晚晴》之懷正同。

雨已兩夜，故當秋而寒風颯然。於此宜備寒事矣。帶在腰間，紱為下裳，故須挈帶而看之。時公正佩朱紱也。蘇季子貂裘弊黑。公朱紱在身而黑裘卻在

箱內，開箱而見黑裘，所云寒事也，便有還其故裘之願。

公在幕無聊，言就世情而看，只添睡耳。但時嚴公方欲征吐蕃，公既任參贊之責，自不敢忘盜賊之憂，恐負嚴公之舉以負朝廷也。

末二句方說出懷意。想此時村中松菊為兩夜之雨，新經露洗，松清菊黃，正在可觀之時，何能使我一到茅齋，如慰遠遊也。以茅齋為遠遊，便知公不在茅齋，且不能即至茅齋。且意欲即至茅齋，茅齋甚近，而若遠遊，便不能慰遠遊，故以村雨為懷也。此與前《樹間》一首俱在幕中作，舊編誤。

畢致中曰：「玩『遠遊』二字，分明入山唯恐不深，入林唯恐不密也。屈原不得志於懷王，為賦《遠遊》，安知少陵不取此義乎？」

初冬

垂老戎衣窄，歸休寒色深。漁舟上急水，獵火著高林。日有習池醉，愁來梁父吟。干戈未偃息，出處遂何心。

是年十月，嚴武攻吐蕃監川城，克之。公時在幕府，故亦著戎衣。戎衣袖窄，不便舒展，公故惡之。「歸休」，謂休假以洗沐也。

「漁舟」，時所偶見。「獵火」，軍中夜獵也。

醉習池，謂陪嚴公。吟梁父，公自吟也。既有日醉之樂，而猶抱愁吟之懷者，蓋亂世出仕，非公志也。與前結皆急欲去幕府而歸草堂之意。趙汸謂公以諸葛自比，非也。

軍中醉飲寄沈八劉叟

疑公在嚴武軍中作。

酒渴愛江清，餘酣漱晚汀。軟沙欹坐穩，冷石醉眠醒。野膳隨行帳，華音發從伶。數盃君不見，醉已遣沉冥。

惟酒渴，故愛江清。酣既餘矣，汀亦晚矣，則從而漱之，正是愛江清也。軟沙之上，雖坐亦穩，謂任其欹也，而沙之軟自若也。冷石之上，雖醉眠亦醒，冷能醒醉也。二句具見酣態。

行帳供膳，言宴於軍中也。「華音」，中華之音。「從伶」，伶人也。伶人奏樂，不用胡音而發華音也。

「沉冥」，沉醉貌。思君不見，宿醒頓醒。是兩君為我遣沉冥也。

按：此詩，《文苑英華》云：「暢當作，黃伯思編為少陵詩。黃山谷在蜀道見古石刻，有唐人請以少陵『酒渴愛江清』為韻。」

正月三日歸溪上有作簡院內諸公

時自幕中歸浣花草堂，永泰元年作。

野外堂依竹，籬邊水向城。蟻浮仍臘味，鷗泛已春聲。藥許鄰人斸，書從稚子擎。白頭趨幕府，深覺負平生。

白幕辭歸，更覺草堂之樂，故首聯先敘草堂之景趣。《南都賦》：「醪敷徑寸，浮蟻若萍。」庾信《謝賜酒詩》：「浮蟻對春開。」「仍臘味」，言此酒造於臘月也。《南越志》：「鷗鳥在漲海中，隨潮上下。三月風生，乃去。」聞鷗泛水之聲，知為春聲也。

公隨處種藥，卻許鄰人共斸。剝棗任西鄰，亦此意也。草堂中之書，惟稚子擎而觀之。與「失學從兒懶，書竄誰能帙」二句參看。方知公未常教子，子亦未嘗不讀書也。正見高人性情。公詩云：「有子賢與愚，何其掛懷抱。」以此譏淵明之不達，此正公之達處。

以上六句皆敘歸草堂之樂，末兩句簡院內諸公也。只應年老，恐負平生，故爾辭歸，望諸公鑒我之無他可也。「官因老病休」，公之善於藏身如此。

長吟

江渚翻鷗戲，官橋帶柳陰。波飛競渡日，草見踏青心。已撥形骸累，真為爛熳深。賦詩新句穩，不覺自長吟。

此首俱公所長吟也。江鷗、橋柳，偶然所見。曰「翻」、曰「帶」，景色尤佳。競渡為端午日。蜀地正月八日，士女遊嬉踏青，不必是一時，俱可供詠。形骸之累已撥，此身更無他事，惟長吟耳。「爛熳」，指詩言，即謾興意也。公云：「老去詩篇渾謾興。」興之所到，自然流出，真成一片爛熳。所云「文入妙來無過熟」也。然非深於此道，安能臻此熟境，故曰「爛熳深」。

惟深則穩。詩到至處，只是一「穩」字。公所云「晚節漸於詩律細」，非細不能穩也。可見「語不驚人死不休」尚帶少年意氣。

樓鑰曰：「杜斿有言：少陵詩，其議往往獨絕。此詩『已撥形骸累，真為爛熳深』，謂是初辭幕府作，良是。蓋束縛酬知己，形骸之累已極，到此始得爛熳長吟耳。」

春日江村五首

自幕中歸溪上作。

農務村村急，春流岸岸深。乾坤萬里眼，時序百年心。茅屋還堪賦，

桃源自可尋。艱難昧一作「賤」。生理，飄泊到如今。

此既歸草堂，有感於時事而作也。言農務方急，春水方深，正可治田之時。而遭逢亂離，未得安居也。

時縱目於萬里之遠，乾坤正復茫茫；或撫心於百年之間，時序不覺催迫。二語所感，甚遠甚大。趙汸曰：「此極漂流衰謝之感。」良是。乾坤之內，閱歷已多，故曰「萬里眼」。時序之催，百年有幾，故曰「百年心」。

《秋興賦》：「偃息不過茅屋之下。」公意謂庶幾賦茅屋、尋桃源，以作避世之計。而生理艱難，又復暗於料理，故漂泊以到於今，終不能自定出處也。此章有追悔入幕意。可見公之入幕府，祇為生理計耳。

迢遞來三蜀，蹉跎又六年。客身逢故舊，發興自林泉。過懶從衣結，頻遊任履穿。藩籬頗無限，恣意買一作「向」。江天。

追敘到蜀，不覺六年。公以乾元冬入蜀，至永泰元年為六年也。作客之身，漂泊無定。忽逢嚴公故舊之好，遂薦舉為郎，不覺自林泉而發興也。此俱敘前事。

王隱《晉書》：「董威輦，不知何許人，忽見洛陽，止宿白社中，拾得殘碎繒，輒結為衣，號曰百結衣。」《文中子》曰：「董威輦《大雅吟》幾於道。」威輦，晉董京字也。《莊子‧山水》篇：「衣敝履穿。」貧也。《史記‧滑稽傳》：「齊人東郭先生貧困飢寒，履有上無下，行雪中，著地處皆足跡。」公自言性過懶，不復修飾也。即嵇康一月不梳頭意。此正言不堪。

在幕府為官，非自歎貧窮也。

「藩籬頗無限」，謂公即得告歸，武不復限之也。江天恣意眺賞，不費錢買。公出幕府，遂有「海闊從魚躍，天空任鳥飛」之樂。

種竹交加翠，栽桃爛熳紅。經心石鏡月，到面雪山風。赤管隨王命，銀章付老翁。豈知牙齒落，名玷薦賢中。

首四句敘花竹風月之景，見草堂之勝，亦足以自娛，起下為郎之愓。

《漢官儀》：「尚書令僕丞郎，月給赤管大筆一雙，篆題曰北宮著作。」又：「二千石以上，銀印龜鈕，刻曰某官之章。」公為檢校尚書工部郎，故得賜赤管。唐雖無賜印者，公時已賜緋，因其有隨身魚而言耳。此二句為結聯張本。

東方朔《答客難》：「唇腐齒落，服膺而不釋。」年老而名列薦賢，非公本懷，即「白頭趨幕府，殊覺負生平」之意。

扶病垂朱紱，歸休步紫苔。郊扉存晚計，幕府愧群材。燕外晴絲卷，鷗邊水葉開。鄰家送魚鱉，問我數能來。

首句見仕幕府非其本心，次句見歸草堂足以自樂。三句承「歸休」，四句承「朱紱」。「存晚計」，謂娛老之計也。

燕飛之外，別看晴絲之卷舒；鷗鳥之邊，即觀水葉之開合。綜寫草堂得以自由之趣。

鄰家既送魚鱉，而又問公能數來，可見公之身已無拘束，亦見村鄰之好，草堂之不孤也。

群盜哀王粲，中年召賈生。登樓初有作，前席竟為榮。宅入先賢傳，才高處士名。異時懷二子，春日復含情。

首二句先說二子，中二聊逐句分承，結以懷二子，含情無限，章法井然。

錢牧齋曰：「《郡國志》：『長沙南寺，賈誼宅、陶侃宅亦在焉。』殷芸《小說》：『湘州有南寺，東有賈誼宅，今有井，小而深，上斂下大，狀似壺，即誼所穿。井傍局腳石床，容一人坐，即誼所坐也。出盛弘之《荊州記》。』又云：『誼宅今為陶侃廟，時種柑，猶有存者。出庾穆之《湘州記》。』《襄沔記》：『繁欽宅、王粲宅俱在襄陽，井臺尚存。』」據錢箋，「宅入先賢傳」合指二子而言，則「才高處士名」亦合指二子也。

結聯見懷二子之意。曰「異時」者，異世而懷之也。當也春日，復覺含情，正因粲之依表，如公之依嚴。然登樓有作，則粲不樂於依表而思歸，猶公之不樂幕府也。賈為王傅，得蒙帝召，故公以為榮。今公在嚴幕，猶作王傅耳，未有宣室之召。所授郎官，特虛名而已，未可以為榮也。「宅入先賢傳」，隱言浣花之居將必流傳於後，亦祇與王、賈之宅供後人憑弔耳。「才高處士名」，所云「浣花溪裏花饒笑，肯信吾兼吏隱名」也。幕府之官，吏不成吏，隱不成隱，何如處士之名為高。亦惜二子懷才而不遇，不若終為處士也。句句說二子，句句公自言，含情處正在此，從來解者俱憒憒。

愚按：五首皆言春日江村。首云農務甚急，正當耕種之時，而不能自為老農，徒尋茅屋桃源之勝。所云昧於生理，宜作飄泊翁者也。此不諳農務，公之歡春日一也。次云迢遞而來，蹉跎而過，幸逢故舊提挈為郎，則名遂身榮，可以從林泉而發興矣。奈性既極懶，履穿衣敝，不自檢飾，如嵇康之垢面，難陶潛之折腰，如此可以為郎官否乎？遂躍藩籬而出，恣意江天，甘為江干之廢人。公之歡春日二也。三言種竹栽桃，吟風弄月，自極幽入之致。江村何嘗負

人，何故而赤管銀章，以齒危髮秀之年，復從事於幕下郎官之列，晚節風塵，身名俱玷，豈不貽笑江村？公之歡春日三也。四言朱紱雖垂，此身已病矣；告休而歸，草堂已苫矣。急思娛晚之計，益愧幕中之人。閒看歐燕，坐食魚鱉，至今方得自由。公之歡春日四也。五則忽懷異世之二子，時雖異也，情則同也。王粲之懷歸，登樓何迫；賈生之見召，宣室暫榮。卒於負才不用，何如處士名高，故終之曰「春日復含情」。蓋至此而懷二子之情倍切也，於末章末句方點出春日二字。公之歡春日五也。

春遠

黃鶴曰：「當是永泰元年在浣花作。」

蕭蕭花絮晚，霏霏紅素輕。日長惟鳥雀，春遠獨柴荊。數有關中亂，何曾劍外清。故鄉歸不得，地入亞夫營。

紅言花，素言絮。次句即承首句。

日雖長，惟見鳥雀，言過客之稀。春已暮，獨守柴荊，見村居之僻。此聯句法與「絕域惟高枕，清風獨杖藜」同。

關中既亂，不得已而避劍外，然劍外豈真清平無事、可卜久居哉？無奈「故鄉歸不得」，長安一片地，盡入亞夫營耳。張楫曰：「亞夫營在昆明池南，今柳市是也。」

哭嚴僕射歸櫬

《舊書》：「永泰元年四月，武及疾終，時年四十。贈尚書左僕射。」公是年五月離成都。

素幔隨流水，歸舟返舊京。老親如一作「知」。宿昔，部曲異平生。風送蛟龍雨，一作「匣」。天長驃騎營。一哀三峽暮，遺後見君情。

武為華州人，密邇長安，故曰「返舊京」。

《新書》：「武卒，其母哭且曰：『今而後，吾知免為官婢矣。』」《舊書》亦曰：「性本狂蕩，視事多率胸臆。雖慈母言，不之顧。」則知武死，其母尚無恙，健如宿昔也。《後漢·光武記》注：「大將軍營有五部、三棱尉。部下有曲，曲有軍侯一人。」鮑昭詩：「將軍既即世，部曲亦罕存。」即「部曲異平生」意也，非謂其死後而部曲橫暴也。汪瑗曰：「部曲之意，言不可復得如嚴公之主將也。」亦是。

公《贈嚴公》詩有「蛟龍得雲雨」之句，言其得時則駕。今曰「風送蛟龍雨」，終以蛟龍比嚴公，如雲雨之散也。胡邋叟曰：「蛟龍之雨，為風送斷，悲霖施之長已也。」一作「蛟龍匣」。按《西京雜記》：「漢帝送死，皆珠襦玉匣。武帝匣上鏤為蛟龍之象，謂之蛟龍玉匣。」《霍光傳》：「得賜珠璣玉衣梓宮」，則人臣亦可稱蛟龍匣。晉齊獻王攸遷驃騎將軍，時當罷營，兵士數千人戀攸恩德，不肯去。此言軍士戴嚴，如天之長，不忍忘其恩也。

舊解謂「遺後見君情」，恩德遺於後人，使人哀思不忘也。按：上文「部曲異平生」、「天長驃騎營」，此意已見。此承「一哀三峽暮」來，乃公自致感恩意也。言我哀公於三峽之間，死後益見君之情。所云「一生一死，交情乃見」也。

劉後村詩話云：「故人感知己之遇，故季布奏事彭越頭下，臧洪、盧湛皆不以主公成敗而二其心。叔季所謂賓客，方翕翕熱時，則趨附恐後。及時移事改，掉臂而去，至有射羿者。世傳嚴武欲殺子美，殆未必然。觀『老親如宿昔，部曲異平生』之句，極其悽愴。至置武於《八哀詩》中，忠厚藹然，異於幕府少年今白髮之作矣。李義山過舊府，有《寄諸椽》詩，云：『莫憑無鬼論，終負託孤心。』猶有門生故吏之情，可以矯薄俗。」

程崑崙曰：「杜之入蜀，實以依武。野史所載，或出愛憎，不盡可據。但觀杜上嚴詩有『束縛酬知己，蹉跎效小忠』之句，則主賓事可想。復以『白頭趨幕府』，百感橫集，宜其觸事興懷，口多微詞也。至《八哀》、《歸櫬》〔註1〕諸詩，自是子美厚道。生前則絕無依附，死後則備極痛傷，非徒感其存郵慰薦，亦謂武智略過人，『西蜀地形天下險，安危須仗出群才』，武庶幾足當之，不沾沾為一己之私也。至「莫倚善題鸚鵡」〔註2〕語，蓋慮少陵恃才傲物，或遭禰生江夏之厄，非惟為杜良箴，亦是千古才人遭亂世，韋弦之佩，苦心熱腸，自是英雄本色，豈可反以罪嚴哉？」

宴戎州楊使君東樓

《元和郡國志》：「戎州，古僰國也。梁立戎州。」黃鶴曰：「《唐志》：『戎州本犍為郡，與嘉州皆犍為地也。』公以永泰元年五月去成都，之嘉、戎州。」

勝絕驚身老，情忘發興奇。座從歌妓密，樂任主人為。重碧拈一作

〔註1〕即《哭嚴僕射歸櫬》。按：「櫬」，底本誤作「襯」。
〔註2〕唐・嚴武《寄題杜拾遺錦江野亭》：「莫倚善題鸚鵡賦，何須不著鵔鸃冠。」

－371－

「酤」。春酒。輕紅擘荔枝。樓高欲愁思，橫笛未休吹。

　　首言東樓景勝，已再絕矣。閱歷勝地愈多，不覺自驚身老。然我之身雖老，而情則忘其老，故發興奇也。

　　身老之人坐雖與歌妓相密，而歌妓之情未必屬我，則樂仍任主人為耳，說得老人與歌妓毫不相關，可驚處正在此。

　　曹子建《七啟》：「春清縹酒註。」縹，深碧色。黃山谷曰：「拈春酒，擘荔枝，此主人使歌妓為樂者也。」按元稹《元日》詩：「羞看稚子先拈酒。」白樂天詩：「歲酒先拈辭不得。」拈酒乃唐人語也。丁來公曰：「拈字風韻宛然，所謂『翠袖殷勤捧玉鍾』也。若改『酤』字，便同嚼臘〔註3〕。」《寰宇記》：「戎州僰道縣荔枝園。」《郡國志》云：「僰僮之富，多以荔枝為業。荔子雖有數種，而膜皆帶粉紅，故輕紅從擘而見。」山谷在戎州詩云：「王公權家荔子綠，廖致平家綠荔枝。試傾一杯重碧色，快擘千顆輕紅肌。」本老杜此詩。又有《廖致平送綠荔枝》詩云：「誰能同此絕勝味，惟有老杜東樓詩。」

　　中四句皆承「情忘發興奇」來。興之所極，不覺愁生。公自愁而主人之樂未已，橫笛尚未休吹也，然公則不禁欲愁矣，所云「勝絕驚身老」也。

　　按：此詩主人自樂公自愁。首言「勝絕驚身老」，先已含愁矣，特對主人而情偶忘，故發興與主人相樂耳。及歌妓在座，樂任主人，拈春酒，擘荔枝，老身當此，正復無味，不覺對此高樓，雖云絕勝，而愁思欲動也。舊解云：「橫笛未休吹」，吐蕃之亂未已，故公忽動愁懷，推開說去。反似寬緩無餘致。此句正言主人之樂笛，即座中所吹之笛也。高宴未終，歌聲未歇，主人方樂，而公已愁。公殆無日不愁也。拖此在末句，更覺通首緊切關情。

渝州候嚴六侍御不到先下峽

　　永泰元年，公去成都，經戎州至渝州作。《元和郡國志》：「古之巴國也。開皇元年，改為渝州，以渝水為名。」峽，明月峽也，在巴縣東八十里。

　　聞道乘驄發，沙邊待至今。不知雲雨散，虛費短長吟。山帶烏蠻闊，江連白帝深。船過一柱觀，留一作「滯」。**眼共登臨。**

　　首二句候嚴也。聞侍御來，而公在沙邊候之。「雲雨散」，喻別離也。王粲詩：「風流雲散，一別如雨。」《古詩》有《短長吟》。公在沙邊久待嚴不至，追思雲雨之散，不覺長吟短吟，然亦虛費吟耳，嚴仍不至也。

〔註3〕「臘」，疑當作「蠟」。

《寰宇記》：「渝州，其地東至魚復，西連僰道，北接漢中，南極牂牁。」
《梁益州記》：「雋州雋山，其地接諸蠻，部有烏蠻、秋蠻。」此言其山水所連接，述下峽之形勢。

「一柱觀」，在荊州。公於渝候嚴不至，當再候於江陵，囑嚴舟過一柱觀時須留眼一看，相與共登臨可也。

范濂曰：「老杜詩一字一句皆有來歷。如『盡室畏途邊』，『盡室』出《左傳》，『畏途』出《莊子》。此詩云『雨散短長吟』，俱本《古詩》。乃知讀老杜詩遇奇僻處，未可輕議。」愚謂其顯易處，益未可輕忽也。

遣憤

黃鶴曰：「永泰元年作。」初，回紇既助順，收河北，以賊平，恣行暴掠，代宗冊命為可汗，復論功，盡封其左右都督以下。尋為僕固懷恩所誘，與吐蕃合兵入寇，此詩蓋深憤之也。

聞道花門將，論功未盡歸。白從收帝里，誰復總戎機。一云「軍麾」。
蜂蠆終懷毒，雷霆可振威。莫令鞭血地，再濕漢臣衣。

「花門」，回紇也。永泰元年，郭子儀與回紇再盟，藥葛羅帥眾追吐蕃，子儀使白元光帥精騎與之，俱敗吐蕃於靈臺西里，所殺以萬計。又破之於涇州，於是其大帥合胡祿都督藥葛羅等二百餘人入見，前後贈賚繒帛十萬匹，府藏空竭，稅百官俸以給之，猶未肯還國。故曰「聞道花門將，論功未盡歸」，此所以為可憤也。

初，代宗幸陝，魚朝恩舉在陝兵與神策軍迎扈，悉號袖策軍，天子幸其營。及京師平，朝恩遂以軍歸禁中自將之，然尚未得與北軍齒。至是，朝恩以神策軍從上屯苑中，其勢寖盛。分為左右廂，居北軍之右矣。此言收京乃郭子儀之功，而收京之後乃以魚朝恩為天下觀軍容宣慰處置使。故曰「自從收帝里，誰復總戎機」，此所以更為可憤也。

《左傳》：「君無謂邾小，蜂蠆有毒，況國乎！」此言回紇助討吐蕃，恃功難制，宜早加雷霆之威，以止絕之，不宜養毒也。

舊解：「鞭血地」，《漢書》云：「禁中非刑入鞭血之地。」非也。寶應元年，雍王適為天下兵馬元帥，僕固懷恩副之，討史朝義。雍王見回紇可汗於河北，回紇責雍王不於帳前舞蹈，車鼻遂引藥子昂、李進、章少華、魏琚各榜箠一百。少華、琚一宿而死。漢臣鞭血，正指此事。此公追憶回紇助討朝義時其肆

毒如此。今之助討吐蕃，毋「再濕漢臣衣」可也。觀一「再」字，可見此詩為永泰元年事，追憶之益為可憤也。

嚴顥亭曰：「杜詩如《有感》、《遣憂》，俱命題閒雅，此則直言《遣憤》，蓋吐蕃之事，公所深痛也，故鞭血濕衣亦不復如息戰出狩巧為迴護，正欲直書其事，以深戒萬世耳。」

悲秋

永泰元年，公在雲安，將移居夔州作。

涼風動萬里，群盜尚縱橫。家遠傳書日，秋來為客情。愁窺高鳥過，老逐眾人行。始欲投三峽，何由見兩京。

只起一語，悲秋無限，時回紇入寇，公正憶長安、洛陽之家，音書闊絕耳。且作客逢秋，其況倍淒涼欲絕。

高鳥之過，東南西北，任其所適，公惟高鳥之不如，故愁窺其過也。逐逐因人，至老猶然。公素性崛強，豈堪耐此？著一「老」字，恨甚。「眾人」二字亦本《豫讓傳》「眾人遇我」之意，其所感深矣。

公是秋居雲安，心雖憶兩京，而身始欲到夔也。方且始投三峽，則長安、洛陽何由而見乎？萬里涼風，正為兩京歎也。

杜詩注解卷之七終

辟疆園杜詩注解五言律卷之八

武鄉程康莊崑崙甫評

海曲丁　泰來公甫

梁谿顧　宸修遠甫著

禹廟

《方輿勝覽》:「禹祠在忠州臨江縣,南過岷江二里。」此詩當是永泰元年,在忠、渝間作。

禹廟空山裏,秋風落日斜。荒庭垂橘柚,古屋畫龍蛇。雲氣生虛壁, 一作「噓青壁」。**江聲走白沙。早知乘四載,疏鑿控三巴。**

起二句極荒墟之感。公見荒庭所垂,古屋所畫,即景生情,總言廟在空山,一片荒涼耳。

前四句言禹廟,後四句言禹功。石壁必鑿斷而後虛,虛而後雲氣生;江沙必疏通而後走,走而後有聲。二句廟外之景。於此立廟,必禹功之所在。此二句已見疏鑿之功。舊解亦作荒墟意,非是。

王阮亭曰:「橘柚龍蛇固廟中所有,而荒庭古屋可見空山寂寞之況。石斷水流固疏鑿之功,而雲氣江聲又可見秋風落日之景。」畢致中曰:「中二聯非用實事,偶然合耳。公諸葛廟詩亦有『蟲蛇穿畫壁』之句,與『古屋畫龍蛇』何異。」

末二句因禹廟而追思禹功。曰「早知」者,謂其計已素定也。乘四載而疏鑿,其勢已控三巴。今立廟於此,覺三巴之地皆其疏鑿之功。茫茫禹域,何地不堪憑弔?

宴忠州使君姪宅

忠州,古巴地。貞觀八年,改臨州為忠州,以地邊巴徼、意懷忠信為名。

出守吾家侄，殊方此日歡。自須遊阮巷，一作「含」。不是怕湖灘。樂助長歌逸，一作「送」。杯饒旅思寬。昔曾如意舞，牽率強為看。

「出守」，言為守於此地也。殊方遇侄，此日甚懽。

阮咸與叔父籍為竹林之遊，咸與籍居道南，諸阮居道北。北阮富而南阮貧也。公以阮咸比使君，以阮籍自比。《峽程記》：「四百五十灘，有清水、重峰、湖灘、漢灘。」此言吾今日之留，因阮巷不可不遊，非因湖灘之故，畏不敢前涉而故羈留也。

「樂」，宴席作樂也。「長歌」，公之詩興也，與「旅思」相對。謂作樂者適以助長歌之逸興耳。酒杯饒，故旅思寬也。公詩：「誰家數去酒杯寬。」

王戎，王導之侄，常以如意起舞。公侄能歌且舞，以娛公也。《左氏傳》：「牽率老夫。」謂牽引也。殊方作樂為宴，雖此日已極歡，而旅思湖灘，未免愁畏相逼，亦祇牽引老夫強為看而已。

聞高常侍亡

公自注：「忠州作。」按《舊書》，廣德元年，適召還，為刑部侍郎，轉左散騎常侍。永泰元年正月，適卒，贈禮部尚書，諡曰忠。

歸朝不相見，蜀使忽傳亡。虛歷金華省，何殊地下郎。致君丹檻折，哭友白雲長。獨步詩名在，祇令故舊傷。

自適歸朝之後，久與公不相見。今在蜀而使者傳其亡，故公悲之。

《漢宮闕記》：「金華殿在未央宮，秘府圖書在焉。故王思遠《遜侍中表》云：『奏事金華之上，進議玉臺之下。』後世以門下省名金華省，蓋出由此也。」王隱《晉書》：「蘇龍已死，復生，其弟問地下事，龍言顏淵、卜商今為修文郎。」

按：《唐書》載達夫負氣敢言，公亦云「致君丹檻折」，則其建白必有可觀，然史冊不載，蓋未見施行耳，故曰「虛歷金華省」。惜其有才不展，齎志以沒，鬱鬱九原，故曰「何殊地下郎」。蓋謂雖生猶死，深痛之詞也。玩「何殊」二字，明指生前而言。若云死為修文，則「何殊」二字無著落矣。至於折檻高風，無所表見於世，而僅以詩名獨步傳，雖價重詞壇，然生平期許不止於此，祇令故舊傷心耳。

題忠州龍興寺所居院壁

永泰元年秋，至忠州，寓居寺中作。陸游有《龍興寺弔少陵先生寓居》詩：「扈蹕老臣身萬里，天寒來此聽江聲。」寺門聽江聲甚壯。

忠州三峽內，井邑聚雲根。小市常爭米〔註1〕，孤城早閉門。空看過客淚，莫覓主人恩。淹泊仍愁虎，深居賴獨園。

《蜀都賦》：「經三峽之崢嶸。」注：「三峽，巴東永安縣有高山相對，相去百二十丈，左右崖甚高，人謂之峽，江水過其中。」忠州則在三峽之內也。「井邑」，小邑也。「雲根」，石也。張協詩：「雲根臨八極。」蓋取五嶽之雲觸石而出，則石者，雲之極也。忠在三峽之內，故邑之所聚，惟石為最多。

忠州有五縣，戶止六千七百。邑小，故市小。市無多米，貿易者恒爭取之。早閉門者，邑小無事，且城孤，恒畏亂也。

「過客」，公自謂也。過客空淚而無能覓主人之恩，可見公侄為忠州使君，待公甚薄。

公淹泊於其地，惟深居寺中，可免虎患。忠州多虎，故公以為愁。《金剛經》有給孤獨園，故以獨園比寺。

旅夜書懷

永泰元年，去成都，舟下渝、忠時作。

細草微風岸，危檣獨夜舟。星垂平野闊，月湧大江流。名豈文章著，官應老病休。飄飄何所似，天地一沙鷗。

時公泊舟於岸。細草微風，岸景猶可見。「危檣」，舟檣高也。舟既泊而夜矣，曰「獨夜」，見同泊舟者無人。

次聯寫出獨夜之況，星下垂而四野空闊，月湧水而大江自流，想見「危檣獨夜舟」五字。

名實因文章而著，官不為老病而休，故「豈應」二字反言以見意，所云「書懷」也。二語中公一生懷抱已盡。「天地一沙鷗」仍應上「獨」字。

丁來公曰：「獻賦得官，聲名輝赫，似以文章著矣。然流離顛沛，白頭幕府，小吏相輕，所謂『文采動人主』〔註2〕者安在？『名豈文章著』乎？救房琯而遠謫，辭嚴武而歸隱，公實見時危政暗，不樂仕進，然未敢告人，但云『官應老病休』可也。怨而不怒，哀而不傷，具此十字。」

秦留仙曰：「文章不足顯身，老病無能用世，往來江湖，殊無所謂，殆類一沙鷗耳。因舟居感懷如此。」

〔註1〕「米」，底本誤作「朱」。
〔註2〕杜甫《莫相疑行》：「往時文采動人主，此日飢寒趨路旁。」

放船

黃鶴曰：「當是永泰元年，自忠、渝下雲安作。」

收帆下急水，卷幔逐回灘。江市戎戎暗，山雲淰淰寒。荒林無徑入，獨鳥怪人看。已泊城樓底，何曾夜色闌。

起二句「收帆」、「卷幔」、「下急水」、「逐回灘」，似一義。然細體之，初則掛帆而行，至於急水則不敢掛帆矣。故掛帆也，帆雖收而舟幔猶懸。至回灘曲折，欲逐之而行，並幔亦捲起，恐致遮蔽也。二句原有次敘。

放船急下，須臾而見江市山雲。按：毛萇傳《何彼襛矣》云：「襛，猶戎戎也。」《古文苑》載張衡賦云：「乃樹靈木，靈木戎戎。」注：「戎戎，盛貌。」蓋野市臨江，草木薈薈。著一「暗」字可曉。「淰」，音審。《禮運》云：「龍以為畜，則魚鼈不淰。」注：「群隊驚散貌。」《廣雅》：「淰，溷濁也。」錢牧齋曰：「淰，魚吹水也。」二說與「寒」字不黏，宜從《禮運》注，謂寒雲聚散不常也。二句已伏夜色。

荒林無徑，是船已到岸也。曰「獨鳥」，亦惟見鳥雀之意。曰「怪人看」，愈見此地無泊舟之人。鳥見人看，反以為怪也。二句又伏夜色。

江市既不可泊，荒林又不可泊，於是至城樓底而泊舟焉。舟已泊矣，而夜色尚未闌也。上二聯已寫夜色，末言「何曾夜色闌」，闌，殘也，言如此盤桓而夜色仍未殘也。總言到城之早，以見放船之速。

雲安九日鄭十八攜酒陪諸公宴

鄭十八，名賁，雲安人。

寒花開已盡，菊蕊獨盈枝。舊摘人頻異，輕香酒暫隨。地偏初衣袷，山擁更登危。萬國皆戎馬，酣歌淚欲垂。

先言眾花之盡，獨有菊存，以見九日節物。九日摘菊，其來已久，但摘菊之人頻異耳。只一「頻」字，上下數十年感慨無限，與去年、明年語迥別。攜酒者，鄭也。暫隨者，公也。曰「暫隨」，便含頻異之意。

潘岳《秋興賦》：「御袷衣。」《說文》：「袷衣，無絮衣也。」正是九月授衣之候。曰「地偏」，亦寓流落之感。《風俗記》：「九月登高，以禳災炎危。」雲安皆山擁，此更登於山之高危也。

《老子》：「天下無道，戎馬生於郊。」黃鶴曰：「是年八月，僕固懷恩及吐蕃、回紇等入寇，故曰『萬國皆戎馬』。」「酣歌」，酒酣而歌。歌不成聲而

淚已垂也。公撫節未有不悲，當宴未有不哭。嗟乎！人頻異也，酒暫隨也，焉得不淚？

別常徵君

黃鶴曰：「永泰元年在雲安作。」

兒扶猶杖策，臥病一秋強。白髮少新洗，寒衣寬總長。故人憂見及，此別淚相忘。各逐萍流轉，來書細作行。

公自五月離成都南下，至戎、渝，六月至忠，旋至雲安縣。自秋徂冬，俱在雲安。兒扶猶須倚杖，狀衰病之甚也。「強」，有餘也，言在雲安臥病，一秋有餘也。

次聯上三字下二字句法。言臥病之餘，白髮本少，今更加白，若經新洗者。然一秋臥病，骨腃體瘦，初試寒衣，覺甚寬矣。不特寬，且總長矣。二語寫病後之態如畫。

王翰孺曰：「總字尤妙。『衣帶日以緩』，其寬固矣。然故衣在篋，裁時自有長短。今不特長者長，而短者總長，蓋因消瘦之極，帶圍寬減，故無不下垂也。寫伶仃老瘦之態，使人欲哭。」

「故人憂見及」，謂徵君及書於公，憂公之病也。公作詩以別徵君，離別而俱不能淚，所以成相忘。

「來書細作行」，即憂見及之書，感其情之長，書與之俱長也。常之念公至矣，故作此詩以別之，時公將從雲安到夔州矣。

長江二首

永泰元年雲安作。

眾水會涪萬，瞿塘爭一門。朝宗人共挹，盜賊爾誰尊。孤石隱如馬，高蘿垂飲猿。歸心異波浪，何事即飛翻。

古巴國地。唐為涪州，蜀漢南浦。唐為萬州，蜀夔州。瞿唐在夔州東一里，而雲安在州西百三十里。雲安與萬州為鄰。使君一灘占兩境，故此詩為雲安作。《寰宇記》：「瞿唐，古西陵峽也。連崖千丈，奔流電激，舟人為之恐懼。」《方輿勝覽》：「瞿唐峽乃三峽之門，兩崖對峙，中貫一江，望之如門。」首二句言江水會聚經過之處。

《禹貢》：「江漢朝宗於海。」水猶知朝宗，故任人共為挹取，不敢自私其所有。若盜賊者，敢犯順為不義，爾將捨天子而欲誰尊乎？題詠峽中長江，忽

入盜賊句,時郭英乂為城都尹,為兵馬崔旰所殺,峽中方亂,討兵四起,公直呼之為盜賊,言其不稟天子之命,未知朝宗之義也。

《寰宇記》:「灩澦堆在蜀江中心,瞿唐峽口。」《樂府》作「淫豫」,其歌曰:「淫豫大如馬,瞿唐不可下。」《水經注》:「益州刺史鮑陋為譙道所圍,城裏無水,乃南開水門,鑿石為函道,直下至江水,有似猿臂相牽汲引,然後得水。」「隱如馬」、「垂飲猿」,總言峽中之險,波浪之出沒無常也。

邵二泉曰:「末二句歎波浪飛翻,雖出沒不定,必向東流而去。何事此身異於波浪而不得歸也?緊收上二句,含歎無限。」

按:此詩言眾水必有所聚會,亦必由一門而出,故江漢之水以海為歸,猶諸侯之朝宗於王也。乃盜賊不知天子之尊,狡然橫行,欲何為乎?今觀瞿唐為三峽之門,灩澦之險實當門際,乃眾流所必經,如馬飲水,猿出沒,因乎其時,而水必東歸,固有一定之向。何獨我之歸心偏異於波浪也?公之不得歸秦,數年以來,實為盜賊所阻。借水隱喻,以明正盜賊無君之罪。通首緊要處全在次聯。

浩浩終不息,乃知東極臨。眾流歸海處,萬國奉君心。色借瀟湘闊,聲驅灩澦深。未辭添霧雨,接上遇 一作「過」。**衣襟。**

「東極臨」,言水之必東也。長江東流,浩浩不息,會眾泉水而歸海,猶萬國奉君之心也。此更說明上首之意。

趙汸曰:「瀟湘在潭州。三峽之水下入洞庭,與瀟湘相遠,故云『色借』。」愚按:瀟湘之尾遠接洞庭,江色借瀟湘而闊,江聲驅灩澦而深,二語只狀江流之勢。

江海不讓眾流以為大,雖霧雨之微,亦可添溢其流。「接上」,霧雨接江流而上也。接上而江漸深,遇人衣襟,亦為之沒。霧雨上助江流,亦終以海為歸耳。通首總言眾泉流歸海,以明萬國奉君之意。緊要亦全在次聯。

承聞故房相公靈櫬自閬州啟殯歸葬東都有作二首

琯以廣德元年死於閬州,權瘞於彼。公九月至閬州,有《祭房相公文》。二年春晚,復有詩別其墓。此詩作於永泰元年,時公在雲安。

遠聞房太守, 一作「太尉」。**歸葬陸渾山。一德興王後,孤魂久客間。孔明多故事,安石竟崇班。他日嘉陵涕,仍沾楚水還。**

劉須溪曰:「以其貶漢州刺史,稱之曰『房太守』,正是恨意。五字能言人

所難言。改為『太尉』，誤矣。」胡邅叟曰：「舊本『太尉』，有誤作『太守』
者，劉須溪以為寓恨意，深取之。稱故相，有此體否？畢竟太尉為是。」黃維
章曰：「自當以太守為是。召拜大司寇，贈官太尉，俱未實授，故置之不言。必
曰官尊始得體，則題中先宜書太尉，不宜言故相矣。且『遠聞』二字從蜀中言
之，尤當稱太守也。兼下有『崇班』句，實指太尉之贈。此處先言太尉，毋乃復
乎？胡意主於駁劉，不繹詩體，乃爭官體，何也？」王洙曰：「伊洛間有陸渾
山，昔辛有適伊川，見被髮而祭者，言此地當夷，後為陸渾之戎所有。山因得
名。《舊書》：『琯少好學，與東平呂向隱於陸渾伊陽山中，讀書凡十餘歲。』」

　　錢牧齋曰：「琯建分鎮討賊之議，首定興復之功，故以『一德興王』許之。
司空圖《房太尉漢中》詩云：『物望傾心久，凶渠破膽頻。』注謂祿山初見分
鎮詔書，歎曰：『我不得天下矣。非琯無能畫此計者。』又，琯為肅宗所惡，
幾有伊生嬰戮之禍，故比之伊尹，亦寓意於玄、肅父子之間也。」劉須溪曰：
「豈房玄齡後耶？考房玄齡墓在開封府襄城縣西北房村。」愚按：琯分鎮之議
確屬迂腐。至司空表聖詩，蓋目擊十六院王子一旦盡於韓建、劉季述之手，故
追思琯策，有感於祿山之語而云然耳。然封建久廢，預教無聞，一旦分擁兵柄，
必致自相爭奪，永王璘事可鑒，其不為晉之八王、梁之湘東者幾希。「一德興
王後」，定不指此。須溪「豈玄齡後」之疑不為無見，但無的據耳。

　　《蜀志》：「陳壽與荀勗、和嶠等定故蜀丞相諸葛亮故事二十四篇以進。」
《王獻之傳》：「謝安薨，贈禮有異同之議，惟獻之與徐邈共明安之忠勳，孝武
帝遂加安殊禮，贈太傅，諡曰文靖。」「孔明多故事」，喻房公奏議可為朝廷典
故。「安石竟崇班」，喻房公死後得褒崇追贈也。

　　畢致中曰：「次聯言房以一德事君，相業方成之後，遂遭謫客死，久殯閬
州，今方得歸葬。三聯言其故事難泯，死後有太尉之贈，久居抑於生前，徒褒崇
於死後。如公《過斛斯莊》詩云：『竟無宣室召，徒有茂陵求』，同一悲感。」

　　《廣輿記》曰：「嘉陵江經劍州廣元、昭化、閬中界。其曰閬水、巴水、
渝水、漢水，皆此江之異名。」「楚水」，夔巴下之江水也。此言房公之喪自閬
州發起，則由嘉陵江而下，經楚水而還，還即歸葬也。時公方欲出峽下楚，故
房櫬發於閬州，遠聞而涕淚交集。他日由嘉陵而楚水，公亦必道經夔江，猶得
撫棺一哭，是嘉陵涕仍於楚水沾也。「他日」二字直貫末句，當做一句讀，更
與起句「遠聞」二字相照應。是公詩法離即繁密處，即後詩所謂「盡哀知有處」
是也。此二句應從公哭房意說。泛言房公之櫬由此而歸，便收拾不緊。

丹旐飛飛日，初傳發閬州。風塵終不解，江漢忽同流。劍動親一作「新」。身匣，書歸故國樓。盡哀知有處，為客恐長休。

「丹旐」，銘旌也。《寡婦賦》：「飛旐翩以啟路。」公聞其丹旐自閬而發，痛斯人之云亡，乃忽感風塵之終不息意。云陳濤斜之敗獨咎房公，乃數年以來，盜賊相尋，擾亂無已時，風塵至今終未解也，是豈獨房公之罪哉？而房公今已與江漢俱流矣，是可歎也。「江漢」不必泥，只逝水長流，不可復返意。

三聯言房公已死，書劍久屬飄零，今得隨櫬而歸故國，亦見房公清德，蓋棺而論始定。書劍而外，更無長物也。劍匣隨親身而動，遺書從故國而歸，物在人亡，皆足動公之悲。今其櫬必由夔江而來，我之盡哀尚有處，但恐作客之身亦如房之客死而長休耳。

毛文濤曰：「前曰『孤魂久客間』，今曰『為客恐長休』，念房客魂，遂自悲客死，公之於房，真可云死生交矣。」

將曉二首

石城除擊柝，鐵鎖欲開關。鼓角悲荒塞，星河落曉山。巴人常小梗，蜀使動無還。垂老孤帆色，飄飄犯百蠻。

《地志》：「夔州，古巴石城。」柝以警夜，夜盡則除。關門欲開，鼓角悲壯，以致星河將落，皆將曉之景也。

「常小梗」，言時有作亂之人。「動無還」，謂上元間，劍南東川節度兵馬使段子璋反，伏誅；乾元元年，劍南西川兵馬使徐知道反，伏誅。是年劍南西山兵馬使崔旰反，又殺成都郭英乂也。

公時泊舟雲安，將居夔州，自歎亂離如此。垂老而身犯百蠻，不知何所至極也。「犯」字奇。垂老而祇逐孤帆，飄飄而行，一無敢犯，而獨犯百蠻，蓋夔為楚地，本屬蠻方，孤帆所向，將於此投止，是身犯之也。孤帆之色，正從將曉見出。

軍吏回官燭，舟人自楚歌。寒沙蒙薄霧，落月去清波。壯惜身名晚，衰慚應接多。歸朝日簪笏，筋力定如何。

「官燭」，官府供用之燭，將曉不用，故回也。《項籍傳》：「聞軍中皆楚歌。」時公欲出峽，至江陵，舟人亦喜南下，故皆楚歌。沙蒙霧，月去波，皆將曉之景。

後四語忽發老壯之感，忽動歸朝之思。蓋公之所惜者，身與名也。從壯而

惜，今已晚矣。公之所苦者，應接也。鹿鹿因人，所云「老逐眾人行」是也。以可惜之身名，為無用之應接，倘一旦而有歸朝之日，其時必將簪笏立朝，不知筋力如何也。筋力不為立朝之用，徒應接以衰老，豈不置身名於無用之地哉？將曉而不成寐，不覺回首壯年，益自悲衰晚也。身雖南下，心無日不在朝廷，所謂「一飯不忘君」也與？

懷錦水居止二首

永泰元年在雲安作。公詩：「峽裏雲安縣。」

軍旅西征僻，風塵戰伐多。猶聞蜀父老，不忘舜謳歌。天險終難立，柴門豈重過。朝朝巫峽水，遠逗錦江波。

是年九月，僕固懷恩復引吐蕃、回紇入寇。十月，郭子儀方擊破吐蕃，而成都尹郭英乂為兵馬崔旰所殺，討兵四起，蜀中大亂，公避居雲安，故懷成都草堂。謂征西之師方息，而風塵戰伐，蜀中為多，然蜀之父老謳歌而思天朝，則劍閣雖險，料旰終難自立。所恨者，柴門未能再過耳。今巫峽與錦江相通，惟觀其水之遠逗，焉得不旦旦而思之？

王翰孺曰：「公去草堂，以蜀亂耳。然父老之謳歌如此，盜賊安能恃天險以自固？太平可望，得毋有重過柴門之日乎？『豈』者，意中想望，深願而不可必之詞。亦如漢高所云魂魄猶應戀沛也。觀下首極言草堂之勝可見。」

萬里橋南宅，百花潭北莊。層軒皆面水，老樹飽經霜。雪嶺界天白，錦城曛日黃。惜哉形勝地，回首一茫茫。

此首全懷草堂。首二句即公詩所云「萬里橋西一草堂」。百花潭水即滄浪是也。次聯草堂近景，三聯草堂遠景，合上六句，形勝已見。惜哉徒回首茫茫，不得再到也。

又雪

南雪不到地，青崖霑未消。微微向日薄，脈脈去人遙。冬熱鴛鴦病，峽深豺虎驕。愁邊有江水，焉得北之朝。

南方地暖，雪至半空而消，故曰「不到地」。青崖山之高處，雪但霑於青崖之上耳。「脈脈」，不絕貌。青崖向日之處，故微微漸薄，然脈脈不可聞，若去人甚遠也。

惟雪少，故冬熱。「冬熱鴛鴦病」，或是俚語方言。豺虎恃峽之深以為窟，故驕也。

結言當愁之際，江水止是朝東而流，安得折入北流以之朝乎？公欲隨北流而之長安也。

題是《又雪》，後四句卻不言雪，公意原不在雪也。見雪而觀江在南而思北，少雪之地雖暖，而鴛鴦反病，況峽深而豺虎驕，不可居也。折水而北之朝，庶慰我懷耳。

程崑崙曰：「此蓋因蜀地之遠，朝廷威令所不能及，良弱受病強暴肆志，愁思之心欲因江水之去以達於朝而不可得，感南雪不寒而作也。末『北』字正應首『南』字。」

冬深

花葉隨天意，江溪共石根。早霞隨類影，寒水各依痕。易下楊朱淚，難招楚客魂。風濤暮不穩，捨棹宿誰門。

冬深而花與葉皆落，隨天意者，不復見花葉也。江水、溪水俱退，共見石根而已。所云水落石出是也。二句冬深之景。

早霞變態多端，其影隨類而呈現。「類」字下得奇，謂早霞一出，無物不見其影也。水至冬必退。江溪止見石根，水已退矣。然退而各依舊痕，見水退必有候，以起下「風濤」句。

楊朱泣歧路，謂其可以南、可以北。「楚客」，屈原也。宋玉憫原無罪，託帝命以招其魂。二句公自言流離無所汩也。

《古詩》：「風濤暮不上，幾日到瀟湘。」時公在雲安舟中，江溪惟見石根，水似平矣，然未可忽其風濤之險。「捨棹」，謂將捨棹而泊舟也。將暮之際，風濤亦復可虞，故躊躇宿於誰門。公自傷此身漂泊無定，如楊朱之歧路，無宋玉之招魂，雖平流之中，正復有風波之警，總託言以見意耳。

送王侍御往東川放生池祖席

「東川」，即梓州。行者必有祖道之祭，祭畢，飲於其傍，謂之祖席。《千家注》編於永泰元年作。邵二泉謂公在東川作。非也。既云送王往東川，則公不在東川明矣。

東川詩友合，此贈怯輕為。況復傳宗匠，空然惜別離。梅花交近野，草色向平池。倘憶江邊臥，歸期願早知。

言王往東川，詩友甚多，必與相合。我作此詩以贈，不敢輕為。曰「怯」者，因詩友多而怯也。公之於詩，不驚人不休，豈真怯於贈人，直故為謙詞耳。

「傳宗」，疑是「傳蹤」，謂傳音信也。去路不遠，音信可常通，則此番別離亦何須重惜耶？然曰「空然惜」，正是不忍別意。

梅花交放於近野，草色漸向於平池，此是冬景，即放生池之景也。王去而倘憶我獨臥於江邊，則願早示歸期，此正惜別離處。

子規

大曆元年春作。鮑彪《詩譜》：「柳子厚《永州遊山記》云：『多秭歸之禽。』秭歸是蜀中地名，疑其地多此禽也。《史記·曆書》：『秭歸先滜。』注：『秭音子，歸音規，滜音豪。謂先鳴也。一名鴨鷓。』乃知子規作秭歸不為無本。」按酈道元《水經注》，則縣之名秭歸以屈原姊得名，鮑說非也。

峽裏雲安縣，江樓翼瓦齊。兩邊山木合，終日子規啼。眇眇春風見，蕭蕭夜色淒。客愁那聽此，故作傍人低。 一作「故傍旅人低」。

公在雲安聞子規啼而有感。言雲安當江之樓，其如鳥翼整齊。山木逢春而合，子規應候而鳴，春風漸細，夜色方淒，客愁聽此，已自生悲，而子規若知人意，故低飛傍人，益使人生悲也。

老病

公詩：「臥病雲安縣。」大曆元年春晚，方自雲安遷夔州，此詩尚在雲安作。

老病巫山裏，稽留楚客中。藥殘他日裏，花發去年叢。夜足霑沙雨，春多逆水風。合分雙賜筆，猶作一飄蓬。

公由雲安而移夔州。雲安在夔州西二百里。時臥病雲安舟中，所云「舟中得病移衾枕，洞口經春長薜蘿」是也。

藥裹於他日，今用之已殘。花當春而發，猶是去年之叢，謂花無年不發也。公去年秋方至雲安，至今年春，不應兩見春花之發。舊注謂花經兩放，非。此聯承上老病稽留。

夜霑沙雨，春多逆風，皆舟中不堪之況。《漢官儀》：「尚書丞郎月給赤管大筆一雙、隃糜墨一枚。」公言我既為尚書郎，應分雙筆之賜，胡乃臥病舟中，作此飄蓬之狀也？於無聊中忽憶賜筆，公仍有不甘老病意。

南楚

雲安在楚之西南，故曰南楚。大曆元年春作。

南楚青春異，暄寒早早分。無名江上草，隨意嶺頭雲。正月蜂相見，非時鳥共聞。杖藜妨躍馬，不是好離群。

此詩正月作也。時雖春，尚是寒候。而南楚地暖，早已暄矣。江上之草已青，嶺頭之雲已布。正月非蜂時而蜂見，早春非鳥時而鳥聞，地氣之暖如此。然我杖藜而來，實因避亂之故，非好為離群索居也。

杜斿曰：「『杖藜妨躍馬』，解者俱未曉。細思之，即『邑號朝歌，仲尼不入；里名勝母，曾子回車』之意也。公孫述躍馬稱帝，本是亂賊之徒。我因避亂而來，豈可復居亂人之地？則杖藜到此，宜有妨於躍馬矣。避無可避，於此暫居焉，豈好為是索居也哉？」黃漢臣曰：「不言惡聞叛逆，而但曰『杖藜妨躍馬』，亦託詞也，即『官應老病休』之意。」

移居夔州郭

公以大曆元年春晚移居夔州郭。

伏枕雲安縣，遷居白帝城。春知催柳別，江與放船清。農事聞人說，山光見鳥情。禹功饒斷石，且就土微平。

《寰宇記》：「夔州，春秋時為夔子國，秦為巴郡地，漢屬益州部。《漢書·地理志》云：『江關都尉理，魚復有橘官。』即此地也。」公孫述至魚復，有白龍出井中，因號魚復為白帝城。蜀先主敗於夷陵，退屯白帝，改為永安郡。武德二年，改夔州。天寶元年，改雲陽郡。乾元元年，復為夔州。公因病移居，「伏枕」二字，不得略過。

因有灞橋折柳贈別故事，故凡賦別多用柳。此言別者，謂與雲安別也。公以春晚移居，春色至此，已催別矣。而放船之際，江適與我以清流，見移居之樂，差可慰伏枕之懷也。「知」字、「與」字從無情中生出有情。

移居方新，農事不能自治，但聞人說山光雖好，徒見鳥情怡悅。此聯寫出伏枕之況，言病夫既不能料理農事，又不能領略山光，且憑人說，並任鳥之自歌自舞耳。殷璠撰《河嶽英靈集》，首列常建詩，愛其「山光悅鳥性，潭影空人心」之句，以為警策，不知為少陵緒餘也。

《水經注》：「江水又東逕廣溪峽，斯乃三峽之首也。蓋自昔禹鑿以通江，郭景純所謂『巴東之峽，夏后疏鑿』者。」《方輿勝覽》引杜詩舊注云：「沿峽皆因開鑿而成，故少平土，惟夔州稍平耳。」公且就土微平處移居，亦因伏枕之軀體不堪崎側也。

船下夔州郭宿雨濕不得上岸別王十二判官

依沙宿舸船，石瀨月娟娟。風起春燈亂，江鳴夜雨懸。晨鐘雲外濕，勝地石堂煙。柔櫓輕鷗外，含悽覺汝賢。

是日船下夔州郭，遂依沙而宿。石瀨在江際，謝靈運詩《回溪石瀨》是也。鮑照《玩月》詩：「娟娟似蛾眉。」方宿船之際，月正娟娟，而風忽起，船中之燈遂亂不能定；風急而江鳴，夜雨遂如懸瀑而下。此宿船後一夜之景也。

夜雨如注，晨聞郭外之鐘聲，猶含濕而不能振。是時雨雖過，而雲猶掩，故鐘聲如在雲外也。此自夜及晨之景。夔州之勝地，莫如石堂。公《贈柳少府》詩：「並坐石堂下，俯視大江奔。」今在舟中，遙望石堂，煙雲連接，俱是一片陰濕，雖欲到勝地而不能。此晨起四望之景，總言雨濕不得上岸也。

既不得上岸，則移舟而行矣。柔櫓方舉，但見輕鷗蕩漾於外。此句是寫別況。雖不能面別判官，而含悽之情不容自己，益覺汝之賢，使我缺然於晤對也。「汝」字，指王判官說。舊注云：「船櫓在輕鷗之外，忽忽遂行，不得如鷗之遊漾，所以含情而覺鷗之勝我。」以汝賢屬鷗，殊謬。

宿江邊閣

暝色延山徑，高齋次水門。薄雲巖際宿，孤月浪中翻。鸛鶴追飛盡，一作「靜」。豺狼得食喧。不眠憂戰伐，無力正乾坤。

暝色延於山徑，是應宿之時。高齋即閣，水門即江邊。首二句已盡「宿江邊閣」四字。

薄雲宿於巖際，貼上山徑。孤月翻於浪中，貼上水門。此閣上所見之景。皆宿時之景也。庾信詩：「白雲巖際出，清月波中上。」公意本此。

鸛鶴之追隨而飛者既盡，是鸛鶴亦宿矣。豺狼得食，相爭而喧，是豺狼亦聚居矣。總言將暮之景。舊注云：「時蜀有崔旰之亂，將士不能征討。故以鸛鶴喻軍士，謂軍士俱逃竄也；豺狼喻盜賊，謂盜賊方喧擾也。故下云『不眠憂戰伐，無力正乾坤』。」亦是。

宿而不眠，公之憂思甚切。崔旰之亂，必宜用兵加討，方得乾坤之正。乃杜鴻漸反以節制讓旰，調停為罷兵之說，是失討亂之正也。故公以無力為恨，恨已無討逆之權，以靖妖氛。然則乾坤何時而撥亂反正乎？宿江邊而不能成寐，公之憂殆有不容已者。

秦留仙曰：「『鸛鶴』二句恐只是描寫晚景，下二語方及時事耳。然『不眠』

二字亦本『宿』字來。當年安、史雖平，吐蕃時入，節鎮抗命，戰伐紛紜，乾坤未正，觸事傷心，亦不必專指蜀事也。」

西閣雨望

樓雨霑雲幔，山寒著水城。逕添沙面出，湍減石稜生。菊蕊淒初放，松林駐遠情。滂沱朱檻濕，萬一作「方」。慮倚簷楹。

題曰《雨望》，乃雨中四望也，初見細雨斜飛於閣上，霑雲幔而濕，便覺秋山寒氣來著，頃刻夔城為雨氣所侵，如水城然。此望中所見。

雨中從閣上一望，覺江中之逕反添，因水落而沙而自出；江流之湍反減，則石露而其稜自生。此初雨之象，蓋雨不甚，不至激湍漲沙也。

又望見於秋菊方蕊，含雨而淒然疏放；又望見松林茂密，因雨而翠色更青。足駐遠盼之情，中二聯皆西閣雨望。

「滂沱」，雨大貌。忽然而雨勢滂沱，西閣之朱檻俱濕，不似「霑雲幔」時矣。此時不知萬慮何自而生，惟有「倚簷楹」而已。「倚簷楹」三字寫出望中癡況，呆況。正緣初望之時，始而望雲望城，再望逕，再望湍，再望菊，再望松，心為物率，意為雨率，此時不知萬慮何在。忽然雨勢滂沱，來不及持，不覺眾望俱寂，萬慮頓起，閣上之身幾不為我有。倚楹一刻，危甚竦甚。舊注本是「方慮倚簷楹」，倚，傾頹貌。如此滂沱之雨，方慮簷楹頓倚也。並存之。

西閣三度期大昌嚴明府同宿不到

大昌屬夔州。

問子能來宿，今疑索故要。匣琴虛夜夜，手板自朝朝。金吼霜鐘徹，花催蠟炬銷。早鳧江檻底，雙影漫飄颻。

嚴明府必為令於大昌，公期其來西閣也。言既問訊於子，許我能來宿矣。今乃三度期約而不來，又疑其索故而要我也。「索故」是託故相卻意，「要」是雖曰不要君之要。二句責之之詞。舊注：疑我有所尋索，故反來招我。意殊不達。

匣琴雖設，虛夜夜而不彈，見無知音也。王子猷為桓溫參軍，以手板注頰，曰：「西山朝來，至有爽氣。」宋野史：歐陽公與僚屬讌遊，錢思公以寇萊公事風之。永叔取手板起立，對曰：「萊公禍不在好遊，在老不知退耳。」錢為憮然。則守令對上官必以手板。豈嚴方羈身縣令，故有此語乎？

《山海經》：「豐山有九鐘焉，是知霜鳴。」霜降則鐘鳴，故曰知也。「金吼」，即鐘鳴之聲。「徹」，其響四徹也。「花」，燈花也。燈花催蠟燭而銷，是待嚴至鐘鳴之時，蠟殘之時猶不至也。題是期嚴同宿，故夜深猶期望不絕。

夜期不至，又早起而望之，但見鳧遊於江檻之下，雙影飄颻。鳧鳥無情，猶有同遊同宿之侶。見其雙影飄颻，不覺思嚴益切也。舊注謂用王喬雙鳧故事，殊無謂。此不過西閣憑檻所見，舉以明己之期。嚴不至，閣中止雙影而已。

不離西閣二首

江柳非時發，江花冷色頻。地偏應有瘴，臘近已含春。失學從愚子，無家住一作「任」。老身。不知西閣意，肯別定留人。

夔州地暖，故未臘而春意先含，柳非時而已發。花雖冷，色亦已頻動矣。首二句正見花柳非時而先春意。舊解說花柳尚未開發，則不必言花柳矣。

地偏有瘴，亦言其蒸熱，故多瘴氣。臘近，尚未臘也。甫近而已含春，氣候之早如此。

公居西閣，欲去而未能離。其所以欲離者，以此地未可教子。今既不能離，亦任其失學矣，從其為愚子而已。且地偏不可住家，今既不能離，亦任其無家矣。姑以住老身而已。

結二語若為詰之之詞，言西閣之意肯令我別乎？抑定要留人也，定卜瀼西居。「定」字是決詞。「杭州定越州」與此「定」字是疑詞。

西閣從人別，人今亦故亭。江雲飄素練，石壁斷空青。滄海先迎日，銀河倒列星。平生耽勝事，籲駭始初經。

起二語承前結而言，此章法也。謂西閣亦從人別去，未曾有留我之意。我今則不能離西閣，亦以為故亭矣。下六句言不離西閣之故。

江雲之飄，有如素練。石壁斷處，全是空青。曉景則滄海先迎日而出，夜景則銀河倒眾星而懸，此平生目中所未見，今皆從西閣而得之，豈非勝事乎？

所以不離西閣者，蓋為平生耽賞勝事，而今所目擊諸勝，見之而吁，見之而駭，況係始初經見，其忍離乎？言方欲於此耽賞諸勝，決未能離也。其實公豈戀戀於西閣哉，不過欲去而不能，故借諸勝以為留連之計。題曰「不離」者，乃所以深欲離也。

首篇言地偏有瘴，言失學無家，恨不能即離，而故問西閣之意，不知別否，留否，仍是不能離。次篇則言西閣從人別，是西閣斷不留人矣。而我則視

為故亭，且江雲石壁，迎日列星，如此勝事，使我何忍離。是西閣固從人別，而人又不肯別，合二首反覆回互，乃見「不離西閣」。

張友鴻曰：「『不離西閣』四字，有無限躊躇顧盼在，得此拈出，方知杜老妙於製題。」

夜宿西閣曉呈元二十一曹長

城暗更籌急，樓高雨雪微。稍通綃幕霽，遠帶玉繩稀。門鵲晨光起，檐烏宿處飛。寒江流甚細，有意待人歸。

城暗而更籌自急，此夜宿之景。樓高而雨雪若微，此西閣之景。首二句是夜中，二聯俱言將曉也。

「雨雪微」則漸霽矣。「綃」，縑也，初晴而天霽之色，其薄如綃幕。「稍通」反照上「暗」字、「高」字。既是夜宿，又值雨雪，故暗而不見，高而不聞。今將曉而霽色可望，是與天稍通也。「玉繩」，星名。謝玄暉詩：「玉繩低建章。」天將曉則星稀矣。「遠帶」者，在西閣高處望見，覺落落晨星遠而若繫也。公詩：「春星帶草堂。」毛文濤曰：「『春星帶草堂』，是星帶堂，以星在上、堂在下也。此則閣帶星，閣高而星反似在下，為閣之所帶也。」

舊注以門鵲為門端刻鵲，檐烏為相風之烏，晉傅玄《相風賦》云「棲神烏於竿首，俟祥風之來征」是也。愚謂此言曉景，正是門前之鵲，聞鵲聲而知晨光已起，且見檐上之烏，從宿處而飛，亦天曉而烏飛也。公詩：「檐烏相背發。」又：「危檐逐夜烏。」俱實指檐上之棲烏。此就西閣所聞所見之曉景而言，何必以鳲鵲門、占風烏故為曲解。

江流甚細，亦曉望所見。見此江流，忽動歸長安之思。

公無刻不思歸。對元曹長，益切歸懷。觀下首云：「看君話王室，感動幾銷憂。」不話王室，尚動思歸之念，況「看君話王室」乎！曰「有意待人歸」，言江流未阻我，但彼雖有意，其如我之不能奮飛何哉！

西閣口號呈元二十一

山木抱雲稠，寒江繞上頭。雪崖纔變石，風幔不依樓。社稷看流涕，安危在運籌。看君話王室，感動幾銷憂。

冬天山木本稀，雲抱之而覺其稠。從西閣一望，寒空之氣從上頭而繞，崖上之雪已變石而白矣，樓上之幔已逐風而飛矣，皆繞上之寒色也。

社稷堪流涕，正指崔旰之亂。此時杜鴻漸不能征討，請以節制讓旰，運籌

無策，關係蜀之安危，公所以聞之而流涕也。元曹長能以王室為念，對公話及此，是當今尚有憂王室之人，公不覺為之感動，幾欲頓銷憂懷也。黃鶴不考，以為大曆二年冬作。不知二年冬，公已自東屯歸瀼西，不在西閣矣。

西閣夜

大曆元年冬作。考公是年春，自雲安縣至夔州，秋寓於夔州之西閣，終歲居之。明年春，始自西閣遷居赤甲。故凡西閣諸詩，皆自秋及冬作也。黃鶴及《千家注》分為兩時，殊繆。

恍惚寒山暮，透迤白霧昏。山虛風落石，樓靜月侵門。擊柝可憐子，無衣何處村。時危關百慮，盜賊爾猶存。

前六句俱是夜景，恍惚不辨之貌，不覺寒山已暮矣。「透迤」，言自遠而近，皆白霧所接，至夜而色愈昏也。

山虛無人，但聞風聲落於石際。西閣甚靜，惟見月色從門而侵，遙聞擊柝之聲。當此夜靜，不知誰氏之子，聞其聲，惟有憐其人而已。當此寒夜，無衣無褐者村村皆然，莫定為何處之村也。此皆夜景之堪悲者。

「盜賊」，指崔旰之亂，時猶未罷兵，則蜀之危莫危於此時，安得不關百慮也。此與「萬慮倚簷楹」、「社稷堪流涕」、「安慰在運籌」俱是一意。公於崔旰之亂，獨注意深憂如此，只因嚴武既死，用杜鴻漸代之，朝廷用人之失，實關係蜀中安危也。曰「盜賊爾猶存」，呼而恨之之詞。既斥之曰「盜賊」，又痛恨之曰「爾猶存」，意在鴻漸不能殺賊，使得苟活以猶存。然則王室何時安，乾坤何由正耶？「不眠猶戰伐」，數詩牽連及之。西閣之夜亦仍是此意而已。

畢致中曰：「曰『爾猶存』者，言不知何年而消滅也。妙在即呼盜賊而問之，覺呼天搶地，不如此五字悲憤痛切。」

中夜

中夜江山靜，危樓望北辰。長為萬里客，有愧百年身。故國風雲氣，高堂戰伐塵。胡雛負恩澤，嗟爾太平人。

曰「江山靜」，曰「危樓」，是夔州西閣作。「望北辰」者，思君之切也。公無曰不思長安，乃作客萬里，竟成長事。人生百年，亦復幾何。此身徒以客老，豈不有愧也哉？

蔡夢弼曰：「故國，謂長安也。高堂，謂杜陵屋廬也。」愚謂公無自稱高

堂之理。汪瑗曰：「高堂，夔州地名。公詩有『高堂天下無』之句。」愚謂高堂猶言畫堂朱戶也。《史記》：「風雲氣。」謂其變易不常。長安既風雲無定，此地又戰伐生塵，總見無可依棲也。

「胡雛」，指祿山言。蓋自開元、天寶之亂，纏綿固結，至今不可解，實自祿山始，故公追恨之。言玄宗當承平之世，不能謹苞桑之戒，使太平黎庶肝腦塗地，然則厲階果誰生耶？「負恩澤」三字痛心之極，正為太平人起無限嗟歎。

中宵

西閣百尋餘，中宵步綺疏。飛星過水白，落月動沙虛。擇木知幽鳥，潛波想巨魚。親朋滿天地，兵甲少來書。

漢梁冀窓牖皆有綺疏，謂鏤為綺文也。「疏」，窗櫺也。西閣甚高，中宵不能寐，起而獨步。其所以不寐而起步者，情在末二句。中二聯卻以步時所見與步時所知所想言之。公詩每有此結構。

葛常之云：「『飛星過水白，落月動沙虛』，是鍊中間一字。」愚謂「白」字、「虛」字正其點眼處。「虛」，空明也。中宵而起，未免欲步而無所見，賴飛星過水而有映白之光，落月動沙而有空明之氣，此步時所以得見也。

鳥，吾知其擇木。魚，吾想其潛波。即物之得所，見己之不如物也。趙汸曰：「知與想，羨之之詞。此步時所感也。」

末二句點出正意。吾之起步而不寐者，正因「親朋滿天地，兵家少來書」耳。曰「滿天地」，見無處不有親朋，卻無一人寄書來者，是滿天地皆兵家也。吾烏能安枕而寐也哉？

不寐

瞿唐夜水黑，城內改更籌。翳翳月沉霧，輝輝星近樓。氣衰甘少寐，心弱恨容愁。多壘滿山谷，桃源無處求。

首句點「夜」字。次句云「改更籌」，則夜已深也。是應寐之時矣，而公獨不寐。此翻題法。

翳翳之月已沉霧矣，輝輝之星則近樓矣，言月已落，星漸稀，夜更深矣，而仍不寐，又進一步翻題。

第五句點名題意，第六句又言不寐之故。「心弱」，言心少也。心弱而偏能容愁，弱本不多，何所容之多也？愁多則不寐矣。氣衰少寐，理勢自然，故曰

「甘」。心弱容愁，時事使然，故曰「恨」。

「壘」，軍營也。《曲禮》:「四郊多壘。」今曰「滿山谷」，則深山窮谷皆為盜賊所據，欲覓桃源而更無處可求也。當此時也，烏能寐？

上白帝城

漢公孫述僭偽，更曰白帝城。唐改夔州。黃鶴曰:「當是大曆元年初，移居夔州作。」

城峻隨天壁，樓高更女牆。江流思夏后，風至憶襄王。老去聞悲角，人扶報夕陽。公孫初恃險，躍馬意何長。

《荊州記》云:「巴東郡，峽上有一山，孤峙甚峭。巴東郡據以為城。」《水經注》云:「白帝山，北緣馬領，接赤甲山，其間平處，南北相去八十五丈，東西七十丈。又東傍瀼谿，即以為隍。南臨大江，瞰之眩目。惟馬嶺小差逶迤，猶斬山為路，羊腸數轉，然後得上。故記云:『寒山九阪，最為險峻。』」「天壁」者，天然自立之石壁也。《釋名》:「城上垣謂之女牆。」

公登臨之際，見江流而思大禹之功，因風至而憶襄王快哉此風之歡。老人畏聞悲角，人扶始得上城，乃甫上而已報夕陽矣，總見城之高也。秦留仙曰:「『報夕陽』者，蓋恐斜陽既落，則城高而難下，扶者不易為力也。」

公孫躍馬稱帝，所恃者險也。曰「意何長」，只一「何」字，含慨、刺兩意，所謂「在德不在險」也。

白鹽山

卓立群峰外，蟠根積水邊。他皆任厚地，尔獨近高天。白牓千家邑，清秋萬估船。詞人取佳句，刻畫竟誰傳。

首句言山之高。《水經注》:「白鹽崖高可千餘丈。」次句言山之大。《荊州記》曰:「三峽之首，北岸有白鹽峰，峰下有黃龍灘，灘水最急。」沿泝所忌，故曰「積水邊」。三句貼「蟠根」，四問貼「卓立」。

「白牓」，以白為牓，即懸額是也。三聯總言居民估客聚集之盛，以見山之高大。

「詞人」，泛指詠詩者言。周顗刻畫無鹽，公因山名白鹽，遂託以喻意，謂從來作詩者，未有詠白鹽之佳句堪傳也。此見白鹽之高且大，難於刻畫。舊以詞人屬公，未是。

灩澦堆

巨石水中央，江寒出水長。沉牛荅雲雨，如馬戒舟航。天意存傾覆，神功接混茫。干戈連解纜，行止憶垂堂。

《寰宇記》：「夔州灩澦堆，在州之西，蜀江中心，瞿塘峽口。」所云「巨石水中央」也。又云：「冬水淺，出二十餘丈。夏水漲，半沒。」所云「江寒出水長」也。

王洙曰：「楚俗，禱雨必沉牛以荅神貺。」《世說》：「灩澦如象，瞿唐莫上。灩澦如馬，瞿唐莫下。」「戒舟航」，正戒冒險之輩。公詩所云「寄語舟航惡年少，休翻鹽井橫黃金」是也。

「天意存傾覆」正承「戒舟航」句，天意存此石以警戒冒險之人。「神功接混茫」承「荅雨雲」句，謂雨雲皆出於神功，其功直與混茫相接，言其功之大且深也。

陸咸一曰：「『存傾覆』三字使人竦然骨驚。人情物理，皆在其中。有治必有亂，有興必有亡，非造物之不仁，正欲留為後人鑒戒耳。許大史論，輕輕拈出。」

《爰盎傳》：「千金之子，坐不垂堂。」謂沿堂邊而坐，恐失墜也。公睹灩澦堆之險，行止之間，頗知自戒。無奈干戈相侵，連連解纜，不能棲泊一處。垂堂之戒，徒於行止間時時記憶而已。身不得自由，並戒亦不得自守，安得如千金之子獲自慎重其身哉？黃鶴曰：「時崔旰之亂未息。」

瞿唐兩崖

大曆元年秋晚作。黃鶴以為二年，誤。二年秋，公在東屯也。

三峽傳何處，雙崖壯此門。入天猶石色，穿水忽雲根。猱音鐃。玃音角。鬚髯古，蛟龍窟宅尊。羲和冬馭近，愁畏日車翻。

公《長江》詩云：「瞿唐爭一門。」又，《瞿唐懷古》云：「劚敵兩崖開。」蓋瞿唐乃三峽之門，又兩崖對峙，中貫一江，望之如門也。

「入天猶石色」，言崖之高。「穿水忽雲根」，言崖之深。詩人多以雲根為石，以雲觸石而生也。

猱，一名蝯，善援。玃，大猿也，善顧。惟崖高，故猱玃老於此而不為人所獲，但見其鬚髯之古。惟崖深，故蛟龍潛於此而不為人所見，但覺其窟宅之尊。

《淮南子》:「日乘車,駕以六龍,羲和為之馭。」「冬馭近」,言秋晚也。《李尤歌》:「安得壯士翻日車。」惟崖高礙日,故羲和馭至此,為之愁且畏,恐日車到彼而翻也。狀崖之極高,至於翻日車,最為奇語。

瞿唐懷古

西南萬壑注,劍敵兩崖開。地與山根裂,江從月窟來。削成當白帝,空曲隱陽臺。疏鑿功雖美,陶鈞力大哉。

西南萬壑之水皆注於瞿唐,而兩崖對峙如門,其高悉敵,故萬壑之水至兩崖而一鎖。此崖聳地而出,其根能裂地。此水從空而下,疑從月窟來。所云天造地設也。

削成高峰,以當白帝城之高。乃其空曲處,則陽臺隱於其中。總言形勢之勝,自然神巧,此雖夏后氏疏鑿之功,實則造化之鈞陶,非人力所能為。題云《懷古》,正懷瞿唐古蹟。諸注皆云懷禹功,誤矣。

峽口二首

峽口大江間,西南控百蠻。城欹連粉堞,岸斷更青山。開闢當天險,防隅一水關。亂離聞鼓角,秋氣動衰顏。

「百蠻」,施黔五溪之蠻也。首二句見峽口為要衝,極控帶之廣。

「城」,白帝城也。城在山上,故時見欹側。而城上之粉堞相連,從峽口可望。岸之斷處,更見青山,亦峽口之景也。

「開闢當天險」,言峽口為天設之險。「防隅一水關」,一齊一也。王洙曰:「峽口有關,斷以鐵鎖。」

末二句睹峽口而有感也。時崔旰方亂,鼓角之聲不絕,不覺感秋氣而衰顏欲動耳。

時清關失險,世亂戟如林。去矣英雄事,荒哉割據心。蘆花留客晚,楓樹坐猿深。疲薾煩親故,諸侯數賜金。

首句言世治不必恃險,次句言世亂險不足恃。昔劉備、公孫述皆英雄也,其事既去,而其割據之心荒邈而不可恃,則險亦何嘗之有?撫今弔古,含情無限。

英雄事業,邈矣難追。今秋氣蕭颯,惟蘆花楓樹,供旅客之留連,起孤猿之坐嘯,曰「晚」、曰「深」,皆秋氣之感也。

「薾」,疲貌。公自注:「主人栢中丞頻分月俸。」時栢為都督,即古諸侯

也。所貽之金，得稱賜金。旅況蕭條之中，不能自振。喜得知己之濟，聊以自慰云爾。

垂白

垂白馮唐老，清秋宋玉悲。江喧長少睡，樓迥獨移時。多難身何補，無家病不辭。甘從千日醉，未許七哀詩。

漢馮唐以孝著，為郎中署長，公自喻垂老也。首句衰謝之感，次句時景之感。

聽江喧則長不能睡，見樓高易危，常移時而立，皆垂老之態也。承首句。多難正宜為國效用，而此身毫無補於時，雖挈妻子，居異鄉，仍無家也。無著之身，自然多病，病亦奚辭？此悲秋之情。承次句。

王翰孺曰：「『病不辭』三字無限凄惻，無限酸辛。蓋言人至無家，則苦趣已極。雖欲不病，而不可得耳。語愈緩愈迫。」

中山有酒，飲者一醉千日。曹子建、王仲宣、張孟陽皆有《七哀詩》。曰「甘從」，直以酒老矣。曰「未許」，並不敢言哀也。蓋時事可哀，無有哀之者，豈獨許我哀乎？哀亦未許，信無容公之地矣。

江上

江上日多雨，蕭蕭荊楚秋。高風下木葉，永夜攬貂裘。勳業頻看鏡，行藏獨倚樓。時危思報主，衰謝不能休。

惟日多雨，故荊楚蕭蕭而秋。下句承上句。夔，古荊州之域，後為楚地。《楚辭》：「洞庭秋兮木葉下。」惟高風下，故夜寒。「攬貂裘」者，提挈在手，時時欲以禦夜寒也。亦下句承上句。四句中不以風對雨，夜對秋，而參錯頓挫，各以下承上，又是一法。

庾信詩：「匣中取明鏡，披圖自照看。」曰「勳業頻看鏡」，公意猶未忘勳業也。頻頻取鏡而看，胸中慳、契，眼底長安，只看我此際作何面目。猶未老否？尚可自振否？都在明鏡中了了看出。舊注謂自甘衰謝，誤矣。曰「行藏獨倚樓」，其行其藏，倚樓之際，獨自躊躇。藏既不甘，行又難必，無限心事，他人不能知，故獨自徘徊倚樓而不能自已。昔人謂此聯為杜集第一警句，正以其含情無限，使人可思可味也。若如舊注僅作流落他鄉之感，有何意義？觀末聯自見。

時危故獨思報主。若時不危，亦何賴於我？公自負甚大，衰謝不能休，從

壯年懷想到今，雖年已衰謝，仍不能休也。此正必欲報主處。二句承上聯而明言之。

細觀此詩，前四句是感於夜者，「看鏡」、「倚樓」則曉所感也。自夜復朝，無刻不思報主，亦無刻自甘衰謝。臥不能安，則攬裳而起；立不能定，乃倚樓而斜。蕭蕭風雨，豈徒作兒女子之悲也耶？趙汸注乃謂後四句承前四句。「看鏡」、「倚樓」，恐非永夜之事。

雨曰多，風曰高，夜曰永，不必多而多，不必高而高，不必永而永也。看曰頻，倚曰獨，時曰危，欲不頻而自頻，欲不獨而自獨，欲不危而自危也。數字中逼出報主無已之思，衰謝難休之景。通首只如一句。

江月

江月光於水，高樓思殺人。天邈長作客，老去一沾巾。玉露團清影，銀河沒半輪。誰家挑錦字，滅燭翠眉顰。

沈約《詠月》詩：「高樓切思婦，西園遊上才。」庾肩吾《望月》詩：「樓上徘徊月，空中愁思人。」此云「江月光於水，高樓思殺人」，正是詠月，用沈、庾意也。黃鶴指高樓二字為西閣，可云固矣。

次聯「長」字、「一」字是眼，謂天邊作客，亦已長矣。獨當老景，未免一霑巾耳。

玉露與月相映，並露與月為一團。月影既清，露映之更清。五字寫景，人所未到。銀河掩月之半輪，即所見而賦之，然亦暫掩耳。所云「江月光於水」者，豈銀河所能掩耶？本是詠既圓之月，非半輪之月。

「錦字」，即用竇滔妻蘇氏織錦迴文事。想此時，挑錦者無玩月之情，已滅燭顰眉而睡矣。正所謂「高樓思殺人」也。因「誰家挑錦」，寓他鄉流落之悲，含情無限。

畢致中曰：「明是思家之況，然不言己之思家，而言家之思客，又不著自己，卻下『誰家』二字，覺此時無客無家，無一家不思客，竟不知是何家也，淒涼欲絕。」

月圓

孤月當樓滿，寒由動夜扉。委波金不定，照席綺逾依。未缺空山靜，高懸列宿稀。故園松桂發，萬里共清輝。

「當樓滿」，形容「圓」字。月光與水色相蕩，夜扉為之動，言月無處不

照徹也。

「委波」句承「動夜扉」，「照席」句承「當樓滿」。本是金波、綺席，拆開顛倒用之。「逾依」，越進也，言月進與綺席相依也。

「未缺」，言月之正圓。空山皆月，其色自靜。列星皆稀，月光之滿月可知。故鄉松桂，雖隔萬里，必同此清輝，所云「千里共明月」也。

月

四更山吐月，殘夜水明樓。塵匣原開鏡，風簾自上鉤。兔應疑鶴髮，蟾亦戀貂裘。斟酌嫦娥寡，天寒奈九秋。

首聯下句承上句。四更而月始吐，則月之殘可知。「殘夜」貼「四更」，「水明樓」貼「山吐月」。水即月也，言月如水之明。因上句已出月字，故借水以言月，且可對山字耳。東坡稱此為絕唱。

沈雲卿《月詩》：「臺前疑掛鏡，簾外自懸鉤。」公用其語也。鏡徒塵匣而開，先暗後明，所云「四更山吐月」也。月止一鉤，卻在風簾之外，所云「殘夜水明樓」也。「原」，仍也。「元開鏡」，月至此而原開，人所不能待也。自上鉤月至此而自上，更不能為人留也。「原」與「自」是公用字之妙，仍寓感慨。黃漢臣曰：「此二句如此解方有味。不然，只比喻體耳。」

時月已四更矣，而鶴髮老翁獨然有待月之意，故兔亦應疑。「疑」字全從白髮生來。夜殘則寒氣來逼，故蟾亦畏寒。若戀戀我之貂裘，謂蟾不能捨公也。「戀」字全從貂裘生來。此公自形容愛月之況。月猶疑我而戀我，我其如月何哉！

末聯興己客居不奈秋之意，言我與嫦娥而斟酌之，當此秋寒而獨寡居，如之奈何？雖戲謔語，正含無可奈何之情。斟酌之中，大有四顧躊躇，依依殘景，而不忍決絕意。

秦留仙曰：「『斟酌』字、『耐』字，何等蘊藉，分明有幽閒貞靜之思。視『嫦娥應悔偷靈藥，碧海青天夜夜心』相去萬里。」

朝二首

清旭楚宮南，霜空萬嶺含。野人時獨往，雲木曉相參。俊鶻無聲過，饑烏下食貪。病身終不動，搖落任江潭。

郭璞《江賦》：「視霧褫於清旭。」「萬嶺含」，言霜空木落，山嶺皆含旭日也。首二句以霜日言朝景。

「野人」，田野之人。乘朝而獨往，自營其野業也。舊注云公自謂，殊謬。既云「時獨往」，下不應言「病身終不動」矣。雲木相參，在曉更見景色。此聯以「野人」、「雲木」言朝景。

俊鶻擊物，妙於無聲。饑鳥貪食，天曉即下。此聯以禽鳥言朝景。

合上六句，宮嶺皆含朝色，野人則有朝業，雲木偏呈朝景，以至禽鳥各乘朝而謀食。乃我之病身，終不以朝而動，一任其搖落無成，甘自廢棄於江潭之間而已。庾信《枯樹賦》：「昔年楊柳，依依漢南。今看搖落，悽愴江潭。」公意正如此。

浦帆音泛。晨初發，郊扉冷未開。村疏黃葉墜，野靜白鷗來。礎潤休全濕，雲晴欲半回。巫山冬可怪，昨夜有奔雷。

「浦帆」，浦旁帆也。韓退之《寄李大夫》詩云：「不枉故人書，無因帆江水。」「帆」字，朱文公定作去聲，音泛，引杜此句為證。公朝起而見江中之舟，及晨已發，郊間之扉因冷未開，時當冬日，木落而村疏，黃葉已盡墜矣。白鷗性耐寒，當此冬天野靜，鷗鳥群集，皆朝景也。

《淮南子》：「山雲蒸而柱礎潤。」礎雖潤而未全濕，既疑其晴；雲雖晴而卻半回，又疑其雨。二句見朝景陰晴之不定。

「冬」字、「奔」字是《春秋》書法。雷不足怪，奔雷為可怪。奔雷不足怪，冬夜奔雷為可怪。因今朝而追昨夜，公蓋有警於奔雷，故此朝之起獨早乎？若無「冬」字，並「郊扉冷未開」冷字亦無著落。

晚

杖藜尋巷晚，炙肯近牆暄。人見幽居僻，吾知養拙尊。朝延問府主，耕稼學山村。歸翼飛棲定，寒燈亦閉門。

公杖藜晚歸，尋巷而入。曰「尋巷」，便知晚色莫辨，故須尋也。日雖落而暄意猶可炙，則意近牆而炙背焉。此因晚寒，故欲近暄也。

人以為幽居，我以為養拙。僻者，人棄我之詞。尊者，我自位置之詞。

「府主」，夔府之守也。欲知朝廷之事，則問府主。欲知耕稼之事，則學村農。總於我無與也。如此才見幽居、養拙，自是僻中之尊。舊解謂公不忘君，又願學稼，甚腐。鳥已定棲，晚可知己。「亦」字與「歸翼」相喚。鳥既歸，吾亦可對寒燈而閉門矣。末句點出「寒」字。

辟疆園杜詩注解五言律卷之九

汝陰周建鼎西生甫評

富春陳泰和鶴奇甫

梁谿顧　宸修遠甫著

戲作俳諧體遣悶二首

俳音排。「俳諧」，謂俳優詼諧也。當是大慶元年，公初至夔州作。

異俗籲可怪，斯人難並居。家家養烏鬼，頓頓食黃魚。舊識能一作「難」。為態，新知已暗疏。治生且耕鑿，只有不關渠。

公初至夔州，見其風俗可怪，人情險薄，故悶不能遣，聊用俳諧體作詩以遣之。黃鶴曰：「《魯靈光殿賦》：『籲可畏也，其駭人乎。』首句用其語。」「斯人」，夔州之人。次聯言異俗之可怪，三聯言斯人之難共居也。

邵伯溫《聞見錄》：「夔峽之人，歲正月，十百為曹，設牲酒於田間。已而眾操兵大噪，謂之養烏鬼。」養，去聲。近烏蠻戰場，多與人為厲，用以禳之。元微之《江陵》詩：「病賽烏稱鬼，巫占瓦代龜。」注云：「南人染病，則賽烏鬼。楚巫列肆，悉賣龜卜。烏鬼之名，所自來也。」又，巴楚間常有殺人祭鬼者，曰烏野七頭神。又，元微之有詩云：「鄉味猶珍蛤，家人愛事烏。」乃知唐俗真有烏鬼也。或曰：俗以烏為神，祠而事之。養為鬼，猶供養之養。解者俱以為鸕鶿別名，謬矣。鸕鶿原無別名，若謂養鸕鶿以捕黃魚，兩句合看，不見其俗之可怪矣。惟家家以烏為神，故可怪矣。公詩云：「日見巴東峽，黃魚出浪新。脂膏兼飼犬，長大不容身。」豈有如此大魚，鸕鶿能捕者？則兩句不必合講，明矣。吳曾《漫錄》云：「『頓』字亦有所本。晉謝僕射、陶太常詣吳領軍，日已中，客比得一頓食。夔人他無所食，頓頓皆食黃魚，亦其俗之可怪者也。」

「舊識能為態」，諸本皆作「難為態」，惟牧齋本作「能」。「能」字妙，且

與上難並居。「難」字不復。既舊識矣，相知之久，自應相忘。偏能作態，是以矜驕之狀加於舊識之人也。

《楚辭》：「樂莫樂兮新相知。」甫新相知而已暗疏，是知交之傾心已先疏也矣。如此之人，尚堪與之並居乎？

末二句公自遣悶也。居此可怪異之俗，處此難相與之人，惟日自治其生，且耕且鑿，只有不關渠而已。言別無法以處此，只有不與相關法也。耕鑿治生，則不為養烏鬼、食黃魚之事。「只有不關渠」，則舊識新知皆與我無關。遣悶之法，惟此而已。

西曆青羌板，一作「阪」。**南留白帝城。於菟侵客恨，粗粆作人情。瓦卜傳神語，畬田費火聲。**一作「耕」。**是非何處定，高枕笑浮生。**

《竹書紀年》：「梁惠成王十年，瑕陽人自秦道岷山青衣水來歸。」縣有蒙山，青衣所發。《華陽國志》：「天漢四年，罷沈黎，置兩郡都尉。一治旄牛，主外羌。一治青衣漢民。」

首二句，公自注。頃歲自秦涉隴，從同各縣出遊蜀，留滯於巫山也。

楚人謂虎為於菟。宋玉《招魂》曰：「粗粆蜜餌，有餦餭些。」粗音巨，粆音女，以蜜和米麵蒸作餅也。虎侵客恨，餅作人情，俱見其俗之異。

王洙曰：「巫俗，擊瓦觀其文理，分析以定吉凶，謂之瓦卜。即元詩所云『巫占瓦代龜』是也。」《史記‧食貨傳》：「火耕水耨。」「畬田費火聲」，謂楚俗燒榛種田也。詳見前注。二語亦見俗異。

末二句是遣悶之詞。「是非何處定」，言異俗以為是而我以為非，異俗以為非而我以為是，無從而與之定，說來何等可悶，只有閉門不出，自笑浮生而已，所云聊自遣也。曰「浮生」，見寄居異俗，斯人難並居意。借一笑笑以遣悶，亦無聊甚矣。

悶

瘴癘浮三蜀，風雲暗百蠻。捲簾惟白水，隱几亦青山。猿捷長難見，鷗輕故不還。無錢從滯客，有鏡巧催顏。

夔在三蜀之下，百蠻之北。曰「瘴癘浮」，曰「風雲暗」，以風土見悶。

白水青山，猿捷鷗輕，皆可遣悶之具。使他人處此，未有對之而不樂者。公卻俱以為悶，其悶處正在「惟」字、「亦」字、「長」字、「故」字。捲簾而觀，終日惟此白水；即或隱几而臥，所對亦此青山；猿亦長不見，鷗亦故不

還，他無所見，他無所娛，故悶也。

《墨莊漫錄》云：「蔡絛約之《西清詩話》云：『人之好惡，固自不同。杜子美在蜀作《悶》詩云：捲簾惟白水，隱几亦青山。若使予居此，應從王逸少語，吾當卒以樂死，豈復更有悶乎？』予謂此約之未契此語耳。人方憂悶無聊，雖清歌妙舞，無適而非悶。子美居西川，一飯未曾忘君，其憂在王室，而又生理不具，與死為憐，其悶甚矣。故對青山，青山悶；對白水，白水悶。平時可愛戀之物皆寓之為悶也。約之處富貴，所欠二物耳。其後竄斥，經歷崎嶇險阻，必悟此詩之為工也。」

趙汸曰：「猿之難見以捷，鷗之不還以輕，謂其俗薄無可託者。」

結聯以貧且老見悶之實。通首句句是悶。

愚又細觀此詩章法，次聯承首聯，三聯起末聯，中二聯非言悶也，悶意只在首末兩聯耳。處夷蠻之俗，瘴癘風雲，一身如閉錮於其中，安得不悶？此中所有惟山水，山水之間皆瘴鬌風雲，故雖捲簾隱几，一切不便望之，「惟白水」、「亦青山」也。然瘴鬌風雲之氣實可畏也。猿惟捷，故巧於避人，往來如飛，不難高蹈而去；鷗惟輕，故善於游泳，隨潮上下，不難一往而行。我則一無所能，惟作滯客而已。客既滯而顏曰老，安得不悶？

周西生曰：「『捷』字、『輕』字正與『滯』字相反。捷與輕則不滯，滯則不能捷且輕也。」

晴二首

黃鶴曰：「當是大曆元年，初到夔州時作。公方移居時，有《雨濕不得上岸》，又有《雨不絕》詩。」

久雨巫山暗，新晴錦繡文。碧知湖外草，紅見海東雲。竟日鶯相和，摩霄鶴數群。野花乾更落，風處急紛紛。

公厭久雨，一見新晴，遂以「錦繡文」擬之。江山晴明，風日鮮麗，若錦繡成文也。下六句皆言新晴。

新晴則草碧，湖外之草可想而知。日出海東，其雲之紅可望而見。鶯弄晴光，竟曰相和。鶴喜晴色，摩霄數群。野花久濕，而今迎風而落，紛紛且急。久雨乍晴，又值風吹，其勢固然也。

啼鳥爭引子，鳴鶴不歸林。下食遭泥去，高飛恨久陰。雨聲衝塞盡，日氣射江深。回首周南客，驅馳魏闕心。

啼鳥爭引子而出，鳴鶴摩霄而不歸林，喜晴故也。「下食」句貼「啼鳥」，為爭引子而下食，故誤遭泥而去。久雨乍晴，泥尚濕也。「高飛」句貼「鳴鶴」，不歸林而高飛，恨昔日之久陰也。

久雨之後，其聲充塞，今已盡矣。日射江底，見晴色之堅互也。此聯明言新晴。

結聯公自喻也。久留滯於他鄉，憂國念君之心不覺睹新晴而勃動也。

熟食日示宗文宗武

熟食，即寒食也。因禁煙，故預備熟食以過節。

消渴遊江漢，羈棲尚甲兵。幾年逢熟食，萬里逼清明。松柏邙山路，風花白帝城。汝曹催我老，回首淚縱橫。

公有消渴之疾，久客於外，阻兵甲而不能歸。唐制：寒食節，百官皆祭掃塋墓。公幾年皆在外，與此節相逢，寄身萬里之外，故先墓之感獨切也。

《十道志》：「邙山在洛陽縣北。」公先墓在焉。邙山之松柏徒茂，幾年無祭掃之人；白帝之風花自如，舉目皆催人之景。公所以對此而憶彼也。

「汝曹催我老」，言我不能為祭掃之人，是我之子道方歎而汝曹已不覺長大，我已居然白髮翁矣。是催我老者，汝曹也。而我回首邙山，能無淚縱橫而難收也乎？

李夢沙曰：「『汝曹催我老』二句非徒歎己之不能祭掃也，言子孫長大，白髮相催，我亦將為松柏中人矣。然邙山舊墓既已遠隔，白帝風花歸骨何年，正恐後之視今，亦猶今之視昔耳。『回首淚縱橫』，所感深矣。」

又示兩兒

令節成吾老，他時見汝心。浮生看物變，為恨與年深。長葛書難得，江州涕不禁。團圓思弟妹，行坐白頭吟。

此詩前四句足上首之意，後四句又因示兒以憶弟妹也。

「令節」，即熟食節也。幾年逢熟食，則不覺已成吾老矣。今日我思邙山，他時則汝亦思我如邙山之淚，乃見汝心也。

「浮生看物變」，即風花之感。「為恨與年深」，言作客之年愈多，終天之恨愈深也。

「長葛」，春秋時鄭地，屬許州。「江州」，即今九江。此公弟妹所在也。長葛之書既不可得，江州之淚不覺難禁，安得弟妹團圓，慰我白頭之歎乎？是

以行坐不能安也。

二詩,公因兩兒憶及先墓,又憶及弟妹,藹然骨肉之感。以長葛、江州、邛山、白帝分別,死者生者俱不能團圓相聚,語何其悲,情何其摯!

覽鏡呈栢中丞

大曆元年,栢中丞為夔州都督。公是年之,夔嘗為栢作謝上表。

渭水流關內,終南在日邊。膽銷豺虎窟,淚入犬羊天。起晚堪從事,行遲更覺一作「學」。**仙。境中衰謝色,萬一故人憐。**

渭水在長安北五十里。終南山在長安南五十里。《西都賦》:「帶以洪河涇渭之川,表以泰華終南之山。」王洙曰:「渭水入於河,故浮渭而東還帝都。」「日邊」,帝都也。

「豺虎」,言蜀中之亂。「犬羊」,言吐蕃之亂。膽銷淚人,則形容憔悴可知,此覽鏡所見也。

趙傁曰:「凡在官者必早起,起晚者豈尚堪從事乎?凡為仙者必身輕步疾,行遲者那更覺為仙乎?」范濂曰:「起晚尚堪從事,行遲更覺似仙,自歡自戲之詞也。」錢牧齋曰:「學仙為是,言步履遲緩更可以學仙乎?合上聯總見衰謝之意。」

末聯點出覽鏡,深望故人之憐,所以呈栢中丞也。「憐」,非其求其上薦,特為衣食計耳。極言己之衰謝,則無志於仕可知。

陪栢中丞觀宴將士二首

黃鶴曰:「公以大曆元年至夔,而栢為都督。明年,崔卿權州矣。」

極樂三軍士,誰知百戰場。無私齊綺饌,久坐密金章。醉客拈鸚鵡,佳人指鳳凰。幾時來翠節,特地引紅粧。

首言今日宴飲之樂,三軍之士無不盡歡,誰知其從百戰場中而來乎?蓋三軍之宴,樂則樂矣,回思百戰之苦,觀宴者未嘗不因樂而思其危也,非少陵不能及此意。

「無私」,言中丞與士卒同甘苦。「齊」,猶同也。今日之宴齊,是綺筵毫無分別也。大將軍金印如斗大。「金章」,指栢中丞言,謂三軍之士因宴久坐,遂漸與中丞相密忘其上下之分也,如此乃見極樂。

「鸚鵡」,盃名。《酉陽雜俎》:「梁宴魏使,俄而鸚鵡盃至。」黃鶴曰:「雕刻海螺而為之,像鸚鵡形。昔人以之勸酒,且以為罰爵。」「醉客」,即將士中

之醉者也。「拈」，拈杯也。惟醉故屢拈也。「佳人」，侑酒之佳人。「鳳凰」，簫聲也。即用弄玉吹簫作鳳鳴事，與上鸚鵡盃俱假物作對。「指」，猶指點也。

指點簫管以相娛樂，所以佐三軍之宴也。

結聯正與首二句相照。「翠節」，即中丞之符節也。言今日之宴雖樂，然念百戰之苦，則綺筵、金佩、醉客、佳人皆未免有一百戰場於胸中，何時中丞得暇，翠節下臨，特地引紅粧而來，以相陪飲，尤為至樂也。此係公陪宴時有索，栢中丞特為主人之意。言不宴三軍而獨與公對飲，如嚴中丞攜酒飲而枉駕草堂故事〔註1〕也。

周元亮曰：「修遠此解最為確妙。若如舊注云不知何時天詔下臨，論功行賞，而今且引紅粧以先宴飲，陋劣甚矣。」

繡段裝簷額，金花帖鼓腰。一夫先舞劍，百戲後歌樵。一作「鐎」。江樹城孤遠，雲臺使寂寥。漢朝頻選將，應拜霍嫖姚。

「簷額」，即額也。以其在高處，故曰「簷」。「繡段」，樂工之額飾，舞者所用也。邵注謂掛綵於簷頭下，殊可笑。「金花」，所以飾鼓者，歌者所用也。

「一夫先舞劍」帖首句，謂裝額而為劍舞也。「百戲後歌樵」帖次句，謂擊鼓奏樂之時，戲為夔峽之樵歌也。此言樂工歌舞以娛將士，故將士以為極樂，非將士自舞劍、自歌樵也。或曰：當作鐎，即刁斗也，軍中擊鐎為戲。亦是。

後四句言此宴遠在江城，朝廷何由知軍容之盛，而特遣雲臺之使，即選將而拜霍嫖姚乎？此欲朝廷特命中丞為大將，故預為期望也。四句一氣說下。

王涓來曰：「借雲臺以喻諸將士，又借霍去病以比中丞，正見今日之宴會乃從百戰場中而來。朝廷若不知之，誰則知之者乎？正與前詩首二句相照顧有情。」

王十五前閣會

黃鶴曰：「公有《送王十五扶侍還黔中》詩。前閣，王之前閣也。」

楚岸收新雨，春臺引細風。情入來石上，鮮鱠出江中。鄰舍煩書札，肩輿強老翁。病身虛俊味，何幸飫兒童。

首二句，前閣之景。公與王共坐石上，所云會也。「情人」，言王之多情也。鮮鱠取之江中，會食之俊味也。

〔註1〕杜甫《嚴公仲夏枉駕草堂，兼攜酒饌，得寒字》。

《司馬相如傳》:「札,木簡之薄而小者。」「鄰舍」,言王與公相居近也。相居甚近而必煩書札,又恐老身多病,乃以肩輿相強,期老翁之必赴,情何其摯!

《藝苑雌黃》云:「《本草·葫》注云:『此物煮為羹臛,極俊美。』杜詩俊味亦有來處。公病不能食鮮鱠,遂虛此俊味,而王又必饋公以歸,因飫及公之兒童也。後四句總見王之多情。」

謁真諦寺禪師

蘭若山高處,煙霞嶂幾重。凍泉依細石,晴雪落長松。問法看詩妄,觀身向酒慵。未能割妻子,卜宅近前峰。

首句言寺在山之高處,次句言不特高而且深也。次聯寫寺中冬景。

前四句言真諦寺,後四句謁禪師也。從禪師而問法,覺我平日所不能割者惟詩,今看詩亦成妄矣。因禪師而觀身,覺我平日所不能割者惟酒,今向酒亦已慵矣。詩與酒皆可割,所不能割者惟妻子耳。未能割妻子,故未能卜宅近寺之前峰也。四語作一氣讀。

周元亮曰:「詩酒可棄,況妻子乎!公之視妻子,戀戀之私,豈反過於詩酒哉?天涯骨肉,俯仰無資,明知妄緣,欲割不能,此中有大苦惱、大障礙在。自訴自憐,自恨自懺,莫作兒女子尋常悲喜看。」

送王十六判官

客下荊南盡,君今復入舟。買薪猶白帝,鳴櫓少沙頭。衡霍生春早,瀟湘共海浮。荒林庾信宅,為仗主人留。

《唐書》:「肅宗至德之後,中原多故。襄鄧百姓,兩京衣冠,盡投江湖。荊南井邑,十倍於初,乃制荊南節度使以統之。」所云「客下荊南盡」也。時公在夔州,蜀客避崔旰之亂,下荊南者尤多。而王判官亦復入舟將行,公獨淹留於此,宜送其入舟而不忍別也。

王洙曰:「夔俗,買薪沽水。」「沙頭」,地名,在江陵郭外。吳若注:「江陵吳船至,泊於郭外沙頭。」《入蜀記》:「過白湖,拋江,至升子鋪。日入,泊沙市。自公安至此六十里。自此至荊南,陸行十里,舟不復進矣。」《名勝志》:「沙市,在縣東南十五里。四方商賈輻輳,舟車駢集,謂之沙頭市。劉夢得云『沙頭檣干上,始見春江潤』是也。」此聯承「入舟」言,謂此刻買薪猶在白帝,鳴櫓而住,少頃便至沙頭矣。羨其行之速也。

《爾雅疏》：「衡山，一名霍山。」按：衡州去江陵八百餘里。此云「衡霍生春早」，當是王判官將由江陵至衡霍，應在早春，而到衡霍之路，則從湘江而浮。其水勢之大，不異浮海也。衡山在衡州府，瀟湘在岳州府。荊州以南曰岳，岳以南曰衡。

《寰宇記》：「羅捨宅在江陵城西三里。庾信亦嘗居之。」今恐為荒林矣。判官雖欲往衡霍，江陵主人必有留之者。為仗主人而留，恐不能即浮海而往也。

遣愁

養拙蓬為戶，茫茫何所開。江通神女館，地隔望鄉臺。漸惜容顏老，無由弟妹來。兵戈與人事，回首一悲哀。

題是「遣愁」，卻句句不能遣。愁不可遣，故反曰遣愁。公《遣悶》諸詩，皆此意也。

欲養拙，故以蓬為戶。乃茫茫一望，至欲開戶而不能，愁亦甚矣。次聯正所云「茫茫」也。神女館在巫山，望鄉臺在成都。開戶所見，江則通而地實隔。神女杳渺，通亦茫茫。望鄉邈遠，隔更茫茫也。

容顏既老，弟妹不來，蓬戶之中，惟獨處茫茫而已。「兵戈」，指世亂言。「人事」即弟妹也。兵戈亂，故人事絕。回首而望，寧不悲哀？合上六句，皆愁之不能遣者。

奉寄李十五秘書文嶷二首

大曆元年夏，在夔州作。按：汧國公李勉，宗室鄭惠王孫也。肅宗初年，勉為梁州都督。寶應元年，建辰月，党項、奴刺寇來，梁勉棄郡走。後歷河南尹，徙江西觀察使。大曆二年來朝，拜京兆尹。李十五秘書，乃汧公之族子。時在雲安，欲往訪汧公，正汧公在江西時也。公有《贈李十五》五言古詩，當與此詩參看。

避暑雲安縣，秋風早下來。暫留魚復浦，同過楚王臺。猿鳥千崖窄，江湖萬里開。竹枝歌未好，畫舸莫一作「且」。遲回。

時李秘書在雲安避暑，公望其乘秋風，早來夔州。次聯承第二句，言李早來，當暫留於夔，相與同遊賞也。

邵二泉曰：「『千崖窄』，夔峽之地多崖嶂而少平地。『萬里開』，出峽之景也。」

竹枝詞本出於巴渝。曰「未好」，公厭聽之，不以為好也。巴兒聯歌吹笛，

擎鼓赴節，共以竹枝歌為好。而公久思出峽，直去之惟恐不速，故欲秘書早來，亦同出峽也。「畫舸莫遲回」，促之之詞，正應「秋風早下來」句。

按公《贈別李十五》古詩云：「峽入鳥獸居，其室附層顛」，所云「猿鳥千崖窄」也。「下臨不測江，中有萬里船」，所云「江湖萬里開」也。「多病紛已薄，少留改歲年。絕域誰慰懷，開顏喜名賢。孤陋黍未親，等級敢比肩。人生意頗合，相與襟袂連」，即「暫留魚腹浦，同過楚王臺」意也。此詩作於夏。是秋，秘書果從雲安到夔，甫到夔即出峽訪泝公，公故有贈別之詩。所云「北回白帝棹，南入黔陽天」，正出峽之事也。錢牧齋曰：「南入黔陽天，自黔取道之豫章也。《舊書》云訪勉於梁州，甚誤。」

細觀此詩章法，秘書避暑雲安，公期其「秋風早下來」，六句皆預期之詞，言自雲安到夔，止可暫留，江湖萬里，當急為出峽之計。竹枝之音有何好處，「畫舸莫遲回」可也。末句正是急欲出峽之詞。一作「且遲回」，解云竹枝有何好處而畫舸且為之遲回耶？「且」字更與「竹枝」句有情。

行李千金贈，衣冠八尺身。飛騰知有策，意度不無神。班秩兼通貴，公侯出異人。玄成負文采，世業豈沉淪。

《左傳》：「行李之往來。」舊註云：「秘書從此而謁泝公，當有千金之贈，謂秘書定不虛此行也。」「衣冠八尺身」，言秘書昂藏一偉丈夫也。《贈別》詩云：「不聞八尺軀，常受眾目憐。且為辛苦行，蓋被生事牽。」言秘書具此八尺之軀，豈甘受憐於人，毋奈生事相牽，故不惜辛苦一行，冀此千金之贈也。

愚按：「行李千金贈」只是言其車馬輿服之盛，如所謂「遊人五陵去，寶劍值千金」，異於黑貂憔悴者耳，非謂望贈於泝公也。觀下「衣冠八尺身」及「飛騰」、「意度」、「班秩」、「公侯」，俱指已然而言。若此句獨屬未然，虛擬不成章法矣。唐宗室最多賢者，少陵於其人，每諮嗟太息，蓋有深意。自文皇以玄武門之變，裁抑親藩，無尺土之封。武周革命，諸王俯首就戮，奄奄不振。天寶以後，內則權歸閹宦，外則兵連節帥，宗子維城，闕焉不講。房琯於祿山亂後，請以諸王子分率諸道兵馬，實有鑑於此。公為次律之客，平日扼腕報膝，諒有同心，故其詩有「縻來強幹地，終依古封建」之語。觀次詩「班秩兼通貴」四句，推獎鄭重，期望深遠，直冀宗室有人，上膺主眷，戮力王家，內可收貂璫之勢，外可寒藩鎮之膽，非交遊故舊之情也。不然，以昂藏八尺、飛騰通貴之身，而所志在千金贈遺，又何足道哉！

「飛騰」句承「行李」,「意度」句承「衣冠」。「飛騰」,言其行李之速,如飛黃騰達而去也。「知有策」,謂有所挾以行,非漫事干謁者。秘書胸中所蘊藏,必有濟世安民之策,足動汗公之敬慕,故曰「意度不無神」,謂意度之間有神存焉,非止修飾衣冠者比。正緊起下二句。

唐制:秘書郎從六品以上謂之通貴。官為秘書,班秩亦既貴矣。此句獨稱秘書,《贈別》詩云「汗公制方隅,迥出諸侯先」,則公侯應指汗公,言秘書為汗公宗室之子,是公侯之裔出此異人也。此聯又緊起下聯。

王洙曰:「漢韋賢,其先韋孟、少子玄成皆以經術名家。」趙傁曰:「韋玄成少好學,修父業,為相七年,守正持重,不及父賢,而文采過之。言其能世父業而不至沉淪也。秘書為宗室之子、公侯之後,不徒以班秩之貴為異,正以文采克世其業為異。故《贈別》詩云:『玄成美價存,子山舊業傳』,皆此意也。」按:此詩次聯承首聯,三聯起末聯,章法如此。

夏日楊長寧宅送崔侍御常正字入京得深字

《唐·地理志》:長寧縣屬鎮北大督護府。楊必是夔州人,為長寧縣令者也。齊秘書省有正字,隋、唐因之。當是大曆元年作。

醉酒楊雄宅,升堂子賤琴。不堪垂老鬢,還對欲分襟。天地西江遠,星辰北斗深。烏臺俯麟閣,長夏白頭吟。

楊雄有宅一區,子賤鳴琴而治,此言己與崔、常宴別於楊長寧宅也。「楊雄宅」比長寧現居之宅,「子賤琴」比長寧治縣之才。「醉酒」言醉崔、常,「升堂」言共崔、常同升其堂也。重在「醉酒」、「升堂」四字。

既醉其酒,復升其堂,老年之人雖不堪追隨貴顯,然對崔、常自有不忍分襟處。其所以不忍分襟者,正因崔、常入長安,而公留滯不能歸故也。即起下二句。

「西江」,西川之江也。「北斗」,指長安。言己滯於西江,獨處天地之極遠;崔、常入於長安,得瞻星辰之深邃。正承上不忍分襟意。

「烏臺」,指崔侍御。御史府中有栢樹,烏常棲其上。「麟閣」,指常正字。《唐六典》:秘書省,天授初改為麟臺監。神龍元年,復舊。漢御史中丞掌蘭臺秘書圖籍,故歷朝建臺省,以秘書與御史為鄰。「俯」者,親近之意,言崔、常入京,官署相聯,朝夕共事,而我獨居於此,當此長夏,惟作《白頭吟》而已。末聯正緊收「不堪垂老鬢,還對欲分襟」意。

熱三首

黃鶴曰：「大曆元年夔州作。」

雷霆空霹靂，雲雨竟虛無。炎赫衣流汗，低垂氣不蘇。乞為寒水玉，願作冷秋菰。何似兒童歲，涼風出舞雩。

首二句見熱之由，次聯見熱之甚。「寒水玉」，寒水之玉也。舊解作水精，非是。水精生於山，不生於水。此只是言玉在寒水中，故玉亦寒耳。「菰」，蒲也。成於深秋，故性冷。二物皆能療熱，故願以身化物也。末二句追言少年放浪無羈，今老病異鄉，故有此感。

瘴雲終不滅，瀘水復西來。閉戶人高臥，歸林鳥卻回。峽中都似火，江上只空雷。想見陰宮雪，風門颯踏開。

「瘴雲」，火雲也。《水經注》：「瀘峰最為高秀，水之左右。馬步之徑巉通，而時有瘴氣。三四月經之，必死。」《益州記》曰：「瀘水兩峰有殺氣，暑月不可行，故武侯以『五月渡瀘』為艱。」

人閉門而但睡，鳥不安而又飛，以見熱之甚。三聯又從「峽中」、「江上」以形容其熱，蓋峽中、江上本生涼之地也。

黃鶴曰：「宮中暑月，積雪為山。陰宮、風門是兩處，公因熱甚，既想陰宮，又想風門也。」

朱李沉不冷，雕胡炊屢新。將衰骨盡痛，被喝味空頻。欻翕炎蒸景，飄飆征戍人。十年可一作「不」。解甲，為爾一沾巾。

魏文帝書：「浮甘瓜於清泉，沉朱李於寒水。」沈休文詩：「雕胡方自炊。」朱李沉亦不冷，熱意易解。「雕胡炊屢新」，何以見其熱？蓋因熱甚，對飯不能飡，故屢次炊而屢新。言屢次，欲食究不能食。公詩所云「對食暫飡還不能」是也。

熱止蒸於皮膚。今云骨盡病，是熱且入骨矣。「喝」，暑病也。「被」，受也。既被暑病，則朱李、雕胡俱為無味，故雖頻設而不知為何味也。

因炎蒸之景思及征戍之人。憶天寶十四載，祿山首禍，吐蕃逆鎮相繼，至今凡十年，不知可能解甲否。我峽中之人，衣尚流汗，況爾輩裹甲已十年，當此炎熱，能不為爾一霑巾乎？

送李功曹之荊州充鄭侍御判官重贈

黃鶴曰：「公自寶應元年後遊東川，屢欲往荊州。在夔，又因詩屢及宋玉

宅。此詩以李功曹之荊州，故又及之。」

曾聞宋玉宅，每欲到荊州。此地生涯晚，遙悲一作「通」。水國秋。城孤一柱觀，落日九江流。使者雖光彩，青楓遠自愁。

《水經注》：「宜城城南有宋玉宅。玉，邑人。」《西溪叢話》：「唐餘古《渚宮故事》曰：『庾信因侯景之亂，自建康遁歸江陵，居宋玉故宅。宅在城北三里。』」首二句言「曾聞宋玉宅，每欲到荊州」，然下云「水國秋」、「一柱觀」、「九江流」，皆言荊州之勝，則公之欲到荊州，非止因宋玉宅也。先言宋玉宅者，謂欲到荊州，宜以卜居為先，先定宅而後可遊觀其勝概也。此詩首四句雖曰送李功曹，實為自己生涯計。蓋公之欲出峽而往荊，此志已決；欲卜居於荊，此志亦已決。觀其《喜寄弟觀到江陵》三詩云「庾信羅含具有宅」及「卜築應同蔣詡徑」等語，便知公決計卜宅荊州矣。

「此地」，指夔言。自傷蜀地生涯甚難，年已晚暮，不能力為拮据。荊州水國，生計可圖，故遙望而悲思。此聊正承「欲到」意。周西生曰：「秋字與晚字相映。以遲暮之年，當蕭條之景，種種不堪，已在二字中括盡。」

後四句送李功曹也。言功曹此行，到孤城而觀一柱之觀，當落日而睹九江之流，此行豈不佳勝？況官為判官，奉使命而往，亦可云光彩矣。然時當秋景，正青楓蕭颯之時，得毋有他鄉遠別之愁乎？前之遙悲屬公，此之遠愁屬李，方不重複。細觀章法，確是如此。

別崔潩因寄薛璩孟雲卿

公自注：「內弟潩赴湖南幕職」。

志士惜妄動，知深難固辭。如何久磨礪，但取不磷淄〔註2〕。夙夜聽憂主，飛騰急濟時。荊州遇薛孟，為報欲論詩。

「惜妄動」，言不可輕出也。然有志之士雖不可輕就幕職，而遇知己深恩，亦難固辭。此非諷崔之不輕出正望崔之出以有為也。言志士不妄動，正欲留其身為知己用耳。若知既深矣，所謂「國士遇我，以國士報之」者，又豈可固辭乎？

次聯正切望之詞。《左傳》：「摩厲以須」，譬刃之欲斬也。言崔於當世之事揣摩已熟，如錐處囊，方期立見，如何但取不磷不淄而不試之堅白，乃為匏瓜之不食也哉？

〔註2〕「淄」，疑當作「緇」。

三聯乃平日所磨礪，而今日藉以酬知者。唐之藩鎮，不知有主久矣。然其順逆成敗，必資謀畫於幕中，如賈直言於淄青，譚忠於幽州，皆以片言轉逆為順。故唐制聽諸節度自辟幕僚，有志之士每不惜俛首從之，多有以參佐顯名者。韓昌黎送入幕府序必盛稱天子明聖，諸藩効順以聳動之。《幽州李端公序》亦其一也。能以主憂為憂，則不為湖南之官，而為主上之臣矣。夙夜而聽，便有兢兢待命於天子之意。具此忠君愛國之誠，自然飛騰有日，急出而濟時可也，豈區區幕職所能束縛哉？

末語不過因崔而及薛孟。「為報欲論詩」，言處士所可為者止此耳，分明有此外更無可論之感。正絕口不談世事，一轉語也。處己處友，皆極慎密。世界至此，豈宜妄動？求其磨湼而不磷淄，難矣。一結收盡全詩，所以風崔甚深。公時亦將出峽到荊州矣。

送田四弟將軍將夔州栢中丞命起居江陵節度陽城郡王衛公幕

大曆元年秋作。明年，卿二翁權夔州矣。

離筵罷多酒，起地發寒塘。回首中丞座，馳牋異姓王。燕辭楓樹日，雁度麥城霜。空醉山翁酒，遙憐似葛彊。

此非公餞田將軍，乃栢中丞宴別將軍，公與席而送以詩也。「多酒」，酒旨且多也。將別離而罷多酒，遂由寒塘以發行。謂田將軍所起發之地即在夔州寒塘也。御史中丞謂之獨座。田辭中丞而行，猶回首顧戀，見不忍別也。雖不忍別，而已奉馳牋之命矣。漢有異姓諸侯王，指陽城郡王言。

三聯賦秋景也。《水經注》：「沮水又東逕驢城西，磨城東，又南逕麥城西。」盛弘之《荊州記》：「麥城東有驢城，沮水之西有磨城，犄角麥城。子胥造此二城，以攻麥城。俗諺云：東驢西磨，麥城自破。」言田將軍發行之時，正燕辭楓樹，雁度麥城時也。

「空辭山翁酒」，公自言身雖與宴，無能為山翁效使命之勞。田將軍此行，中丞必遙憐之，如山簡之愛葛彊也。如此解方婉轉有情，且與首句酒意不復。

戲寄崔評事表姪蘇五表弟韋大少府諸姪

隱豹深愁雨，潛龍故起雲。泥多仍徑曲，心醉阻賢群。忍待江山麗，還披鮑謝文。高樓憶疏豁，秋興坐氛氳。

此公憶崔、蘇、韋諸君，因天雨所阻，未能來訪公，故戲寄此詩也。題曰「戲寄」，詩句卻極嚴麗。

謝玄暉詩：「雖無玄豹姿，終隱南山霧。」首二句本賦雨景，霧起雲興，皆雨色也。隱豹潛龍，藉以點綴。謂有所託興，腐矣。

惟天雨，故泥多而徑愈覺其曲。公所以日心醉諸君而竟與群賢相阻也。

「江山麗」，謂晴也。承「泥多」句。言諸君奚忍直待江山之麗而始來見訪乎？「鮑謝文」，諸君之文也。承「心醉」句。言諸君之文，我所心醉，何日而還披其文乎？總見急不能待之意。

末聯正因不能即見，故憐之。群賢疏豁之乏，如坐人於氤氳，高樓秋興，正堪晤對，奈何雨阻而不來乎？

按：此詩與《季秋蘇五弟江樓夜宴三首》當是同時作。此必江樓宴後，公復思諸君，因雨阻不得晤，故又有此賦。結云「高樓憶疏豁」，正憶江樓之宴，「笑舞拓秋窗」時也。況曰秋興，則與季秋之宴正合。黃鶴止因高樓二字，泥為西閣，固矣。

季秋蘇五弟纓江樓夜宴崔十三評事韋少府姪三首

峽險江驚急，樓高月迥明。一時今夕會，萬里故鄉情。星落黃姑渚，秋辭白帝城。老人因酒病，堅坐看君傾。

此因蘇五弟宴崔、韋，公以至戚共席，對月而賦也。首言江流因峽險而急，興起次句月色因樓高而明，此宴之地也。蘇五、崔十三、韋少府，俱公故鄉之人，故因一時今夕之會，忽起萬里故鄉之情，此宴之所感也。古歌詞：「黃姑織女時相見。」黃姑即河鼓也。曹植《九詠》：「乘回風兮浮漢渚。」故曰黃姑渚。星將落而天河尚明，秋將辭白帝之城矣。此言宴時夜坐之久，並及秋光之將暮，無非今夕故鄉之感。

末言己之不能飲，以看諸君之能飲。老人戀戀於故鄉之人，故堅坐而不忍言別也。

明月生長好，浮雲薄漸遮。悠悠照邊塞，悄悄憶京華。清動盃中物，高隨海上槎。不眠瞻白兔，百過落烏紗。

此首全詠月，而寓情於景，借景賦情。明月無不好之時，而浮雲漸遮，亦所不免，意已有感。

次聯言「照邊塞」則曰「悠悠」，「憶京華」則曰「悄悄」。「照邊塞」者，月也，可惜悠悠而過，不見其好。「憶京華」者，我也，終宵悄悄而悲，不知月之好，正如雲掩而不能出耳。

「盃中物」，宴時之物也，而月之清有以動之，亦止照邊塞之宴耳。「海上槎」，天河之槎也，而月之高亦復隨之，何日乘槎而到天邊乎？惟有悄悄憶京華耳。次聯承次聯。

「烏紗」，公之帽也。不眠而瞻白兔，所云堅坐也。酒不能勝，而看他人之飲，況值夜闌秋冷，公強為不眠以玩月，實未免有倦怠之心，所以不知幾度落烏紗也。

嚴顥亭曰：「烏紗數落，可以眠矣，猶復不眠而瞻白兔，總是不能安枕之意。正謂邊塞京華種種關心耳。」老杜律詩每用結句收盡通篇，然閒閒冷冷，只如不覺。宋人於此便費多少氣力矣。

對月那無酒，登樓況有江。聽歌驚白鬢，笑舞拓秋窓。樽蟻添相續，沙鷗並一雙。盡憐君醉倒，更覺片心降。

首言有月有酒，有樓有江，四者俱備宴之勝也。次言有歌有笑，宴之情也。三言酒不絕而添，鷗亦隨而至，宴之適也。且聽歌而至驚白鬢，歌亦雄矣；笑舞而盡開秋窓，舞亦恣矣。皆月與酒、樓與江之所助也。對月、酒自然歌舞，開樓窓可以觀江，況樽蟻頻添，益見有月不可以無酒；沙鷗並見，益知有樓不可以無江。老人堅坐而看，諸君亦盡醉倒矣，不覺我心則降也。正降其不醉不休，使病酒老夫幾為退三舍也。此言諸君之能飲，以見己之不能飲，與第一首顛倒錯應。

巫峽弊廬奉贈侍御四舅別之灃朗

灃州，在岳州府西五百七十里。秦屬黔中郡。漢改黔中為武陵。隋置灃州，唐、宋因之。朗州，今隸常德府。

江城秋日落，山鬼閉門中。行李淹吾舅，誅茅問老翁。赤眉猶世亂，青眼只途窮。傳語桃源客，人今出處同。

首二句敘巫峽弊廬寂寞之景。雖山鬼亦閉門，則聞其無人可知。

次聯言舅氏枉弊廬而話別也。行李暫淹，正見舅氏之情，所謂「草茅無徑欲教鋤」也。

「赤眉」，藉以喻崔旰也。「猶世亂」，見其亂方未已。阮籍善為青白眼，以白眼待俗客，青眼待佳客。「只途窮」，妙在一「只」字，蓋深感舅氏之詞。世態炎涼，往往以貧富貴賤為青眼白眼之分。若舅氏所青眼者，只此途窮之人，絕不以冷熱為親疏也。觀此非惟見渭陽情厚，亦以表舅氏之品高而調孤，故下即接以桃源句，正見非世外人不堪共語耳。

桃源在朗州。舅氏此行，當為我寄語桃源之客。今日之人，其應出應處，亦與秦人同。我閉門巫峽中，猶秦人之意而已矣。亦隱諷舅氏，身往桃源之地，宜以出處自審也。

第五弟豐獨在江左近三四載寂無消息覓使寄此二首

亂後嗟吾在，羈棲見汝難。草黃騏驥病，沙晚鶺鴒寒。楚設關城險，吳吞水府寬。十年朝夕淚，衣袖不曾乾。

首句幸己之不死，次句憫弟之流離。「騏驥病」，公自喻也，承首句，言吾雖在而不得志也。「鶺鴒寒」，公念弟也，承次句，言遲暮而兄弟不相見也。

楚乃公之所在，夔峽為楚地之險，若設關城，阻公而不能行者。然吳乃弟之所在，三江震澤，水府甚寬，茫茫不知弟之何所也。

末聯言久別衷思之情。題曰三四載，此曰十年，按公天寶十五載丙申避亂，與諸弟相別，至大曆元年丙午為十年，蓋相別者十年，而無消息者三四載耳。觀題中「近」字便見。

聞汝依山寺，杭州定越州。風塵淹別日，江漢失清秋。影著啼猿樹，魂飄結蜃樓。明年下春水，東盡白雲求。

《舊唐書》：「杭州，隋餘杭縣。武德四年，平李子通，置越州。越州，隋會稽郡。武德四年置。」「定」乃疑詞，但聞弟寓居山寺，未知其定在何州也。與「西閣定留人」定字同。

次聯言己久別之恨，目淹於風塵之中，忘其別之在何日也。江漢，公所寓之地。因怨別，故雖清秋光景可愛，亦竟失之，不復知其為清也。

盧照鄰《巫山高》云：「莫辨啼猿樹。」猿乃巴峽之物。曰「影著」者，公之所在也。《天官書》：「海旁蜃氣象樓臺。」蜃乃江左之物。曰「魂飄」者，公惟神馳於杭越之間而已。

末聯「盡」字應「定」字，因弟無定在，公欲至明年春特乘春水下江左而求之，不憚盡歷海濱諸郡之寺也。望白雲而思親，公於手足之誼亦如此。

社日二首

社，土神。共工氏有子曰勾龍，能平水土，故祀以為社。古者止有春社。秦德公二年，始用伏曰為秋社，磔狗四門，以禦災蟲。社與伏乃同日。至漢方有春秋二社，與伏分也。

九農成德業，百祀發光輝。報效神如在，馨香舊不違。南翁巴曲醉，北雁塞聲微。尚想東方朔，詼諧割肉歸。

《左傳》：「剡子云：『少皞氏以九扈為九農正，少皞氏以鳥紀官。』」扈，小鳥也。扈有九種。以九扈為九農之號，各隨其宜，以教民事。「百祀」，即社祭也。按：社，土神。稷，穀神。穀非土不生，故曰「九農成德業」。首二句言社神利民之大，故祭賽之盛也。

次聯即承上聯。社日乃以報神之功，神之明德馨香，久已奉祀而不違矣。「馨香」正言其「成德業」也，「神如在」正言其「發光輝」也。

「南翁」，即南公。《項籍傳》注謂南方之老人也。是日老人咸與社祭，因醉而歌巴渝之曲，其俗然也。《月令》：「鴻雁春北而秋南。」時當秋社，北雁皆已南來，故塞上無雁聲。公正歎流落於南，亦成南翁矣。北塞之雁方來，正未有歸日，而公尚作歸想，故緊接「尚想」二字。李蘿沙曰：「北雁句似借言音書斷絕，所謂『北書不至雁無情』，以發故國寥落之思，緊呼起下二句有情。」

《東方朔傳》：伏日詔賜從官肉，朔先割肉而歸，詔令自責，有歸遺細君之語。公正歎東方。此言雖屬詼諧，而妻子在家，得歸為樂。今流落異鄉，身不得與賜，家不得蒙遺，徒作此際之虛想而已。

陳平亦分肉，太史竟論功。今日江南老，他時渭北童。歡娛看絕塞，涕淚落秋風。鴛鷺回金闕，誰憐病峽中。

《陳平傳》：「里中社，平為宰，分肉甚均。里父老曰：『善哉，陳孺子之為宰！』」陸機曰：「社之日至，太史占事，故封土為社以報功。」首二句兩引社日故事。公生於渭北，將老於江南，次聯因社日而發歎也。

「歡娛」，土人以是日為樂也。公看土人之樂，益形自己之悲，不覺淚落秋風也。觀「落秋風」句與上首「北雁」句，便知為秋社，非春社矣。

結聯亦與上首意同，言同僚在朝，此時應分肉而回矣，誰復憐我病於峽中者乎？前曰「尚想」，此曰「誰憐」，皆因嘉節而寓歸朝之歎。

送十五弟侍御使蜀

喜弟文章進，添余別興牽。數盃巫峽酒，百丈內江船。未息豺狼鬥，空催犬馬年。歸朝多便道，搏擊望秋天。

首言弟之文章。必時以文章與公往來，故公益不忍與別也。

次聯正言「別興牽」。《輿地廣記》：「涪州內江即黔江也。」《益州記》：「內

江至關頭灘，灘長百步，懸崖倒水，舟楫莫通。」公弟奉朝命而使蜀，今將歸朝，故公自蜀中送之。巫峽酒是送別之酒，內江船乃歸朝之船也。

豺虎日鬥指崔旰輩言。此輩皆應擊者。恨余犬馬齒徒長，不能有為於朝，囑弟間道歸朝，及此時而彈擊之可也。御史之職猶鷹隼。秋天正搏擊之時，因蜀中大亂，故須便道入朝也。《舊書》：「桓彥範舉楊嶠為御史，嶠不樂搏擊之任。」

雨

始賀天休雨，還嗟地出雷。驟看浮峽過，密作渡江來。牛馬行無色，蛟龍鬥不開。干戈盛陰氣，未必自陽臺。

首句方喜其晴，次句又愁其雨。雷必驟必密，浮峽而過，渡江而來，總言勢不可遏也。

《莊子》：「秋水時至，兩涘渚涯之間，不辨牛馬。」「行無色」，言不能辨狀也，狀「密」字。蛟龍相鬥，言空中雨聲甚驟，如蛟龍搏擊而不開者然，狀「驟」字。

黃鶴曰：「時崔旰之亂，各起兵討之，故曰『干戈盛』。言因干戈之盛，故至此陰氣，非必自陽臺雲雨也。」公因雨勢甚大，有感於天時人事之相應，故深歎之。

雨

萬木雲深隱，連山雨未開。風扉掩不定，水鳥過仍回。鮫館如鳴杼，樵舟豈伐枚。清涼破炎毒，衰意欲登臺。

萬木隱於雲深，此雨將至之景。「連山雨未開」，謂兩山若連，皆雨氣有以接之。風因雨至，扉不能掩。水鳥喜雨，故往來水上甚樂也。

《文選》：「鮫人織綃於泉室。」鮫人不因雨而廢織，故雨中如聞其鳴杼之聲。樵人止守於舟中，豈復能上山而伐枚乎？

末言當此炎毒，必如此雨勢，方得清涼。公欲登陽臺而望雨景，不以衰年為憚，正喜其能破炎毒耳。

憶鄭南玭

吳若注：「玭疑作玭，音泚，玉色鮮潔也。」蔡蘿弼本作「憶鄭南」，無「玭」字。

愚按：此題直憶鄭南伏毒寺而作。玭音泚，與寺字音近，遂相沿而訛耳。

胡遯叟亦云：「詳詩意，止憶鄭南寺，玼字或誤，或下有缺文。舊以為憶鄭南之玼石，謬矣。」

鄭南伏毒寺，瀟灑到江心。石影銜珠蔡本作「玼」。**閣，泉聲帶玉琴。風杉曾曙倚，雲嶠憶春臨。萬里蒼茫水，龍蛇只自深。**

「伏毒」，寺名，在華州鄭南縣。劉禹錫別集云「舅氏牧華州，前後由華觀謁，路經伏毒寺」是也。公為華州司功，必曾遊此寺，故憶之。此寺在江心之中，甚為瀟灑，下六句皆狀其「瀟灑到江心」也。

諸本皆「珠閣」，惟蔡夢弼作「玼閣」，「玼」字惟此句中用之，良是。「石影」，江心之石影也。閣上有玉色，亦江水映之而然，石之影若與相銜，石又映閣而如玉也。「玼」字正不必擬。「泉聲」，即江心之水聲，其聲與玉琴相似，水激石而音鏗鏘也，寫出「瀟灑」二字之狀如畫。

「風杉」，寺中之風杉。公憶昔遊時，曾曙起而倚此樹也。山峻而高曰雲嶠，藉以狀寺之樓閣也。憶方春時，曾在彼登臨，二語正寫題中「憶」字。

末聯與首聯相應，言此寺在江心，今萬里蒼茫，祗供龍蛇窟穴耳，吾安能再遊而又安能不憶也哉？

八月十五夜月二首

黃鶴曰：「按史：永泰元年，僕固懷恩誘回紇、吐蕃等入寇，故有刁斗張弓之句。是時公在雲安，此詩是年八月作。」愚按：回紇復入寇在九月，鶴注誤也。觀詩中巫山、白帝等語，應是大曆元年夔州作。

滿目飛明鏡，歸心折大刀。轉蓬行地遠，攀桂仰天高。水路疑霜雪，林棲見羽毛。此時瞻白兔，直欲數秋毫。

《古樂府》：「槁砧今何在？山上復有山。何當大刀頭，破鏡飛上天。」解云：「砧，趺也，問夫何處也。復有山，重山為出也。大刀頭，刀頭有環，問夫何時還也。破鏡飛上天，言月半當還也。」此言月之明如鏡在上，而歸心如刀環之折，不能即還也。猶古放臣待命境上，賜環則返，故緊接「轉蓮行地」之句。

野中蓬草，遍地皆是。不知漂泊何定。對月而欲攀其桂，天高不可升，徒有仰望耳。

前四句，公對月思歸之情。後四句專言十五夜月之獨明。月照離人，反恨其明也。照水則白同霜雪，照林則莫遁羽毛。至於月中之兔，秋毫可數，月之

明至矣。所云「滿目飛明鏡」也。後四句只申明首句。

稍下巫山峽，猶銜白帝城。氣沉全浦暗，輪側半樓明。刁斗皆催曉，蟾蜍且自傾。一作「清」。張弓倚殘魂，不獨漢家營。

此首全詠落月。十五夜之月徹夜皆明，公對月不寐，已至將曉。此俱將曉之景也。見月已稍下巫山峽矣，再望之猶銜於白帝城也，徒稍下而漸沉，全浦先暗。夔州有魚復浦，在府城東南。當指此浦而言。「猶銜」，故其輪已側，半樓猶明。李太白詩：「月落西上陽，餘輝半城樓」，即此意也。蓋月之將落，山遠漸不可見，故云「稍下」；城高尚餘月影，故曰「猶銜」。浦在下，故先暗，月已離水際也。樓在上，故半明，光猶在高樓也。四句中能細細繪出。

「刁斗」，軍中以警夜者。孟康曰：「晝炊飯食，夜擊持行，名曰刁斗，以銅為之。」聞刁斗之聲，漸已催曉；觀蟾蜍之影，且復自傾。則月已竟落矣。月落而殘魂猶在天。想見張弓而列營者，此時猶竟夜不寐。擬其張弓之狀，如倚殘魂也。「倚」如「長劍倚天外」之倚。

按《紀事本末》，廣德二年八月，因僕固懷思之亂，詔郭子儀帥諸將出鎮奉天。上召問方略，對曰：「懷恩無能為也。」上曰：「何故？」對曰：「懷恩勇而少恩，士心不附。所以能入寇者，因思歸之士耳。」可見寇賊之營，人心亦各思歸，故對此明月，不覺張弓而望天曉，此皆思歸之心也。「不獨漢家營」，言不獨漢家之士卒思歸，即賊營亦然。公正用子儀語意也。時公居夔，諸亂猶未已，故因月明而起歎。

合觀二首，先言月之極明，無不畢照，而獨不能照見我之歸心。當此亂離，想征人戍卒亦無不思歸。從月之極明以盼，至極暗又盼至天曉，皆同此欲歸之心。傷哉！月能鑑物於秋毫，而不能鑑人之心也。對月而傷時事，亦與「干戈知滿地，休照國西營」同一悲感。

十六夜翫月

中秋後一日。

舊挹金波爽，皆傳玉露秋。關山隨地闊，河漢近人流。谷口樵歸唱，孤城笛起愁。巴童渾不寐，一作「寢」。半夜有行舟。

「舊挹」，言昨夜中秋也。昨已見金波之爽，皆謂今之中秋如玉露之白矣。曰「皆傳」，正是說十五夜之月，今十六夜之月仍不減色也。下六句皆是十六夜。翫月，毛文濤曰：「按：公《初月》詩起句曰『光細弦欲上』，見初字

意;《月圓》詩起句曰『孤月當樓滿』,《十五夜月》詩起句曰『滿目飛明鏡』,見圓字意。十五夜正月圓之時,故皆用滿字。此起句用『舊』字,見為十六夜翫月也。蓋月十五以前為新,十六以後為舊,舊字不苟下。」

公於月詩,多用關山,如曰「關山空自寒」、「關山同一照」。此又云「關山隨地闊」,蓋本樂府《關山月》也。「隨地闊」者,言月遍滿關山,其光隨地而闊也。舊解謂歎故鄉之遠,非是。「河漢」,天河也。月明則河漢皆明,親切可見,如近人流也。舊解謂夔州地高,去河漢為近,非是。詩意只形容月明,非論地形勢也。

谷口之樵乘月明而歸,喜月明而唱;孤城之笛因月明而起,感月明而愁。夔為巴子國。巴童不寐而半夜行舟,皆形容月之極明堪玩,玩月者不獨我一人也。程崑崙曰:「前四句玩月之所見而景在其中,後四句玩月之所聞而情在其中。」

十七夜對月

中秋後二夜。

秋月仍圓夜,江村獨老身。捲簾還照客,倚杖更隨人。光射潛虬動,明翻宿鳥頻。茅齋依橘柚,清切露華新。

「仍圓」,喜之之詞,言今夕何以仍圓也。江村老身,獨對此月,情景淒然。

捲簾則月照,倚杖則月隨。光射於水底,使潛虬俱動;明翻於樹影,使宿鳥頻移。皆形容月之仍圓,其光不減中秋也。

結本詠月,言不獨照客、隨人、射虬、翻鳥而已,江上之茅屋柑林亦被其餘輝也。「新」字又貼「仍圓」,「清切」字貼「獨老身」,「茅齋」句又貼「江村」,收恰無滲漏。對月情興,自在言外。

晚晴吳郎見過北舍

吳郎,吳司法也。大曆元年秋作。

圃畦新雨潤,魄子廢鉏來。竹杖交頭拄,柴扉隔徑開。欲棲群鳥亂,未去小童催。明日重陽酒,相迎自醱醅。

圃畦新潤,吳郎亦必在家課鉏。今當晚晴,晚乃輟鉏之時,晴則訪客為便。首二句便含「晚晴」二字。

拄杖開扉,迎吳郎也。「北舍」,公之北舍。吳郎見過,公先出徑而迎之。

群鳥欲棲,日之晚也。吳郎留連未去,而小童催之使歸,無非恐其晚意。

末二句預約重迎，開醅歎飲，止因上聯未及留而小童催去。且明日重陽，酒更便也。公有《九日諸人集於林》詩，已預訂吳郎矣。

九日諸人集於林

九日明朝是，相要舊俗非。老翁難早出，賢客幸知歸。舊採黃花膡，新梳白髮微。謾看年少樂，忍淚已霑衣。

首曰「九日明朝是」，是隔晚預約諸人集林也。公有《吳郎見過北舍》詩曰：「明日重陽酒，相迎自釀醅」，則諸人之約吳郎在內可知。《續齊諧記》：「汝南桓景隨費長房遊，長房忽謂景曰：『九月九日，汝家當有大災，可速令家人作絳囊，盛茱萸，繫臂，登高山，飲菊花酒，此禍可免。』景如其言。至日登山，及暮而還，雞犬一時皆暴死。遂為九日登高之始。」「相要舊俗非」，公蓋闢其說之不足信也。

曰「老翁難早出」，可見是預約之詞。「歸」，歸林也。既約集於林，則老翁雖不能早來，諸客自知所集之地矣。

三聯公自歎也。「膡」，有餘也。向則採黃花而興有餘，今則梳白髮而力不足。

「年少」，指諸人言。雖看年少之樂，不覺淚不能忍，總歎老景不如昨也。

晚晴

返一作「晚」。照斜初散，一作「徹」。浮雲薄未歸。江虹明遠飲，峽雨落餘飛。鳧鶴終高去，熊羆覺自肥。秋分客尚在，竹露夕微微。

日光至晚而返照，返照必斜，斜照又初散，則夜可知。首句善狀「晚晴」二字。浮雲雖薄，然未盡歸，尚有雨意，惟恐其不晴也。

「明」，顯也。江虹甚顯，曰「遠飲」者，狀江虹之勢，若繞江而下飲江水者。然虹見必晴。此句與「返照斜初散」相應。「峽雨落餘飛」，晴中時有細雨飄灑。此句應「浮雲薄未歸」。詠晚晴，卻以浮雲細雨出晴意，非善賦者不能及此。

後四句須一氣說。鳥獸之自適，以形己作客之苦，故緊接「秋風客尚在」句，謂鳧鶴乘秋而高飛，熊羆至秋而自肥，所不能高去、不能自肥者，惟作客之身至秋分尚在，惟見竹露之微微不覺，益感懷耳。露是秋景，夕是晚況，久客不歸，每遇秋夕，尤為淒切。

雨晴

　　雨晴山不改，晴罷峽如新。天路看一作「休」。殊俗，秋江思殺人。有猿揮淚盡，無犬附書頻。故國愁眉外，長歌欲損神。

　　首句言或雨或晴，山只如此，未嘗改易。次句言既雨初晴，則山色煥然如新。朱紫陽《寄胡藉溪》詩云：「甕牖前頭翠作屏，晚來相封靜儀刑。浮雲一任閒舒卷，萬古青山只麼青。」胡五峰見之，以為有體無用，乃賡曰：「幽人偏愛青山好，為是青山青不老。山中雲出雨乾坤，洗出一番青更好。」紫陽用杜上句意，五峰用杜下句意。然杜只是寫景，二公藉以為比興，便涉及腐儒伎倆。

　　「天路」，猶言天衢也，指長安而言。謂從天路而看，益知此多雨少晴為殊俗。因秋江而感，益不能不懷思天路也。下句因上句，與首聯法同。不然，「思殺人」三字無著落矣。

　　猿鳴三峽，其聲哀。陸機犬名黃耳，在洛中附書歸江左。注俱見前。此聯又承次聯。無犬附書，徒看殊俗；有猿揮淚，不容不思殺人也。望故國於愁眉之外，欲長歌而又恐損神，總是殊俗之悲、思殺人之感。結聯亦承次聯，通首只一意反覆。

吾宗

　　公自注：「衛倉曹崇簡也。」

　　吾宗老孫子，質樸古人風。耕鑿安時論，衣冠與世同。在家常早起，憂國願年豐。語及君臣際，經書滿腹中。

　　黃鶴曰：「杜氏出祁姓，帝堯裔孫劉累之後。在周為唐杜氏。成王滅唐，以封弟叔虞，改封唐氏子孫於杜城。故公稱唐使君為族第。」按《世系表》，崇簡出襄陽房，為益州司馬參軍，正與公同宗。後有《寄從孫崇簡》詩。今曰「吾宗老孫子」，以其非若唐使君之為同族，故曰「吾宗」也。「質樸」者，敦龐誠實之謂，言不越分，又能循理，故有古人風也。下六句皆承此句。

　　次聯贊其安時和俗，三聯贊其勤家憂國，末聯贊其通經達義，言凡議論之間，及於君臣之際，必反覆傾倒，能出其腹中之書，上下千古也。范濂曰：「末二句不止言其質樸，愚謂此正質樸處。所云『雖曰未學』者也。」

　　王翰孺曰：「從來治生力學，未有不出於動勞者。曰『在家長早起』，則惜陰之志見矣。盜賊危亡，未有不生於困窮者。曰『憂國願年豐』，則安民之本得矣。二語似淺而深，似近而遠，非於立身經世洞見本末者不能。」

奉送十七舅下邵桂

邵陽，漢昭陵地。東漢昭陽，晉邵陽，唐因之。今隸寶慶府。唐桂陽，州漢郡，晉平陽，今隸衡州府。

絕域三冬暮，浮生一病身。感深辭舅氏，別後見何人。縹緲蒼梧帝，推遷孟母鄰。昏昏阻雲水，側望苦傷神。

公每以夔為殊方，為絕域。曰「浮生」，則不安於夔可知。「一病身」，言無時不病也。次聯送別之感。

舜崩於蒼梧之野，故曰「蒼梧帝」。《九域志》：「蒼梧山在道州，而道與邵桂為鄰也。」此言舅氏所往之地。邵二泉曰：「孟母有三遷之教，以喻十七舅之母也。必攜母同往邵桂，故云。」愚謂此恐是因舅而追憶母氏舊日三遷之教，所謂見舅如見母也。觀「別後見何人」之句，語意何等鄭重，非尋常送別者可比。

末聯言舅氏去遠，雲水相阻，昏昏難望，惟有側望傷神而已。此送別無可奈何之情。

按：此詩藹然骨肉之感溢於言外，既居絕域，又兼暮冬，況止「一病身」耳。思此身所由來，感深者惟舅氏；思今日之一病，倚賴者惟舅氏。奈何辭我而遠去乎？曰「別後見何人」，情辭悽愴，幾於更無可依之人。故在舅也，縹緲而去，不知何處是蒼梧；在我也，轉展追思，反覺母教之如在。憶及吾母之如孟母，益感舅氏之非他人，不覺昏昏雲水，側望而傷神也。以病餘之身，為側望之苦，公真有不言而神傷者矣。

送鮮于萬州遷巴州

鮮于名炅，仲通之子也。廣德中為尚書都官郎。按《九域志》：「萬州至達州二百七十里，達州至巴州又二百二十里，皆隸蜀。」

京兆先時傑，琳琅照一門。朝廷偏注意，接近與名藩。祖帳維舟數，寒江觸石喧。看君妙為政，他日有殊恩。

《舊唐書》：「李叔明本姓鮮于氏。兄仲通，天寶末為京兆尹、劍南節度使。」按顏曾公《仲通墓碑》及《離碓記》，天寶九載，充劍南節度副大使；十一載，拜京兆尹。仲通拜京兆，自劍南入。《舊書》誤也。《舊書》又云：「仲通兄弟並涉學，輕財好施。」碑載公弟晉，字叔明，超遷京兆尹，不十載而兄弟相代，有子六人，皆有令聞。此詩所云「京兆先時傑，琳琅照一門」是也。

碑又云：「萬州刺史炅，雅有父風，頗通吏道。作牧萬州，政績尤異，詔

遷秘書少監。尋又改牧巴州。」萬州、巴州相去不遠。此詩所云「朝廷偏注意，接近與名藩」是也。

漢二疏歸，公卿設祖帳於東都門外者，車數百輛。此言「維舟數」，謂送鮮于者多也。舟多，至江中觸石皆喧，鮮于此行亦榮矣。黃鶴注云：「鮮于炅與同時將相公卿無不相厚。」

末聯言其遷巴州之後，為政必更有異人者。邀他日之殊恩，應不負朝廷之注意也。

雷

黃鶴曰：「大曆元年作。」是冬無雪，愆陽常燠。

巫峽中宵動，滄江十月雷。龍蛇不成蟄，天地劃爭回。卻碾空山過，深蟠絕壁來。何須妒雲雨，霹靂楚王臺。

首聯紀地紀時紀事。「動」字預含下「雷」字，亦是倒裝法。「十月」二字，《春秋》書法，非但與「中宵」作對而已。觀公詩「巫山籟可怪，昨夜有奔雷」之句可見。此為紀異之作，號為詩史，信哉！

《易·乾》：「龍蛇之蟄，以存信也。」「不成蟄」，氣候熱則不伏藏也。邵二泉曰：「劃，倏忽震盪之貌。」「爭回」，十月反回夏令也。

碾言其聲，蟠言其勢。碾過空山，蟠來絕壁，十月之雷，震動乃爾，所謂奔雷也。

巫山雲雨，朝朝暮暮，固其常也。若雷之開閉，自有定候。今不當動而動，至震驚陽臺，豈妒神女之行雲雨也哉？

寄杜位

黃鶴曰：「當是大曆元年冬作。」公自注：「頃者與位同在故嚴尚書幕。」

寒日經簷短，窮猿失木悲。峽中為客恨，江上憶君時。天地身何在，風塵病敢辭。封書雨行淚，霑灑裛新詩。

《淮南子》曰：「猿顛蹶而失木。」《晉書》曰：「窮猿奔林，豈暇擇木？」首二句即喚起次聯。寒日之短，見憶君之時；窮猿之悲，比為客之恨。

天地之大，群盜徧滿，身將何之？風塵之久，猶幸不死，病豈敢辭？三聯貼「客恨」。結聯修書題詩以寄位，貼「憶君」。

杜詩注解卷之九終

辟疆園杜詩注解五言律卷之十

雲間張一鵠友鴻甫評

膠東李粹白雪嵐甫

梁谿顧　宸修遠甫著

洞房

自《洞房》至《提封》，共八首，皆感傷開元天寶遺事。梁權道編為大曆元年作。

洞房環珮冷，玉殿起秋風。秦地應新月，龍池滿舊宮。繫舟今夜遠，清漏往時同。萬里黃山北，園陵白露中。

此篇思長安而傷泰陵也。《楚辭》：「修容修態丏洞房。」首言「洞房環珮冷」，追思馬嵬既縊之後，行宮見月，夜雨聞鈴，環珮之聲杳然，從此玉殿淒涼，惟起秋風，寂寞之感而已。

公在蜀見月，想秦地亦應如此。此句虛。《唐・樂志》：「玄宗龍潛之時，宅在龍慶坊。宅南，坊人所居。變為池，望氣者異焉。玄宗即位，以坊為興慶宮。池水愈大，遊漫數里。」公追憶舊宮之池，言秦地之月應新，龍池之宮已舊，不覺物是人非之感。追思玄宗發祥之始基，更為可歎。汪瑗曰：「『滿舊宮』指月色言。」亦是。

孤舟一繫而不能去，回首長安，渺不可即，故曰「繫舟今夜遠」。聽清漏之聲，則與往昔在長安時不異，所以愈興感也。

《寰宇記》：「漢黃山宮在興平縣西南三十里。」武帝西行至黃山宮即此也。晉灼曰：「黃山，宮名，在槐里。」按：漢武帝茂陵在興平縣東北十七里，正黃山宮之北，蓋借茂陵以愈玄宗泰陵也。「龍池」，言其始興之地。「園陵」，言其歸葬之地。曰「白露中」，並其埋骨之所亦復荒煙蔓，不可問矣。一時而寄慨其始終有如此。

秦甲先曰：「時玄、肅二宗相繼而崩，京師失守，故此篇興思於宮掖，致慷於園陵，不言蒙塵而託意於白露、秋風，黍離之感不忍明言也。」

宿昔

宿昔青門裏，蓬萊仗數移。花嬌迎雜樹，龍喜出平池。落日留王母，微風倚少兒。宮中行樂秘，少有外人知。

題言「宿昔」，追思宿昔而有感也。「青門」，長安城東門也。「蓬萊」，殿名。「仗數移」，言遊幸蓬萊之數也。

開元中，禁中初種木芍藥，得四本，紅、紫、淺紅、通白者，上因移植於興池東、沉香亭前。方花繁開，上秉照夜車，太真以步輦從。「花嬌」，喻太真。雜樹之花，趨迎恐後，所云「三千寵愛在一身」也。《明皇十七事》：「天寶中，興慶池小龍嘗出遊宮垣南溝水中，蜿蜒奇狀，靡不瞻睹。鑾輿西幸，龍一夕乘雲雨，自池中望西南而去。」此喻玄宗遊幸宮掖，荒淫無度，但以為喜，而不知後日之憂也。

《漢武帝內傳》：「於是王母言語粗畢，嘯命靈官，使駕龍嚴車，欲去。武帝下席，叩頭，請留，殷勤乃至。」此喻太真寵幸無時，落日之際猶殷勤倚偎也。李白詞：「煙花宜絲管落日，絲管醉春風。」又云：「莫教明月去，留著醉嫦娥。」俱是此意。《衛青傳》：「衛媼長女君孺，次女少兒，次女皇后子夫。少兒先與霍仲孺通，生去病。及皇后貴，少兒更為陳掌妻。」此以少兒比秦、虢諸姨，而「微風」又借用飛燕事。

《前漢·周仁傳》：「仁為郎中令，慎重不泄，以是得幸。入臥內，後宮秘戲，仁常在旁，終無所言。」宮中之事，穢褻不堪令外人聞知，公為下一「秘」字，猶《漢雜事秘辛》意也。不忍顯斥其君，故曲為秘之。然一部詩史，已在秘字中矣。

能畫

能畫毛延壽，投壺郭舍人。每蒙天一笑，復似物皆春。政畫平如水，皇恩斷若神。時時用抵戲，亦為雜風塵。

《西京雜記》：「畫工有杜陵毛延壽，寫人好醜老少，必得其真。安陵陳敞、新豐劉白、龔寬，並工牛馬人形，同日棄市。」又：「武帝時，郭舍人善投壺，以竹為矢，不用棘也。每投，必激矢令還。百餘反，武帝輒賜金帛。」《神異經》：「東荒山中有大石室，東王公居焉，與一玉女投壺。投而不接，天

為之笑。張華曰：『笑者開口流光，今電是也。』」胡邈叟曰：「次聯言優賤承恩，皆生光寵，如物遇春而熙熙也。雖只用投壺事，而畫工自該。劉須溪以物皆春為狀能畫，陋矣。」

洪容齋曰：「此詩第三聯頗與前語不相貫穿，然按其旨，本謂技藝優倡不應蒙人主顧盼。然使政化如水，恩斷若神，為政大要，既無所損，則時用此輩，亦無害也。」毛文濤曰：「此說得之。大約子美於玄宗有迴護感歎而無排擊風刺，非惟事君之禮當然，亦詩人溫柔敦厚本色。元、白已不善學杜，況宋人乎！」

「抵戲」，角抵之戲。巴渝戲，魚龍曼延之屬，蓋雜技也。「雜風塵」，言致亂也。

此詩借古以喻今。言漢武雖寵愛倡優技藝之人，而公平果斷之德不能為其所惑，故尚不足以致亂。開元之初，方值太平無事，民物如在春風之中。於時姚崇、宋璟作相，政化不偏，其平如水，皇威莫測，厥斷若神，故雖時用此輩以相抵戲，亦未雜乎邊境之風塵。及天寶以後，荒淫無度，政隳民愁，一旦邊塵動地，技藝之流亦復煙消雲散，殆有不忍追思者矣。

此詩章法段落若不相連接，然其過接處渾合自然。讀洪齋之解，通首只如一句。

鬭雞

鬭雞初賜錦，舞馬既一作「解」。登床。簾下宮人出，樓前御柳長。仙遊終一閟，女樂久無香。寂寞驪山道，清秋草木黃。

《東城父老傳》：「明皇以乙酉生而喜鬭雞，是兆亂之象也。時賈昌以善養雞被寵幸，金玉之賜，日至其家，命為五百小兒長。當時為之歌曰：『生兒不用識文字，鬭雞走馬勝讀書。賈家小兒年十三，富貴榮華代不如。』」楊國忠始以鬭雞供奉。《明皇雜錄》：「上每宴賜酺，則御勤政樓。數〔註1〕坊為角觝戲。每鬭雞，宮人數百，飾以珠翠，衣以錦繡，自帷中擊擊雷鼓為破陣樂。又令教舞馬四百蹄，各分左右為部，目為某家寵、其家驕，奮首鼓尾，縱橫應節，其曲謂之傾杯樂。又施三層木床，舞馬於上，抃轉如飛。塞外以善馬來貢者，上俾之教習，無不曲盡其妙。因令衣以文繡，絡以金鈴，飾其鬃間，雜以珠玉。其曲謂之馬舞於榻上，樂工數十人立於前，左右皆淡黃衫、文玉帶，必求年少而姿白美秀者。安祿山亂，馬散落人間，田承嗣得之。一日軍中大饗，

〔註1〕「數」，疑當作「教」。

馬聞樂而舞，承嗣以為妖而殺之。」

《明皇雜錄》：「玄宗製新樂譜，每御勤政樓，觀燈作樂。夜闌，太常樂府懸散樂畢，即遣官女於樓前縛架出眺，歌舞以娛之。」

「仙遊」，言明皇上昇也。從此樂闋而不覆奏，故女樂久矣無香。

《南部新書》：「驪山華清宮毀廢已久，今所存，惟繚垣耳。天寶所植松栢，遍滿岩谷。雖經兵寇而不被斫伐。朝元閣在山嶺之上，最為嶄絕，桂礎尚有存者。山腹即長生殿。殿東西盤石道，自山麓而上，道側有飲酒亭子。明皇吹笛樓、宮人走馬樓故基存。」

洪容齋曰：「先忠宣公在北方，得唐人畫驪山宮圖，華清宮居山巔。殿外垂簾，宮人無數穴簾隙而窺。一時伶官劇戲品類雜沓，皆列於下。杜一詩真所謂親見之也。」

前四句極形其盛，後四句極感其衰，蓋追念鬥雞舞馬為樂之盛時，宮人御柳如此。今也君既仙遊，女樂香散已久，驪山寂寞而草木黃落矣。

歷歷

歷歷開元事，分明在眼前。無端盜賊起，忽已歲時遷。巫峽西江外，秦城北斗邊。為郎從白首，臥病數秋天。

前四句追感開元遺事，全在數虛字著神。曰「歷歷」者，言其為樂之事不一，如前詩所云也。曰「分明」者，記憶之真也。曰「無端」，不以盜賊之起歸過於君，為君諱之詞也。曰「忽已」，見盛衰之不常。前之為樂未已，而後之衰颯已如此。歲時之遷，又何速也！

《漢武故事》：「上至郎署，見顏駟，問何時為郎，何其老也？」公在巫峽憶秦城，自言為郎時已白首。原在巫峽為郎，未嘗親至北斗邊。今白首郎官，久已臥病，惟歷數秋天而已。

洛陽

洛陽昔陷沒，胡馬犯潼關。天子初愁思，都人慘別顏。清笳去宮闕，翠蓋出關山。故老仍流涕，龍髯幸再攀。

天寶十四載，祿山陷洛陽。次年，陷潼關，犯闕。上欲遷幸，登興慶宮、花萼樓，置酒，四顧悽愴，使美人善歌者歌水調，畢奏，上將去，復留，眷眷不能捨。因使視樓下有少年善水調歌者，使之登樓且歌，上聞之，潸然出涕，顧侍者曰：「李嶠真才子也。」不待曲終而去。所謂「天子初愁思，都人慘別

顏」也。曰「初愁」，便見平日歌舞宴樂全不設備，至此方著愁也。

「清笳」，胡人卷蘆葉吹之。清笳已滿宮闕，而天子不得不去，是因清笳而去也。翠蓋蒼黃，不避關山之險，何其慘哉！

恢京後，明皇自蜀還，士庶抃舞路側，曰：「不圖今日再見二聖。」《通鑑》云：「上入西京，百姓奉迎二十里，有泣者。」

故借用黃帝龍髯事。都人慘別，已見故老流涕矣。今宮闕復還，故老仍然流涕，痛定思痛也。曰「幸再攀」，已與慘別時異矣。看此詩中「初」字、「仍」字、「幸」字俱不苟下。

驪山

驪山絕望幸，花萼罷登臨。地下無朝燭，人間有賜金。鼎湖龍去遠，銀海雁飛深。萬歲蓬萊日，長懸舊羽林。

鄭綮《傳信記》：「上於東都起五王宅，於上都置花萼樓，與諸王為會集宴樂之地。」杜云「花萼罷登臨」，蓋是時明皇已厭世矣。

《劉向傳》：「秦始皇葬於驪山之阿，下錮三泉，上崇山墳，石槨為遊宮，人膏為燈燭，水銀為江海，黃金為鳧雁，以多金銀奇物，故俗云秦皇地市。」《北史》：「隋獻皇后山陵，帝賜金鉢二，一實以金銀，一實以珠。」按《天寶故事》：「凡早朝，必秉燭而會群臣。」今曰「地下無朝燭」，言地下雖以人魚膏為燭，然已無群臣朝曾之事矣。明皇存日，多賜近侍宮姜以金，如金錢會之類是也。今所賜之金尚多留在人間，而鼎湖龍去已遠，即銀海深而金雁飛，徒飛泉壞而已。何遜《過孫氏陵詩》：「銀海終無浪，金鳧會不飛。」

「蓬萊宮」，明皇所時幸也。「羽林」，即萬騎軍。萬騎本隸左右羽林，後改為龍武軍，與左右羽林為北門四軍。曰「長懸」者，悲其不能長懸也，言安得萬歲在蓬萊而長懸羽林者乎？真有如在之感。

提封

提封漢天下，萬國尚同心。借問懸車一作「軍」。守，何如儉德臨。時徵俊乂入，莫慮犬羊侵。願戒兵猶火，恩家四海深。

「提封」，謂提畫封疆。《東方朔傳》：「提封傾畝。」注謂提舉四方之內，總計其數也。「漢天下」，借漢言唐，謂天下一統也。「尚同心」，民未離德也。懸車束馬以守，言至險也。詩意謂在德不在險。與其守險，不若以德臨之。《易》：「君子以儉德避難。」《困學記聞》云：「明皇以侈致亂，故少陵以儉為

救時之砭。」

三聯言當時用賢人，則不慮外患之侵也。使明皇早聽張九齡之言，即誅祿山，安有漁陽直侵京闕之事也哉？

《左傳》：「兵猶火也，弗戢將自焚。」願戒兵戈而加恩於百姓，則萬國同心，邦本自固，險不必守，外患莫侵，而天下長保矣。然加恩之道，亦惟修德進賢而已。此詩明白正大以告誡之，藹然愛君之旨。

鸚鵡

錢牧齋曰：「此詩詠開元舊事也。」梁權道亦編在大曆元年夔州作。

鸚鵡含愁思，聰明憶別離。翠衿渾短盡，紅嘴漫多知。未有開籠日，空殘宿舊枝。世人憐復損，何用羽毛奇。

禰衡《鸚鵡賦》：「性辨慧而能言兮，才聰明以識機。紺趾丹嘴，綠衣翠衿。閉以雕籠，剪其翅羽。想崑山之高岳，思鄧林之扶疏。顧六翩之殘毀，雖奮迅其焉如。」《明皇雜錄》：「開元中，嶺南獻白鸚鵡，養之宮中。歲久，頗聰慧，洞曉言詞。上及貴妃皆呼為雪衣娘，戲於殿檻。有鷹搏之而斃，遂瘞於苑中，為立冢，呼為鸚鵡冢。」

此言鸚鵡在籠，實含愁思。此鳥聰明多巧，故離群之思倍切也。自傷翠衿已短盡，雖紅嘴能言，亦奚以為？因思開籠放我，尚無其期。棲殘之舊枝，祇空在耳。今不復能棲也。雖世人憐而豢養，實損其天真。蓋由羽毛奇異，所以為累。然則何用奇為哉？八句反覆宛轉，為鸚鵡寫「含愁思」三字，即禰衡賦而推衍之，意亦傷受制於人，不能自展其奇也。似與開元事不切，疑不樂居幕府作。

以上九首皆以首二字名題，似是一時之作。八章皆詠開元之事，與李太白《宮中行樂詞》八章相表裏。太白作於明皇之時，故微婉其詞而諷之；少陵作於明皇之後，故雜敘其事而傷之。少陵之於明皇，未嘗不三致感也。

陸咸一曰：「此泛詠鸚鵡，與開元何涉？但寓意深遠，分明有才人失路、託身異類之悲，不專為鸚鵡詠耳。魏武之於楊脩，隋煬之於薛道衡，其為『憐復損』無論矣。味子美上嚴公詩『束縛酬知己』，又讀其院中諸作，『未有開籠日，空殘宿故枝』豈無所指而云然哉？」

覆舟二首

玄宗好神仙燒煉之術，黔陽貢丹砂等物，經巫峽，覆舟。此詩追紀其事而

諷之。大曆元年秋在夔州作。

巫峽盤渦曉，黔陽貢物秋。丹砂同隕石，翠羽共沉舟。羈使空斜影，龍居悶一作「閟」。積流。篙工幸不溺，俄頃逐輕鷗。

巫峽，見覆舟之地。盤渦水險，見覆舟之由。貢物沉重，見覆舟之故。秋曉，見覆舟之時。黔陽，見覆舟者為黔陽之人。十字紀事詳明。公在巫峽，曾聞某年某時有此一事，故特追而記之。

「丹砂」、「翠羽」，所貢之物。「隕石」，借用《春秋》隕石字，言丹砂下沉，如石之隕也。鄒陽書：「積羽沉舟。」言羽與舟共沉也。

「羈使」，黔陽人也。羈旅之使空留斜影，寫出押船使者覆舟無聊之狀。「斜影」，言日斜也。自曉沉舟，至於日影橫斜之際，使者益覺無聊也。

「龍居」，水底也。所沉之物皆悶積於水底，不復能出，幸不溺者，獨篙工耳。篙工善水，即逐輕鷗而起，故公以為幸。

竹宮時望拜，桂館或求仙。姹女凌波日，神光照夜年。徒聞斬蛟劍，無復爨犀船。使者隨秋色，迢迢獨上天。

《漢武故事》：「祭太乙，令人升通天臺，以候天神。天神既下祭所，若大流星，乃舉燈火而就竹宮望拜。」「竹宮」，迎神之宮也。《郊祀志》：「公孫卿曰：『仙人好樓居。』於是長安作飛廉、桂館，使聊持節設具而候神人。」飛廉、桂館，二館名。此借漢武以喻玄宗求仙之切，故待丹砂等物甚急也。

「姹女」，真汞也。《漢真人大丹訣》：「姹女隱在丹砂中。」又，《道家四象論》：「西方庚辛金，淑女之異名，故有姹女黃婆嬰兒之號。」曹子建《洛神賦》：「凌波微步。」言涉水也。《前漢·禮樂志》：「漢武事圓丘，昏祠至明，夜常有光集於祠壇。」按：「神光照夜年」與起二句同意，突插「姹女凌波日」一句在中，幾不可解。舊注只混言玄宗好神仙耳。愚謂二句之眼全在「日」字、「年」字，此二字正紀覆舟之日與年也，言玄宗方在長安求仙，望空而拜，設館而迎，何知有沉舟之事，乃丹砂已沉矣。此即所謂「姹女凌心波」也。想此丹砂沉舟之日，正是神光照夜之年，寫出巫峽之沉舟與長安之照夜彼此絕不相聞知，絕不能呵護，徒使君王望空而遙拜耳，公所以追憶其事而歎之。四句章法井井，且與覆舟照顧有情。世無解者，只以為鋪列故事耳。誰知將姹女二字代丹砂，凌波二字代沉舟，便令四語一色。作詩之工巧如此。

劉沛遠曰：「惟屬公追記，故『日』字、『年』字更為有情。想此日也，正

此年也，言外有無窮感慨。『神光照夜年』雖仍用漢武故事，正繳首二句而言，非重複語也。」

畢致中曰：「妙解真可謂暗室一燈。李義山詩：『青雀西飛竟未回，君王猶在集靈臺』，亦是此意。而『日』字、『年』字更覺精神警動。此方悲姹女之沉舟，彼尚詫神光之照夜。然則竹宮桂館之間，倘有神靈，獨不能為神物護持而聽其凌波同逝乎？平平一語，喚醒無限癡夢。」

《呂氏春秋》：「荊人佽飛得寶劍，渡江中流，兩蛟繞舟幾沒。佽飛拔劍斬蛟，乃得濟。」晉溫嶠宿牛渚磯下，世傳其下多怪物，嶠遂燃犀角照之。後四句言使者徒聞斬蛟之術，不能為斬蛟之事；雖有載寶之船，無復有犀照之法。故舟至於覆也。今貢物已空，止秋色在耳。但隨秋色而迢迢以朝天，不亦無聊之甚乎？「朝天」，言見帝也，寫出使者淒涼之況，言外無限諷刺。舊注鄙俚可笑。

孤雁

黃鶴曰：「大曆元年作。」

孤雁不飲啄，飛鳴聲念群。誰憐一片影，相失萬重雲。望盡似猶見，哀多如更聞。野鴉無意緒，鳴噪自紛紛。

通首只形容「孤」字。所以不飲啄者，止因飛鳴之際，聲聲念其群，故不暇飲啄也。群即其匹，非眾雁為群也。「誰憐」，指眾雁，言眾雁各有群，故飛鳴自得，飲啄自如，誰復憐孤雁止一片影乎？「相失萬重雲」，言眾雁群然而飛，雖失此孤雁於萬重雲之外，亦無有顧之者，此孤雁所以顧影自憐也。

「望盡」，言眾雁盡飛，望之者若既盡矣，而此孤雁似猶可見，惟自守其孤，不欲混於眾雁中也。眾雁皆飛鳴，而此孤雁飛鳴之聲，其哀獨多，所以聽之者如一聞再聞，其聲獨淒切而難盡。

蓋此「孤雁不飲啄」，傷其群也；「一片影」，貞自守也；「望猶見」、「哀更聞」，不欲混於眾雁之中。哀聲歷歷，皆有謂也。

堪笑野鴉不知何意緒而鳴噪紛紛乎？曰「無意緒」，言其鳴噪之時，竟無意可求，無緒可理，祗覺其禮紛紛耳。借野鴉作結，更見孤雁飛鳴，有意有緒，哀聲不苟。

徐子與曰：「抑鴉揚雁，甚為有倫。又嗟其孤影失群，則徒旅之感寓焉。蓋老杜，天地間一羈人也，觸物而哀，固宜。」

鷗

江浦寒鷗戲，無他亦自饒。卻思翻玉羽，隨意點春苗。雪暗還須浴，
一作「落」。風生一任飄。幾群滄海上，清影日蕭蕭。

「浦」，魚復浦也。鷗性耐寒，故雖寒而戲水自若。「無他」，言其戲意也。
戲意並無他，亦性所自饒而已。「自饒」者，隨處自足，無非其戲意也。

次聯深一步法，言即其無他，亦既自饒矣。「卻思翻玉羽」，「卻」字有力。
又云「隨意點春苗」，「有思」有意，似不能無他矣。然曰「翻玉羽」、「點春
苗」，仍是戲意，不過「翻玉羽」、「點春苗」而已，終亦無他也。點如蜻蜓點
水之點。

雪之白與羽之白相似，故雪暗江浦，鷗喜而還浴。此承「翻玉羽」來。《南
越志》：「江鷗一名海鷗，在灘海中，隨潮上下，常以三月風至，乃還州嶼。頗
知風色。若群至岸，必風。」曰「一任飄」，言其離水而到岸也。到岸則任其
點春苗矣。此承「點春苗」來。鷗既能映雪而浴，又能識風而飄，胸中饒有知
覺者，又總承「亦自饒」也。

末二句，同群滄海，清影蕭蕭，又見無他之意。通首只「無他亦自饒」句
為一篇眼目。

王翰孺曰：「孤雁，貞士之有品者也。白鷗，逸民之忘機者也。看老杜寫
照處，分寸不苟。」

猿

嫋嫋啼虛壁，蕭蕭掛冷枝。艱難人不免，一作「見」。隱見爾如知。慣
習元從眾，全生或用奇。前林騰每及，父子莫相離。

「嫋嫋」，聲之長也。空山翠壁之間，猿啼最悲，其聲尤足感人。「蕭蕭」，
群之寡也。猿性喜於攀援，故時掛冷枝。曰「虛壁」，曰「冷枝」，虛字、冷字
寫艱難之景。飲食居處各有艱難，人所不能免者，猿則雖處虛壁冷枝而無艱難
之累也，正以人之不免艱難形容猿之嘯啼自得。「啼虛壁」，隱也。「掛冷枝」，
見也。爾既識隱見之機，則可免人世之禍，人反有不如者矣。

慣習即啼壁、掛枝之類。公詩所云「猿掛時相學」是也。「從眾」，謂不異
於眾猿也。「全生」，言猿能搏矢避弓，巧全其生，不為人所獲。慣常之習，只
從眾而已；全生之法，有時用奇。然猿能用奇以全身，亦或恃用奇以致禍，故
末二句又深戒之。

「騰每及」，言猿足便捷，善於飛騰也。飛騰必及於林際，乃能父子相依，言不可恃慣習之巧、全生之奇，輕出取禍，以致離群之悲也。前四句美其善隱知幾，後四句戒其出奇取禍。

黃魚

日見巴東峽，黃魚出浪新。脂膏兼飼犬，長大不容身。筒箭相沿久，風雷肯為神。泥沙卷涎沫，回首怪龍鱗。

巴東之峽，黃魚最多，出浪方新，無日不見，亦無日不為人取也。

王充《論衡》：「彭澤之濱，以魚飼犬。惟黃魚肥且大，故不惟人得厭飫，棄其脂膏，兼可飼犬。」《爾雅注》：「鱣大者長二三丈，今江東呼為黃魚。」陸機云：「大者千餘斤，長大不容身。」言取者甚多，魚之長大者亦不能容身於峽中也。

「筒箭」，取魚器也。或筒或箭，散佈峽水中以繫餌，觀其沒為驗，則魚得矣。取魚之法，相沿已久，故魚無或免者。「風雷肯為神」，言黃魚不能從風雷以變化，故甘為人取，無飛騰之術以全身也。

《莊子》：「泉涸，魚處於陸，相呴以濕，相濡以沫。」末二句言更有不待人取而為泥沙所卷，自相涎沫者，亦甘涸死於泥沙之中而已。回首龍鱗，雖有時困於泥沙，終能飛躍而去，豈不怪哉？

張友鴻曰：「此詩前惡巴俗極日取之慘，後惜黃魚無變化之才，公殆有老子猶龍之歎、泥沙自槁之悲乎？」

白小

白小群分命，天然二寸魚。細微霑水族，風俗當園蔬。入肆銀花亂，傾箱雪片虛。生成猶拾卵，盡取義何如。

「白小」，即今之銀魚，俗稱麵條魚也。《易·繫辭》：「物以群分。」白小亦群分，則白小亦有命也。「天然二寸」，言其賦命之小如此，不能長且大也。

「細」，微小也。「霑水族」，群分也。物雖細微，亦霑水族。「風俗當園蔬」，言其多而且賤也。《賓退錄》云：「《靖州圖經》載其俗，居喪不用酒肉鹽酪，而以魚為蔬。今湖北多然，謂之魚菜。」老杜嘗往來荊楚，而夔亦與湖北為鄰。「風俗當園蔬」正指此也。

「入肆」、「傾箱」，言風俗以此貿易入肆者。愛其白，與銀花俱亂，取利者喜其傾，將雪片成虛。箱，盛魚器也。

《西京賦》：「獲胎拾卵，蚳蝝盡取。」又，夏后氏拾卵而鳳凰始去。謂此魚雖小，其生成也，亦猶之拾卵也。今忍盡皆取之，不使留餘，於義果何如乎？此亦充類至義之盡意，直言盡取為非義也。

李雪嵐曰：「『風雷肯為神』、『細微霑水族』，歎大小之魚，才質俱凡。『長大不容身』、『盡取義何如』，歎巴俗之殘，大小俱盡。」

麂

《爾雅》曰：「麂，大麕，旄毛狗尾。」胡邐叟曰：「本是烹麂，詩題卻不著烹字。」

永與清溪別，蒙將玉饌俱。無才逐仙隱，不敢恨庖廚。亂世輕全物，微聲及禍樞。衣冠兼盜賊，饕餮音叨次。用斯須。

「永與清溪別」，首即言麂之見獲於人。「蒙將玉饌俱」，已供鼎俎矣。左太冲《吳都賦》：「矜其宴居，則珠服玉饌。」「玉饌」，貴人之饌也。曰「永與」，曰「蒙將」，俱是代麂恨詞。

《神仙傳》：「魯生女入華山中，乘白鹿車，從玉女數十人。」此言麂無其才，不得追隨仙隱之流，則今日入於庖廚，亦不敢恨也。

三聯擴開一步，發感甚大，謂當亂世則物無不輕。遭屠戮之慘者，豈止一麂？此句貼「庖廚」。《昌邑臨海郡記》：「郡邑北侯官山，有三足麂，其聲嘶嘎。」「禍樞」，禍機也，言麂一露微聲，人即躡而覓之，是以微聲及禍也。此句貼不能仙隱。

黃漢臣曰：「『微聲及禍樞』，語俚而意遠。自古文人才士生逢亂世，出嬰禍患，何一不從聲名得之？中郎之於董卓，中散之於司馬，及禍雖異，其以微聲致累則同。此『苟全性命於亂世，不求聞達於諸侯』，隆中所以獨絕千古也。少陵此語，有聲有淚。」

結聯奇甚。「衣冠」，富貴之人，即享玉饌者也。「盜賊」，即亂世之人，所云「輕全物」者也。縉雲氏有不才子，謂之饕餮。注：「貪財為饕，貪食為餮。」「用斯須」，言不過一食之頃耳，而全物已傷殘矣。衣冠於盜賊並言，正謂方今衣冠之士行兼盜賊，惟以饕餮為謀，物命斃於斯須為可恨也。舉一麂而所傷甚眾，衣冠者堪愧矣。

泰留仙曰：「大意謂麂既不能隱，又遭亂世，所以不免於禍也。全首只是一意，正不必說明烹字。」

雞

　　紀德名標五，初鳴度必三。殊方聽有異，失次曉無慚。問俗人情似，允庖爾輩堪。氣交亭育際，巫峽漏司南。

　　《韓詩外傳》：「田饒謂魯哀公曰：『夫雞，首戴冠，文也；足持距，武也；見敵而鬥，勇也；得食而相呼，義也；鳴不失時，信也。雞有此五德，君猶淪而食之。』」《禮記‧文王世子》：「雞初鳴，至寢門。」《史記‧曆書》曰：「雞三號卒明。」注：「三號，三鳴也。」雞三鳴，則天曉，乃始為正月一日，含異歲也。蓋古人定正朔亦取於雞鳴。以其鳴有常度，故詩人以比不改度之君子。韓昌黎詩亦曰：「雞三號，更五點。」當雞之三號，適更之五點，則有常可知矣。公語本自《史記》。劉須溪乃云：「非工部不能為此語。」堪發一笑。使為少陵杜撰之言，豈可與五德作對耶？

　　次聯言雞之改常。雞鳴本有常，而今無常，非雞之無常，因殊方氣候不齊，故聽之者有異也。惟殊方氣候不齊，雞遂失宜鳴之度次，非是失旦雞比也，故聽雖有異，雞則無慚。氣候即是風俗。氣候如此，風俗亦必如此，雞則何慚也哉！故下緊接云「問俗人情似」。

　　問其風俗，則蠻蜀之人反覆無常，固其情也。雞之無常，適與人情相似，奈何人則不慚，反欲雞慚；人則不責，惟雞是責，至獨以爾輩充庖也哉？呼雞為爾輩，正見雞似人，人亦似雞，特爾汝之輩耳。乃充庖者獨雞當之，所云雞有五德，猶曰淪而食之也。公全是借雞責人。

　　劉孝綽曰：「一物之微，遂留亭育。」注：「亭毒化育也。」裴玄《新語》：「正朝縣官殺羊，懸其頭於門，又磔雞以副之，俗設以厭厲氣。玄以問江南任君，任君曰：『是月土氣上升，草木萌動，羊齧百草，雞啄五穀，故殺之以助生氣。』」嚴顥亭曰：「雞為火德之精，南方屬火，故曰司南。」「漏」，失也。公意言豈是雞也，稟氣之際，或不足干化育之理，因是漏失司南之識，故不鳴與？然曰「巫峽漏司南」，則仍是巫峽之氣候使然，非關雞也。使此雞而在中原，德不改也，度有常也。不幸而在殊方，遂以失次之愆為充廚之罪矣。其實造化亭育因乎氣候，雞何辜而遭此禍也哉？

　　此詩全是公不安殊方之意。聞雞而起，恐一旦陷於危機。與《麂》詩同一感慨。蜀人烹仙隱之鹿，淪五德之雞，不特盜賊為然，並衣冠之人亦盡如此，公豈能安身於其際也哉？舊解夢夢，堪付一炬。

玉腕騧

公自注：「江陵節度衛公馬也。」按舊史，衛伯玉廣德元年為荊南節度等使，尋加檢校工部尚書，封陽城郡王。邵二泉曰：「赤馬黑鬣曰騧。腕，臂也，前足腕玉白，曰玉騧，馬之良也。」

聞說荊南馬，尚書玉腕騧。頓驂飄赤汗，蹢躅顧長楸。胡虜三年入，乾坤一戰收。舉鞭如有問，欲伴習池遊。

首二句互文，本謂荊南尚書之馬，乃是玉腕騧也，卻以「玉腕騧」三字解上句「馬」字，「尚書」二字解上句「荊南」字，疊互見奇。

《漢郊祀歌》：「天馬下霑赤汗。」所云汗血駒也。「驂」，參乘也。「頓驂」者，言其暫停驂也。「蹢」，曲也。「躅」，累足也。曹子建《名都篇》：「走馬長楸間。」此二句言馬之力。暫一頓驂，則赤汗飄流，謂其善走，不用頓也。蹢躅而顧長楸，長楸之地豈足以展其足哉？

按《舊書》，乾元二年，伯玉擊史思明，大破於疆子阪，積屍滿野，以功遷神策軍節度。上元二年，大破史朝義於永寧，進封河東郡公。廣德元年冬，吐蕃寇京師，乘輿幸陝。以伯玉有幹略，可當重寄，乃使節度江陵，封陽城郡王。此詩作於大曆元年，正謂安史三年之亂，今已一戰而收，伯玉適當無事，不煩玉騧以建功勳，則此馬可伴習池遊矣。不曰向敵而曰伴遊，寓伯玉功成身退之意，亦見收安史之後，猶留此汗血之馬，蹢躅長楸而不能展其奇，翻為玉腕騧惜也。

雨

考《通鑑》，大曆二年正月辛亥朔，至十三日甲子，立春在元年十二月二十六日，所云「已度立春時」也。

冥冥甲子雨，已度立春時。輕箑煩相向，纖絺恐自疑。煙添纔有色，風引更如絲。直覺巫山暮，兼催宋玉悲。

「冥冥」，雨細貌。《秋興賦》：「於是乃屏輕箑，釋纖絺。」公反用其語也。言扇可相向，則纖絺疑亦可著矣。春微雨，天氣早暖故也。

煙添色纔可見，風引則更如絲，形容雨之極微。所云「冥冥」也。

朝行雲，暮行雨，故曰「巫山暮」。下一「暮」字亦不苟。今天氣雖暖，恐雨後生涼，未免宋玉悲秋之意。方春而已催秋，亦歎光陰之迅疾耳。

得舍弟觀書自中都已達江陵今茲暮春月末行李合到夔州悲喜相兼團圓可待賦詩即事情見乎詞

黃鶴曰：「當是大曆二年春作。蓋元年暮春，方自雲安遷居夔州也。」

爾到江陵府，何時到峽州。亂離生有別，聚集病應瘳。颯颯開啼眼，朝朝上水樓。老身須付託，白骨更何憂。

通首只悲喜相兼四字。「爾到江陵府」，喜也。「何時到峽州」，悲也。「亂離生有別」，悲也。「聚集病應瘳」，喜也。「颯颯開啼眼，朝朝上水樓」，悲也，言上樓以望弟之至也。「老身須付託，白骨更何憂」，喜也。

喜觀即到復題短篇二首

巫峽千山暗，終南萬里春。病中吾見弟，書到汝為人。意答見童問，來經戰伐新。泊船悲喜後，款款話歸秦。

此首仍是悲喜二字，言我在巫峽之中，千山皆暗，他鄉之景可悲。「終南」，長安也。回憶終南，相去萬里，故鄉之春可喜。「病中吾見弟」，尚是未見之詞，喜中之悲。「書到汝為人」，言汝書未到，消息難真，不知汝是鬼是人，今書到始知汝之為人，悲中之喜。「意答兒童問」，謂書到而兒童競來問，公即以書中之意答之，喜也。「來經戰伐新」，即書中之言，謂一路冒險而行，方經戰伐之新，悲也。想汝到將泊船之時，有悲有喜。悲喜既定之後，方可與汝欵欵話歸秦也。「泊船」貼「巫峽」，「歸秦」貼「終南」，總結上文，有悲有喜。

待爾嗔烏鵲，拋書示鶺鴒。枝間喜不去，原上急曾經。江閣嫌津柳，風帆數驛亭。應論十年事，愁絕始惺惺。一作「星星」。

《西京雜記》：「鵲噪則行人至。」今鵲噪而待爾不至，是鵲不足信也，故嗔之。「書」，謂弟觀之書。鵲噪雖不至，而弟觀之書已在吾手，則拋書而示鶺鴒。兆不足信，豈書亦不足憑耶？「示鶺鴒」，大是無聊。此時豈真有鶺鴒，不過言無可控訴，吾將尋鶺鴒之鳥而示以書耳。「枝間喜不去」承「烏鵲」，吾雖嗔之，而鵲仍喜而不去，是鵲謂爾之決至也。「原上急曾經」承「鶺鴒」。《詩》：「鶺鴒在原，兄弟急難。」豈《詩》曾經言之，亦不足引以為據耶？此解「示鶺鴒」之意。四句託物比興，反覆悲喜。

無已，復上江閣而望之。津上之柳遮吾望眼，是朝朝上江閣而今日嫌其多此柳也。風帆從江閣而過者，亦無數矣，按期而數驛程，此時正應到而船不

到，所見風帆偏非吾弟之風帆。二語未到之悲。

　　按：公自乾元元年冬自華州之東都，二年春尚留東都。自乾元元年至大曆二年，恰是十年。今觀自中都而來，故欲與論十年之事。「惺惺」，復蘇之貌。曰「應論」者，預期其到而即與論從前之愁，不覺漸惺惺也。二語是喜詞。

江梅

　　江邊之梅也。

　　梅蕊臘前破，梅花年後多。絕知春意早，最奈客愁何。雪樹原同色，江風亦自波。故園不可見，巫岫鬱嵯峨。

　　首以「蕊」與「花」對起。「絕知春意早」貼蕊破，「最奈客愁何」貼花多。公詩所云「江邊一樹垂垂發，朝夕催人自白頭」是也。

　　「雪樹原同色」貼「臘前」。臘雪多積於樹間，雪與梅同一色也。「江風亦自波」貼「年後」。春風能生水波，花亦因風而謝也。

　　「故園不可見」，所見者獨江梅耳。陸機《樂府》：「雲山鬱嵯峨。」公日對巫峰，久思出峽，垂垂一樹與巫峰相映，惟歎其鬱嵯峨，而未能離之而去也。

庭草

　　楚草經寒碧，庭春入眼濃。舊低收葉舉，新掩捲芽重。步履宜輕過，開筵得屢供。看花隨節序，不敢強為容。

　　「楚草」，夔地之草。經寒猶碧，地暖故也。至春而庭前之草入吾眼者，碧色更濃，草之可愛如此。

　　次聯形容草之經寒而春，一一入公眼也。「舊低」，舊黃萎而低垂者也。今則既收之葉復舉，低垂者已浡然而興起矣。「新掩」，新經風雨而掩於地者也。與「草上之風必偃」偃字同義。今則卷茅而重發，掩地者又見其茁芽再生矣。「舊低」、「新掩」二字略讀，當是上二字下三字句法。惟其低，故望其勃舉；惟其掩，故望其重生也。三聯言公深愛之，故步履不敢輕踐，或在庭前開筵燕飲，草色亦足以供清玩。

　　末言花有花之節序，草亦隨之。然花既盛，則人皆看花，不復有注意庭草者，亦不敢強為容矣。所云「入眼濃」者，未免因花而失色也。回思未看花之先，步亦慎之，筵亦供之，今草色如故也，而花已奪其濃矣，公之寓歎於庭草又如此。

黃仲霖曰：「味『不敢強為容』五字，憔悴可憐，乃公自寫懷抱，與草無與。因草而及花，因看花而及看花之身，詩人情思流宕，觸物牽情，往往若此。宋人詩：『人老簪花不自羞，花應羞上老人頭。』其言雖近俚，正『不敢強為容』注腳也。若著草上說，草無情之物，豈能為客，又豈有敢不敢？且此句明承看花而言，已與草隔斷矣。」

題栢大兄弟山居屋壁二首

汪瑗曰：「公有《寄栢學士》及《題栢學士茅屋》二詩。栢大兄弟，或其子侄也。」

叔父朱門貴，郎君玉樹高。山居精典籍，文雅涉風騷。江漢終吾老，雲林得爾曹。哀絃繞白雪，未與俗人操。

《晉·謝玄傳》：「玄字幼度，少穎悟，與從兄朗俱為叔父安所器重。安嘗戒約子第，因曰：『子弟亦何豫人事，而正欲使其佳？』玄答曰：『譬如芝蘭玉樹，飲使其生於庭階耳。』安悅。」黃鶴曰：「古稱貴人之子及身嘗事其父者曰郎君。」

次聯承首聯而反言之。朱門子侄，安肯山居？既山居而又精典籍，既文雅而兼涉風騷，洵不愧玉樹之高矣。讀此二語，真足令朱門子弟猛然汗下。彼終日自釋朱門，自誇玉樹，誰知典籍風騷俱從山居習靜中來，豈不令熱餤豪華一旦冰冷。

三聯更於絕不相關處說得有情。江漢之老與朱門子弟相去奚啻徑庭，使吾老江漢，爾自朱門，安從與爾為曹？不意爾能去朱門而山居，吾竟於雲林間得之，則吾真可與爾為曹矣。

「哀絃」，琴也。《記》曰：「絲聲哀。」陽春白雪，其調彌高，其和彌寡。此正言幽人性情。大約精典籍者必涉風騷。琴有幽蘭白雪，俗人斷不能操，而風騷者能操之，不特矜朱門之貴者為俗人，即不矜朱門之貴，而不精典籍，不涉風騷，仍是俗人也。郎君之不俗如此，吾故樂與稱同調也。

龔芝麓曰：「『俗人』二字正與此首『玉樹』句及下首『千里』、『五花』句相對。首稱之為玉樹，孤標異骨，何其清高。然使碌碌朱門，典籍不精，風騷不涉，竟成俗人矣。朱門中最多俗人，特拈出『雲林』二字，為朱門子弟開一免俗之路。公深愛朱門子弟如此。次首更以『蕭蕭千里馬』期之，『箇箇五花文』擬之。曰『蕭蕭』，則其貴在骨；曰『箇箇』，則不獨一人。子弟如此，便爾不俗，公又厚望朱門子弟無不皆然如此。」

野屋流寒水，山籬帶白雲。靜應連虎穴，喧已去人群。筆架沾窗雨，書簽映隟曛。蕭蕭千里馬，箇箇五花文。

前六句皆「山居精典籍」，末聯言其為千里駒也。良馬毛五色者曰五花文。「箇箇五花文」，則兄弟皆良可知。

前詩惟三四言山居之幽事，餘皆稱其人才。此詩惟結聯稱其人才，餘皆言山居之幽景。

奉送韋中丞之晉赴湖南

《舊書》：「大曆四年二月，以湖南都團練觀察使韋之晉為潭州刺史。」則此詩送韋為衡州刺史作也。後韋進大夫，卒於潭州，故公有哭韋大夫詩。此是大曆二年作。

寵渥徵黃漸，權宜借寇頻。湖南安背水，峽內憶行春。王室仍多故，蒼生倚大臣。還將徐孺榻，處處待高人。

「徵黃」，言內召。「借寇」，言守郡。按《前漢・循吏傳》：「黃霸為潁川太守，戶口歲增，治行為天下第一，徵守京兆尹。」《寇恂傳》：「恂初拜河內太守，行大將軍事。復拜潁川太守，擊寇，悉平之。又拜汝南太守。潁川寇賊復群起，帝欲恂從九卿後出以憂國，恂請執銳先驅，即日車駕南征。恂從至潁川，百姓遮道曰：『願從陛下復借寇君一年。』」則「權宜」二字正指「九卿出以憂國」言，謂韋公望重，必當如黃霸漸膺內召，守衡州特權宜藉重耳，故引寇恂例以慰安之。

「湖南」，指衡州言。劉須溪曰：「背水即依山，謂湖南之人依之如山也。」愚謂非也。背水置陣，乃韓信所以破趙。意韋公在衡，必有破盜剪寇之功，故借背水字以贊其用兵，所謂一戰安民也。以背水為依山，晦甚鑿甚。且「背水」二字與湖字原相呼應，安知韋當年不嘗用臨水取勝乎？黃鶴曰：「韋嘗在峽內作守，峽內之人憶其行春，此去後之思也。郡守四馬駕車，一馬行春，謂乘春而巡行也。」

說到王室多故，則正欲大用之，其守衡特暫耳。天下之蒼生無不倚賴大臣，豈湖南可盡其才哉？「大臣」二字說得鄭重。

末聯勸其求賢自助，謂韋雖具大臣之才，然必虛心下士，如陳蕃之懸榻而待高人，方見大臣之度。曰「處處」者，囑其到處留意，急需此人以為王室蒼生助也。

舍弟觀歸藍田迎新婦送示二首

大曆二年夏作。藍田,屬陝西西安府。

汝去迎妻子,高秋念卻回。即今螢已亂,好與雁同來。東望西江永,一作「水」,非。南遊北戶開。卜居期靜處,會有故人杯。

首句直言所往之事,意雖不忍離,然不得不去也。次句預言歸來之期,囑其勿忘念也。「即今螢已亂」,謂去時螢未亂也,貼首句。「好與雁同來」,謂雁必及高秋而來也,貼次句。

《詩》:「江之永矣。」「東望西江水」,公望弟之情與江俱永也。水流必東,故曰「東望」。弟往藍田,正在西路也。此是弟未來之望。「南遊北戶開」,公預期弟至,即與南遊,謂「同卜居江陵」也。《吳都賦》:「開北戶以向日。」此言卜居之處當開北戶耳,故下緊接云「卜居期靜處」。從來無有解者。

「卜居」,卜江陵之居也。公詩「卜築應同蔣詡徑,為園須似邵平瓜」,所云「卜居期靜處」也。「比年病酒開涓滴,弟勸兄酬何怨嗟」,所云「會有故人杯」也。弟勸兄酬,故人會飲,俱是預期之詞。將行而即望其歸,待其歸而即思出峽卜居,總欲其「高秋念卻回」,不可遲時刻也。

楚塞雖為路,藍田莫滯留。衣裳判擩同。白露,鞍馬信清秋。滿峽重江水,開帆八月舟。此時同一醉,應在仲宣樓。

首句言去路之難,戒其慎途。次句囑其早歸,勿滯藍田而忘歸念也。

白露正是高秋,雖冒露而行,必至衣裳俱濕,亦擩此衣裳矣,言不可不早來也。鞍馬信宜於清秋,二語謂其宜從陸路而來。

「重江」,謂江非一,如北江、中江、大江皆自峽下荊州。此是公欲擬出峽之時,欲乘八月而開帆也。弟之來則用鞍馬,故擩衣裳之濕。公待其來,趁此滿江之水,急開帆而下荊南,故曰「此時同一醉,應在仲宣樓」。「此時」二字緊頂「八月」,言弟勸兄酬,正同一醉也。若如舊注以滿峽開帆,亦云望弟至,則弟既鞍馬,又復開帆乎?且與結句無相黏之情,故知上首「南遊」二字斷屬公也。

夜二首

白夜月休弦,燈花半委眠。號山無定鹿,落樹有驚蟬。暫憶江東鱠,兼懷雪下船。蠻歌犯星起,一作「空」。重覺在天邊。

「白夜月休弦」,謂弦已過上弦初七八,當是初九十之夜也。燈花半落,

謂夜尚未深，即欲就眠也。

公《中宵》詩：「擇木知幽鳥，潛波想巨魚。」言物之得所，見己不如物。此云「號山無定鹿，落樹有驚蟬」，言物之失所，見物同於己。

惟夜亦不得安眠，故急思出峽。然江東之憶，雪下之懷，公此時已忽忽神馳，不知身在異域矣。忽聽蠻歌驚起，始知尚滯天邊。「犯星起」三字應著公身上說，猶云冒星霜而起立耳，如此方於眠字有情。舊解蠻歌直犯星象，蠻歌則安得犯星乎？

城郭悲笳暮，村墟過翼稀。甲兵年數久，賦斂夜深歸。暗樹依岩落，明河繞塞微。斗斜人更望，月細鵲休飛。

城郭之間，悲笳夜鳴；村墟之際，過鳥稀少。皆夜景也。所云「歸翼飛棲定」，故過者少也。

次聯上句起下句，惟甲兵之擾，年數已多，故賦斂之勤，追呼甚迫，至夜深而猶在門也。

樹依岩而生落，暗則樹岩一色，不復可辨。天河雖明，塞本晦地，繞塞而微，言天河亦不明也。

末二句正與「白夜月休弦」相應，惟初旬之月，其落最早，斗斜而月已細，南飛之鳥鵲亦復難飛。公暗用孟德詩，以寓己「無枝可依」之感。後四句總寫夜深之景。

返照

返照開巫峽，寒空半有無。已低魚復暗，不盡白鹽孤。荻岸如秋水，松門似畫圖。牛羊識僮僕，既夕應傳呼。

日落則巫峽已暗，返照有以開之。「寒空半有無」，形容返照如畫。下六句分承「半有無」三字，兼承「寒空」二字。

「已低」，言返照已低，故不及照魚復浦而遂暗，寫出浦中寒空之色。「不盡」，言返照未盡，故猶及映白鹽山而孤。白鹽最高，返照射於其上，見其當空而孤，凜凜有寒意。合二句，「已低」是半無，「不盡」是半有也。

岸皆秋荻，其聲蕭然。曰「如秋水」，則一望皆寒空也。蔡夢弼曰：「《十道志》：『松門在夔州。』言松門山色如畫圖之丹青也。」愚謂松門不必指地言。松密之處，自成門耳。如畫圖，似真非真，描出「寒空」二字更奇。此二句亦言返照之影。如水如畫，妙於形容，半有半無。

牛羊下來，尚識童僕，是返照尚有光也。及其既夕，惟聞童僕傳呼，是童

僕不見牛羊而傳呼也，時返照已無矣。二句亦寫半有半無之景。曰「應」者，傳呼之聲彼此相應和，空中但聞童僕呼應而已，則「寒空」又可知。

通首俱是巫峽冬日返照。巫峽地荒寒，故下六句寫景如此。汪瑗曰：「返照之詩，此為絕唱。此篇之妙，次句盡之。」

向夕

畋畝孤城外，江村亂水中。深山催短景，喬木易高風。鶴下雲汀近，雞棲草屋同。琴書散明燭，長夜始堪終。

首二句言田舍之所在，下六句皆田舍景物也。孤城之外，亂水之中，夕景更淒。

「深山催短景」，言城外即是深山。「喬木易高風」，言江村更多喬木。曰「催短景」，見日影之易短也，深山實催之使然。曰「易高風」，見風聲之易高也，喬木實迎之使然。二句見氣候之荒涼，向夕意自見。

鶴下雲而與汀近，雞棲屋而滿村皆同，則禽鳥夕宿矣，此明言向夕。

結言既夕之事，「散」字有力。孤城、亂水、深山、喬木，惟與孤燭相對。愁人知夜長，幾於漫漫何時旦矣。幸有琴書以散懷抱，始得與燭光相對，終此長夜也。「散」字內有破除塊礧、消磨岑寂二意，非以琴書為性情者不知。

暝

日下四山陰，山庭嵐氣侵。牛羊歸徑險，鳥雀聚枝深。正枕當星劍，收書動玉琴。半扉開燭影，欲掩見清砧。

「四山」，四面皆山也。日既下而四山皆陰，明言暝色。「嵐氣侵」，日退而始侵也。

牛羊歸徑何以險，惟日暝不見徑，故歸步皆險。鳥雀聚枝何以深，惟日暝不見樹，故相聚漸深。

「正枕」，安枕處也。劍有星文曰星劍。「當」者與之相對，隱借劍光以助暝照也。「書」，束書也。因暝不能觀故，暫收也。方收書而起，偶觸動所掛之玉琴。此句寫暝色尤入妙。

「半扉」，半掩扉也。半扉開而燭影已露，則既暝燃燭矣。「欲掩」，謂掩半開之扉。搗衣之聲清澈於耳，砧聲恒在夜也。不曰聞而曰見，承燭影而言，謂扉猶半開，燭影所照及見清砧也，正反言暝不能見，賴燭影而見耳。十字內藏無限曲折，畫不能盡。

按：次句「山庭」二字實貫通首。首言「四山陰」，山也。嵐，山之嵐氣也。牛羊歸徑，鳥雀聚枝，皆山景也。下四句枕、劍、琴、書皆庭中之物，以及半扉、燭影、清砧皆庭內庭前所有。老杜詩把握每在第二句。

夜雨

小雨夜復密，廻風吹早秋。野涼侵閉戶，江滿帶維舟。通籍恨多病，為郎忝薄遊。天寒出巫峽，醉別仲宣樓。

初猶小雨，至夜加密，廻風所吹，秋氣甚涼。戶雖閉而風猶侵入，雨滿江而諸舟皆維，言雨大不可行也。曰「帶」者，一帶皆維舟也。

戶不能閉，舟又皆維，因思何時能出峽。自念向通仕籍於朝，緣多病伏枕而違。及為郎於幕府，又不樂居而忝薄遊。今天將寒，必思出巫峽矣。然一到荊州，亦不能留連仲宣之樓，當一醉而即別耳。結二句是預言出峽之事。合下首觀之，總是急於趨朝之念。

更題

與上首同時作，故曰《更題》。

只應踏初雪，騎馬發荊州。直怕巫山雨，真傷白帝秋。群公蒼玉珮，天子翠雲裘。同舍晨趨侍，胡為淹此留。

起二句即承前詩尾聯而言，雲天雖寒，只應踏雪而出峽，騎馬而到荊州，此二句亦是預擬之詞。

次聯言目前之事。巫山之雨不止，白帝之秋可傷，直怕從此而雨，至寒而仍雨；真傷從此秋風，至寒而更風；遂不能出巫峽，遂不能別荊州也。

《唐六典》：「珂，三品以上九子，四品七子，五品五子。珮，一品山玄玉，五品以上水蒼玉。」《禮》：「孟冬之月，天子始裘。」公意云若不能即出巫峽，又不能即別荊州，則趨朝更何時耶？因思此時在朝之群公皆珮蒼玉，天子亦始裘矣。「同舍」，即群公也。群公晨入朝而趨侍天子，我獨淹留在此，胡為也哉！

嚴顥亭曰：「公詩每憶長安，意多含蓄。此二首以多病為恨，以薄遊為媿，以不能趨侍、胡為淹留為怪歎。意愈直而情愈曲矣。」

晨雨

小雨晨光內，初來葉上聞。霧交纔灑地，風逆旋隨雲。暫起柴荊色，

輕霑鳥獸群。麝香山一半，亭午未全分。

陶淵明《歸去來辭》：「恨晨光之熹微。」雨之色惟晨光內見之，雨之聲惟木葉之上聞之，其小可知。

次聯亦形容雨之小，必合霧而纔灑地，旋迎風而遠飄雲。與前詩「煙添纔有色，風引更如絲」同意。

三聯曰「暫起」，曰「輕霑」，總見雨之小。

麝香山在夔州。惟雨大能驟落驟止，雨小則半陰半晴。結聯形容雨小，更妙。山色在於有無之間，故曰「一半」。「未全分」，言其為雨所掩，不復能全辨也。正是「一半」意。「亭午」與起句「晨」字相照有情。

江漢

江漢思歸客，乾坤一腐儒。片雲天共遠，永夜月同孤。落日心猶壯，秋風病欲蘇。古來存老馬，不必取長途。

首二句，言久客漂泊，思歸而不能歸，是乾坤一無用之人。然二句語勢相喚，非平對也。《古今詩話》云：「楊大年不喜杜詩，目為村夫子。或曰：試為續『江漢思歸客』句，大年亦為屬對。或曰：『乾坤一腐儒。』大年為之稍屈。」次聯客中思歸之情，應首句。三聯「心猶壯」、「病欲蘇」，言不甘為腐儒也，應次句。趙汸曰：「中四句以情景混合言之，雲天夜月，落葉秋風，物也，景也。與天共遠，與月同明。心視落日而猶壯，病遇秋風而欲蘇者，我也，情也。」

結見腐儒之不當棄也。田子方見老馬於道，曰：「少盡其力，老棄其身，仁者不為也。」

束帛贖之。窮士知歸心焉。齊桓公伐孤竹，迷惑失道。管仲曰：「老馬之智可用也。」乃放老馬而隨之，遂得道。公此結，蓋即管仲之事而翻案用之，正用子方之意耳。謂雖不取其長途之智，亦不當擯棄也。無長途之智，此之謂腐儒。「存老馬」者，存其「心猶壯」、「病欲蘇」而已矣。若心猶壯、病欲蘇而竟棄之，此則用人者之責也。存與取俱指用人者言，思歸而不能歸，特無用公者耳。此詩全責當路無薦賢之人，非徒自歎也。

周西生曰：「落日以喻遲暮之感，宜其河清難俟矣，不知其心猶壯也。秋風以興搖落之懷，宜其憔悴難堪矣，不知其病欲蘇也。十字中自為起伏，頓挫分明。以『烈士暮年，壯心不已』自託，故接以老病長途之句，末句精神全在此二句寫出。」

獨坐二首

竟日雨冥冥，雙崖洗更青。水花寒落片，山鳥暮過庭。煖老須燕玉，充饑憶楚萍。胡笳在樓上，哀怨不堪聽。

通首皆獨坐之況。竟日冥冥之雨，安得不獨坐。「雙崖」，謂瞿唐兩崖。所對者惟兩崖耳，是為獨坐。

閒觀水面之落花，靜看山鳥之飛過。曰「寒」、曰「暮」，俱獨坐自知之況。

趙傁曰：「燕玉，婦人也。《古詩》：『燕趙多佳人，美者顏如玉。』宋人仍襲，多用燕玉，實不知其何出。」顧大韶曰：「燕玉，正用玉田種玉事也。按《搜神記》：『雍伯葬父母於無終山，有人與石一斗，令種之，玉生其田。北平徐氏有女，雍伯求之，要以白璧一雙。伯至玉田，求得五雙。徐氏妻之。』在北平城西北百三十里，有無終城，故燕地也，今為玉田縣。燕玉事出此無疑。」「煖老」，即孟子所云七十非帛不煖意也。《家語》：「楚王渡江，得萍實，大如斗，赤如目。剖而食之，甜如蜜。」愚按：公獨坐雙崖間，必欲得燕玉以煖老，楚萍以充饑，毋乃迂妄不切之甚乎？此三句正言二物之不可得，以知飢寒之必不免也。「煖老」句隱承「寒」字，「充饑」句隱承「暮」字，言我獨坐於此，寒無以煖老，必須燕玉而後煖；暮猶未充饑，還憶楚萍而始充；是必不得之數也。其實玉非煖老之物，萍非充饑之物，公正自傷飢寒流落，故作此難詞耳。猶望梅止渴、畫餅充饑意也。解者認以為真，便疑公一旦有佳人之想，美味之思，何異癡人說夢乎！

燕玉、楚萍，求之往古僅一見，況欲得之寒峽荒崖之間。是我處於此，寒終不能煖老，暮終不能充饑也，何堪復聞胡笳之聲，如在樓上。其哀怨不減我飢寒之悲，謂我聽之而能獨坐否耶？「樓上」，即西閣，公所云「朝朝上水樓」是也。

錢湘靈曰：「人到無可奈何時，偏多妄想，自歎自笑，深情無限，正在個中。」

白狗斜臨北，黃牛更在東。峽雲嘗照夜，江口會兼風。曬藥安垂老，應門試小童。亦知行不逮，苦恨耳多聾。

首二向言夔州形勢，白狗臨其北，黃牛在其東也。峽雲不斷，故映夜有光；江上多風，故日色常暗。合上聯，皆獨坐無聊之景。

公詩：「曬藥能無婦，應門亦有兒。」便非獨坐。今云「曬藥安垂老」，是垂老之人非藥不安，故急須曬也；「應門試小童」，是小童聽其在門，以供應

對，吾方欲試之。曬藥者既從事於藥，應門者復供應於門，豈復有侍立坐隅者乎？公所以獨坐也。從有人中看出無人在側，「獨」字之況奇絕。

結聯乃德不加修，年日益邁之歎。言我亦自知所欲行者百無一逮，豈是安心獨坐之時，無奈耳已先聾，不能有為於世，因此苦恨而獨坐耳。合二首觀之，句句是獨坐。舊注全未解出。

耳聾

生年鶡冠子，歎世鹿皮翁。眼復幾時暗，耳從前月聾。猿鳴秋淚缺，雀噪晚愁空。黃落驚山樹，呼兒問朔風。

袁淑《真隱傳》：「鶡冠子，楚人，隱居深山中，莫測其名。生年，公自言年老，如鶡冠之忘年也。」鹿皮翁，淄川人，衣鹿皮，居岑山上。百餘年，下賣藥於市。公之歎世，如鹿皮賣藥，有意救世也。胡邃叟曰：「鶡冠子，楚隱士。鶡，勇雉也，其鬥無已，一死乃止。故趙武靈為冠以表武士，則鶡冠又有尚武意。鹿皮翁得道，年百餘歲，隱淄川岑山。淄水至，呼宗族上山，一郡人盡沒。此兩用為對，雖以古隱人自比，而云『生年』、云『歎世』，自寓我生之不辰，值用武之時，眼見世人陷沒，老而可厭耳，非僅取對偶之工，只言高隱也。」胡解甚為得情。

「眼復幾時暗」，尚未暗也，是欲其速暗意。「耳從前月聾」，則已聾矣。上句是賓，下句是主。

猿自鳴也，而我之秋淚竟缺。猿鳴宜下淚，因不聞其鳴，故不至於下淚也。雀自噪也，而我之晚愁如故。雀噪宜不愁，因不聞其噪，故遂不免空愁也。二語寫耳聾，大奇。

山樹之黃葉，因朔風而落，我但見其落，不聞山樹朔風之聲，故大以為異，急呼兒而問之。結聯有見無聞，雙承眼未暗、耳已聾意。

按此詩，鶡冠高隱，不免戴善鬥之冠；鹿皮得道，亦復有宗族之戀。自傷生此年，當此世。公有入山惟恐不深，深幸耳無聞，目無見意。後四語如醉如癡，自寫耳聾之狀，正歎世人未免多情，有愁有淚，不如聾瞽之為快也。然呼兒之際，公其能免兒女子之情否？

有歎

公自注：「傳蜀官軍自圍普遂。」

壯心久零落，白首寄人間。天下兵常鬥，江東客未還。窮猿號雨雪，

老馬望關山。武德開元際，蒼生豈重攀。

首聯衰老之歎，次聯亂離之歎，三聯「窮猿」句承「客未還」，「老馬」句乘「兵常鬥」，託物以興歎，追高祖之武德，憶明皇之開元，今日蒼生安能再攀其盛，亂極思治之歎。八句總是有歎。

草閣

草閣臨無地，柴扉永不關。魚龍廻夜水，星月動秋山。久露晴一作「清」。初濕，高雲薄未還。汎舟慚小婦，飄泊損紅顏。

《頭佗寺碑》：「飛閣透迤，下臨無地。」草閣臨水，故曰「無地」。地幽，故柴扉可以不關。

《水經注》：「魚龍以秋日為夜。」「廻夜水」，言水亦安靜，不震動也。「動秋山」，形容星月之光閃爍不定，秋山若為之動耳。

夜晴則露多雲薄。合上聯總描寫秋夜之景。惟草閣臨水，又柴扉不關，故一一見之。

邵二泉曰：「蜀中多是婦人刺船。公因泛舟，偶見小婦，言其飄泊舟中，徒損朱顏，寓己衰老之歎。或曰與『晝引老妻同小艇』及『飄飄愧老妻』同意。」范濂曰：「疑是偶然之感，未知所謂。」

奉送卿二翁統節度鎮軍還江陵

卿二翁，姓崔，公之舅氏。嘗權夔州。今自夔州而還江陵也。大曆二年作。

火旗還錦纜，白馬出江城。嘹唳吟笳發，蕭條別浦清。寒空巫峽曙，落日渭陽情。一作「明」。留滯嗟衰疾，何時見息兵。

「火旗」，朱旗也。諸侯所建。吳甘寧以錦維舟。首二句言統軍還江陵，將士之乘船而出峽者，旌旗蔽空而下，卿二翁則自騎白馬而出夔城也。此公侯送時，見其軍容之盛有如此。

「嘹唳吟笳」，軍中之笳聲。「蕭條別浦」，公送行江浦，相別之況也。

三聯亦寫別況。崔翁既去，公獨居巫峽。寒空之景既見於方曙，渭陽之情尤悽於落日，所云「我送舅氏，曰至渭陽」是也。

末聯歎衰病淹留，不知何時兵息。上文火旗、白馬、錦纜、吟笳，雖極喧鬧，然種種皆兵象也。「何時見息兵」，感慨深至，已於發端見之，此豈隨人憂樂語？

孟氏

　　孟氏好兄弟，養親惟小園。承顏胝手足，坐客強盤飧。負米寒^{俗本}作「力」。葵外，讀書秋樹根。卜鄰慚近舍，訓子學先門。

　　「孟氏好兄弟」，即孟十二倉曹及孟十四主簿也。公有《九月一日過孟倉曹主簿》詩，亦云「來因孝友偏」，與此詩「養親」、「承顏」正合。汪瑗曰：「下七句皆言所以好處。」

　　按：此詩「養親惟小園」一句是主，下皆言養親小園之事。「承顏」句實言養親。「胝手足」者，竭其手足之力也。

　　「坐客強盤飧」，必親所欲留之客，即「曾子必請所與」之意。曰「強盤飧」，言其不能具盤飧而勉強以為之，所以娛親心，正「承顏」之一端也。

　　子路負米，借用其事。米非園中所有，故須負。曰「寒葵外」，言其不憚從荒畦草逕中負之而歸以養親也。此句竟可作畫。若俗云「力葵」，覺費解，且於「外」字難下。讀書固親心所喜，惟在秋樹之根，則朝夕承顏，不離乎小園也。

　　結用孟母教子擇鄰事。曰「慚近舍」，言孟母必擇鄰而居，近其舍者皆不免有慚，恐其復遷也。「先門」，即孟母也。「訓子學先門」，歸美孟氏之父母，以為好兄弟作結，言非此母不生此兒也。

孟倉曹步趾領酒醬二物滿器見遺老夫

　　《通典》：「兩漢有倉曹吏，主倉庫。唐京兆、河南、太原三府置倉曹參軍各二人，餘各一人。」

　　楚岸通秋屐，胡床面夕畦。藉糟分汁滓，甕醬落提攜。飯糲添香味，朋來有醉泥。理生那免俗，方法報山妻。

　　「秋」、「夕」，紀其時。此言孟倉曹步趾而來，親領酒醬二物以遺公也。來則緣楚岸而行，到則對胡床而坐，步履可通，向夕未歸，正見孟氏與公朝夕過從之樂。

　　劉伶《酒德頌》：「枕麴藉糟。」《周禮》「醴齊」注：「醴，猶體也，謂成而汁滓相將，即今之甜酒也。」貯醬於甕，復提攜而來。曰「分」，曰「落」，所云滿器見遺也。

　　「飯糲」句貼「醬」，「朋來」句貼「酒」。飯糲難於下匙，得醬而香味頓添。朋來苦於無酒，得酒而共醉如泥。孟氏固貧家，合中二句可見有無相共之義。

　　理生之法，未有可獨創者。一家如此，家家亦如此。所云俗也。酒醬日用

之物，理生者所不免，入其俗則用其法，人情大抵然也。「方法報山妻」，公與妻子亦從俗而已。

九月一日過孟十二倉曹十四主簿

藜仗侵寒露，蓬門起曙煙。力稀經樹歇，老困撥書眠。秋覺追隨盡，來因孝友偏。清談見滋味，爾輩可忘年。

前詩是孟過公，此詩是公過孟。首二句言過孟之早也。杖藜而出，寒露未稀。及到蓬門，曙煙方起。曰「蓬門」者，不諱孟氏之貧也。

「力稀」句承首句，「老困」句承次句。公杖藜而行，力不能久步，故經樹暫歇；入門之後，老人困倦，遂撥書而眠。足見忘形之至。

「追隨盡」，言公所與往來之人絕少，惟孟氏兄弟孝而兼友，故不覺其偏愛耳。追隨欲盡，已覺神傷。著一「秋」字，涼風蕭瑟，踽踽獨行，宛然如見。

「清談見滋味」，正言其家貧。「爾輩可忘年」，照上「力稀」。「老困」，公自言我已衰老，當與爾輩為忘年之交，不覺扶杖追隨也。

送孟十二倉曹赴東京選

《唐志》：「太宗時以歲旱穀貴，東人選者集於洛州，謂之東選。」洛即東京也，自是為例，故至大曆年間猶然。

君行別老親，此去苦家貧。藻鏡留連客，江山憔悴人。秋風楚竹冷，夜雪鞏梅春。朝夕高堂念，應宜綵服新。

首二句言忍別老親而行，乃為家貧求祿養故也。下句正見上句之行出於不得已，愈見孟氏之孝。

「藻鏡」，謂詮衡也。《唐史》：「許子儒居選部，不以藻鏡為意。」「留連」者，言其選必遲也。羈滯江山，則倉曹之憔悴可知。

夔屬楚，鞏縣在洛陽，言去時楚竹初冷，至今鞏梅報春，正言其留連憔悴也。

末聯囑其早膺章服而歸，以慰高堂之念，與首聯相應。

憑孟倉曹將書覓土婁舊莊

土婁，河南地名。公有舊莊在彼。孟倉曹因赴東選，公託以訪問舊莊消息也。

平居喪亂後，不到洛陽岑。為歷雲山問，無辭荊棘深。北風黃葉下，

南浦白頭吟。十載江湖客，茫茫遲莫心。

公言因亂久不到洛陽，故舊莊在洛陽之岑，今不知無恙否，須為我歷雲山而問之，無辭荊棘之深而不往也。公墳墓俱在洛陽，北風黃葉，可勝悲思。故送君南浦，不覺白頭之歎。《楚辭》：「予交手兮東行，送美人兮南浦。」

按：公以乾元戊戌冬往洛陽，明年春晚歸華州，至大曆二年丁未為十年。十載作客，茫茫遲莫，宜其為白頭吟也。然曰「遲莫心」，則此心猶戀戀不忘洛陽，所云身江湖而心故園也。

搖落

搖落巫山暮，寒江東北流。煙塵多戰鼓，風浪少行舟。鵝費義之墨，貂餘季子裘。長懷報明主，臥病復高秋。

「搖落」，言秋山之景，草木自黃落，而寒江之流如故。「煙塵戰鼓」，時事之傷。「風浪少舟」，寒江之色。

按公《壯遊》詩云：「七齡書大字，有作成一囊。」則公原善書者也。以義之自比，非漫引故實。

「長懷報明主」，道出一生心事，乃時時欲報，卻年復一年而不能報。撫暮山之搖落，歎寒江之空流，滿目煙塵，風波險阻，從事筆墨之細務，竟同季子之羞囊，然則何日是報主之日也。忽忽臥病，又復高秋，可勝三歎。

九日二首

舊日重陽日，傳杯不放杯。即今蓬鬢改，但愧菊花開。北闕心長戀，西江首獨回。茱萸賜朝士，難得一枝來。

首二句追言昔日之酣飲，今則蓬鬢改而菊花羞見矣。「北闕」、「西江」紀地，以見相去之遠。「長戀」、「獨回」紀情，以見相思之切，為結聯張本。《唐志》：「九日賜宴，及茱萸。」申明上聯。總悲今不如昔也。

舊與蘇司業，兼隨鄭廣文。採花香泛泛，坐客醉紛紛。野樹歌還倚，秋砧醒卻聞。歡娛兩冥寞，西北有孤雲。

蘇司業源明，鄭廣文虔，公之最契交。二人亦好飲喜遊。採花共醉，或倚野樹而歌，或聽秋砧而醒。今則蘇、鄭俱亡，昔日之歡娛都成冥寞。淵明《停雲》之詠，所以懷良友也。

前詩首聯追往日之歡娛，後六句皆歎今日之寂寞。後詩尾聯歎今日之寂寞，前六句皆追往日之歡娛。此章法也。

大曆二年九月三十日

為客無時了，悲秋向夕終。瘴餘虁子國，霜薄楚王宮。草敵虛嵐翠，花禁冷蕊紅。年年小搖落，不與故園同。

首句言為客未知所終，惟向夕則就枕，此則客悲之暫終也。夕為日之終，故云。

當秋而瘴餘霜薄，見氣候之暖，故草能敵虛嵐之翠，花能禁冷蕊之紅，言雖冷，蕊亦放紅也。「小搖落」，謂不甚搖落也。氣候與故園不同，正結「為客無時了」句。

秋清

高秋蘇肺氣，白髮自能梳。藥餌憎加減，門庭悶掃除。杖藜還拜客，愛竹遣兒書。十月江平穩，輕舟進所如。

秋爽病癒，故白髮能自梳。藥餌暫除，不復有加減之累。門庭久悶，今亦可以掃除，可以杖藜而拜客，可以作詩而遣書。至十月而江平穩，並可以望出峽也。下七句皆言病癒之事。

懷灞上游

灞水在長安，志所謂「京城左臨灞岸」是也。

悵望東陵道，平生灞上游。春濃停野騎，夜宿敞雲樓。離別人誰在，經過老自休。眼前今古意，江漢一歸舟。

「東陵道」，即長安城東門也。因為秦東陵侯種瓜處，故曰東陵道。「悵望」，今日在虁之悵望也。「平生」，言昔日之遊也。

春日濃麗，則停騎於野而觀。夜遊不歸，則開敞雲樓而宿。皆灞上之勝景，昔日之遊所不能已於懷者。舉春則四時可知，舉夜則日可知。所云「平生」也。此聯貼「平生灞上游」。

同遊灞上之人，今皆離別，不知誰尚在。昔日經過此地，今我亦老自休，不能復遊矣。所云「悵望」也。此聯貼「悵望東陵道」。

李望石曰：「曰『老自休』，則非老不休矣。既歎行役之疲，複寫倦遊之況，他人於此不知費許多筆墨。」

結聯總承上文，感慨特深。言眼前俯仰，便成古今。昔之勝遊如此，今之悵望如此，我意只思「江漢一歸舟」耳。身羈江漢，何日是歸灞上之期，所云「孤舟一繫故園心」也。邵二泉曰：「試看眼前今古之事，無任傷懷。但顧江

漢之間，買一歸舟以返故鄉焉耳。『一』字更醒。」

歸夢

　　道路時通塞，江山日寂寥。偷生惟一老，伐叛已三朝。雨急青楓暮，雲深黑水遙。夢歸歸未得，不用楚辭招。

　　時當用兵，道路或通或塞，故江山氣象日見蕭索。

　　四郊多壘，此卿大夫之辱也。叛逆猖狂，屢勞戰伐。已至三朝，乃不能僇力行間。借箸朝堂，而棲遲巴蜀，袖手旁觀，與偷生何異乎？上句之意即在下句，大約杜五言律每以兩句自相呼應，包裹含蓄，見情見法。

　　《禹貢》：「華陽黑水惟梁州。」《水經注》：「黑水出張掖雞山，南流至敦煌，過互危山，南流入於南海。」《寰宇記》：「嶲州越嶲縣有黑水。」杜詩云「雲深黑水遙」是也。對楓林，望黑水，俱是不能出峽之歎。

　　「夢歸」，歸長安也。楚辭《招魂》云：「魂兮歸來。」公自言夢歸亦不得，故「不用楚辭招」，謂招亦無益也。

地隅

　　江漢山重阻，風雲地一隅。年年非故物，處處是窮途。喪亂秦公子，悲涼楚大夫。平生心已折，行路日荒蕪。

　　時公欲出峽至江陵，故以「江漢山重阻」為歎，謂望江漢之水而阻於蜀山也。「風雲地一隅」，言僻處蜀之一隅而風雲接地，所云「塞上風雲接地陰」也。次聯見移徙不常，身無定在，景物雖換，途窮則一耳。

　　謝靈運《擬魏公子鄴中詩序》：「王粲家本秦川貴公子孫。」粲依劉表於荊州。屈原又楚大夫。引二子自況，正「江漢思歸客」意。「行路日荒蕪」，自悲不知何所止也。

杜詩注解卷之十終

辟疆園杜詩注解五言律卷之十一

高密張熙嶽枚臣甫評

琅琊丘元武慎清甫

梁谿顧　宸修遠甫著

瀼西寒望

　　大曆元年冬在西閣作。明年春，遷居赤甲。三月，遷瀼西。《方輿勝覽》：「大瀼水在奉節縣。」《入蜀記》：「土人謂山間之流通江者曰瀼。居人分其左右，謂之瀼東瀼西。」

　　水色含群動，朝光切太虛。年侵頻悵望，興遠一蕭疏。猿掛時相學，鷗行炯自如。瞿唐春欲至，定卜瀼西居。

　　此公在西閣望瀼西也。水色之中，群動具含。朝之寒光，上連太虛。二語中包蓄無限。

　　陸機詩：「前路既已多，後塗隨年侵。」謂年漸入於衰老也。年既頻侵，轉覺住老身之難。東望西悵，老態固然。然興所遠寄，已與熱鬧場不相入，惟一蕭疏而已。

　　又望見掛樹之猿，若狃戲而互相學習。鷗行水際，炯然自如。《鶴林玉露》云：「『鷗行炯自如』，形容甚妙。如召南大夫節儉正直，而退食委蛇；彼都人士，行歸于周，而從容有常；皆『炯自如』者也。」

　　待至明春，定卜瀼西之居。當此寒望，已躍躍欲往。蕭疏之意盡在一望中矣。

入宅三首

　　大曆二年春移居赤甲作。

　　奔峭背赤甲，斷崖當白鹽。客居愧遷次，春酒一作「色」。漸多添。花

亞欲移竹，鳥窺新捲簾。衰年不敢恨，勝概欲相兼。

《水經注》：「山高不生樹木，其土悉赤，土人云如人袒胛，故謂之赤甲。」《寰宇記》：「赤甲城是魚復縣舊基，故下首云『水生魚復浦』。」《淮南子》：「岸峭者必陀。」注：「陀，落也。」然則峭可落也。邵二泉曰：「山峰高峻，如奔湧然。」《水經注》：「廣溪峽乃巫峽之首，其間三十里，頹岩倚木。山上有神淵，淵北有白岩崖，高可千餘丈，土人名為白鹽山。」

首以二山形式明宅之向背。地形之勝，已可概見。「次」，即次也。遷徙不常，自愧老而不能歸故鄉，徒添春酒以供新居之應酬而已。黃漢臣曰：「看下『花亞』二句，似應作『春色』字，蓋二句正所謂春色漸添耳。」

《詩談二編》云：「『花亞欲移竹』，如孟東野『南浦桃花亞水紅』、包佶『多年亞石松』、方干『應候先開亞水枝』，亞義如壓，言低枝也。花枝低在竹下，故欲移竹以出之。新捲之簾，鳥已來窺，皆春色也，亦見新居位置未定意。」

「勝概」總上六句言。衰年屢遷，亦屬恨事。茲不敢恨者，遷居雖頻而勝概得兼而有之，故雖勞不恨也。前不離西閣為耽勝事，此遷居赤甲，又欲兼勝概，無非自寬自慰之詞，流落不偶之意已寓。

亂後居難定，春歸客未還。水生魚復浦，雲暖麝香山。半頂梳頭白，過眉柱杖班。相看多使者，一一問函關。

亂後之居，總不可定，故隨寓而安。公移居正當春歸，謂春欲歸而客不能還，傷己不能歸長安故居也。

地志：夔治魚復，灩澦風濤震射，巨魚卻步不得上，故名魚復浦。《寰宇記》云：「麝香山，在秭歸縣東南一百十里，其山多麝。」今於夔州云者，武德二年前，秭歸屬夔也。《唐志》云：「武德二年，析秭歸縣，置歸州。」故後篇言「宋玉歸州宅」，歸即夔也。「水生」、「雲暖」，謂其地可居。

「半頂」，見髮之少。「過眉」，見杖之長。白頭柱杖，總見臨老遷居之苦。

王洙曰：「時吐蕃亂，關中之信不通。喜遷居此地，常見使者經過，得一一問長安消息也。」愚按：此結正打轉前意。「問函關」者，欲望亂定而還歸耳。「一一」字正應「多」字，言使者往來甚多，未嘗遇一人而不問也。正見懸切之極。

宋玉歸州宅，雲通白帝城。吾人淹老病，旅食豈才名。峽口風常急，江流氣不平。只應與兒子，飄轉任浮生。

宋玉宅邊之雲直通白帝，公與異世而相感，不能無悲，以見昔賢之宅亦非一處，其當日遷徙亦必爾也。

次聯承上聯說。「才名」，指宋玉言。吾今日淹於老病，遷徙無常，備極旅食之苦。當日宋玉輩豈無才名，而亦不免到處卜宅，則旅食豈論才名哉？

「風常急」，「氣不平」，謂灘瀨峻而風浪惡也。今卜居峽口，正對江流，豈是久安長住之地，只應與兒子任其飄轉以盡浮生而已。甫遷赤甲，復有卜瀼西之意，故《寒望》詩云「定卜瀼西居」。

按：三首奔峭斷崖之間，卜宅甚險。「移竹」、「捲簾」，方欲覓其勝概。而次首即云「居難定」，便有他徙之志矣。雖水生雲暖，聊以棲身，然白頭老人——詢問長安消息，豈是卜居終老於此者乎？不得已借宋玉以自慰，云古之人亦如如此到處旅食，豈茲歸州之地，宋玉可居，而我不可居？然峽口風急，江流氣湧，老人何堪當此，只得率妻子以他徙。雖如飄蓬之逐，吾亦任之矣。入宅時，展轉難定之況。既已移居，只得言其勝概可居。及欲定居，又目擊其風浪不可居。三首中衷腸婉轉，不堪對人言，惟與兒子相共而已。

卜居

大曆二年作。公是年三月，自赤甲遷居瀼西。

歸羨遼東鶴，吟同楚執珪。未成遊碧海，著處覓丹梯。雲嶂寬江北，春耕破瀼西。桃紅客若至，定似昔人迷。

遼東鶴千年猶歸，注別見《史記》。莊舃，故越之細鄙人也。為楚執珪，病而猶越聲。本無吟字。而王粲《登樓賦》云：「莊舃顯而越吟」，故公用之。兩者皆不忘故鄉也。

《十洲記》：「扶桑在碧海之中，地去西南萬里。」「丹梯」，仙徑也。今既未能遊碧海，亦須到處覓登仙之梯，無聊託言，總欲覓可居之地耳。

夔江之北，其山稍遠，故其地寬而可耕。瀼西有餘地，公欲於此治田也。

結聯用桃源事，極言瀼西之幽勝，其徑路亦欲使人迷也。

暮春題瀼西新賃草屋五首

大曆二年在瀼西作。是年三月，公自赤甲遷瀼西。

久嗟三峽客，再與暮春期。百舌欲無語，繁花能幾時。谷虛雲氣薄，波亂日華遲。戰伐何由定，哀傷不在茲。

公大曆元年春，自雲安移居夔州，今春又自赤甲遷瀼西，總不能去夔離三

峽，故云「再與暮春期」也。

「百舌」，即反舌也。芒種後十日，反舌無聲。「欲無語」，則暮春時矣。春既暮，繁花自不能留矣。

雲棲谷中，谷大則能受。雲氣四布而不見，故覺其薄。波流浩渺，日華注射，為波光所亂，故覺日去之遲。王維「柳條春水漫，花塢夕陽遲」，乃詠得意之景。公所詠則傷雲薄，歎日遲，有恨不即暮之意。與上聯「欲無語」、「能幾時」總期春之早去也。觀首句「久嗟」二字便見。

「戰伐何由定」，公《西閣》諸詠皆然。二年春，崔旰雖已罷兵，然諸亂未息，戰伐正未能定，公欲歸長安而不能，故曰「哀傷不在茲」。「哀傷」二字正打轉「久嗟」。茲，即指中二聯言。暮春雖可嗟，然我之哀傷則不在暮春也。舊注云：「瀼西景物雖佳，然兵戈未定，哀傷豈不在茲乎？」意味殊淺。

此郊千樹橘，不見比封君。養拙干戈際，全生麋鹿群。畏人江北草，旅食瀼西雲。萬里巴渝曲，三年實飽聞。

《水經注》：「沅水東歷龍陽縣之氾洲，洲長二十里。吳丹陽太守李衡植橘於其上。臨死，勑其子曰：『吾洲裏有木奴千頭，不責衣食，歲絹千疋。』」司馬遷曰：「江陵千樹橘，可當封君。」言與千戶侯等也。公言此郊土產，無此繁盛，不能見比於封君，亦見喪亂之餘，樹木凋傷如此。

「干戈際」，指蜀亂言。「麋鹿群」，入山惟恐不深也。聊以養拙，聊以全生。遭逢亂世，無望土產之日殖矣。

「江北」，指瀼江之北。前詩「雲嶂寬江北」是也。欲養拙於干戈之際，故畏人不出，惟依棲江北之草；欲全生於麋鹿之群，故旅食無常，又耕破瀼西之雲。此聯隱承上聯。

《晉·樂志》：「漢高祖自蜀漢得定三秦、閬中，范因率賨人從帝為前鋒，遂封因為閬中侯，復賨人七姓。其俗喜舞，高祖樂其猛銳，使樂人習之。閬中有渝水，因其所居，故名巴渝舞。」公以永泰元年五月下忠、渝，至夔。大曆三年正月出峽。今二年之暮春，正是三年。言自蜀中間關往來，飽聽巴渝之曲，已三年矣。正歎流落之久，不知何時能出峽也。

綵雲陰復白，錦樹曉來青。身世雙蓬鬢，乾坤一草亭。哀歌時自短，醉舞為誰醒。細雨荷鋤立，江猿吟翠屏。

綵雲變態不常，陰而復白。「錦樹」，即楓木也。曉起覺其更青，是雨中之景。觀下「細雨」句便見。

身世之事，一無所成，惟餘雙蓬鬢在耳。乾坤之大，一無所有，惟存一草亭在耳。此言老況、貧況，是以哀歌而不能長，醉舞而不能醒也。當此細雨，亦復荷鋤而立，但聞猿鳴於三峽之間，得無興悲旅食也哉？

壯年學書劍，他日委泥沙。事主非無祿，浮生即有涯。高齋依藥餌，絕域改春華。喪亂丹心破，王臣未一家。

古人欲用於世，必先學書學劍，如項籍少年學書不成去學劍是也。公壯年亦復為此，宜其有稷、契之志，豈徒詩人而已哉？乃壯之所學，而他日竟委於泥沙，非無用世之志也，世不能用我也。

「事主非無祿」，言雖用而甚小。「浮生即有涯」，言小用而即與時乖，若有以限我也。此聯承「他日委泥沙」。

「高齋」，瀼西之高齋也。「依藥餌」，言已不堪世用，雖主有祿，亦不能事。居絕域而任春華之改，則浮生有涯，信矣。此聯隱承次聯。

結二語，公一生忠君愛國之志形於歌詠，不得草草看過。「率土之濱，莫非王臣。」然今日之喪亂，實皆王之臣也。因喪亂而不覺丹心為之破者，惟公一人，此外多亂臣賊子也。曰「王臣未一家」，此語顯誅諸鎮之心，實隱己無討亂之權，俾諸逆得橫行至今耳。正照上徒祿而不能事主，虛我壯年學劍之心，恨不能一劍斬諸逆也。

欲陳濟世策，已老尚書郎。未息豺虎鬥，空慚鴛鷺行。時危人事急，風逆羽毛傷。落日悲江漢，中宵淚滿床。

公未嘗無濟世之策，徒為幕下郎官，何濟於君，何關於世，況已辭幕府而老矣。故目擊豺虎之鬥，空慚鴛鷺之行，言豺虎自鬥，而鴛鷺行中無有出而定亂者。公雖已老，而不覺為之慚也。

「時危人事急」，承上戰鬥不息。「風逆羽毛傷」，承上鴛鷺空慚。蓋時危而人事日急，當日無定亂之人；風逆而羽毛受傷，在朝皆忌我之輩。公所以對此落日，不覺起江漢之思，隱以江漢朝宗望諸臣，故中宵涕淚為之滿床也。丹心之破，宜哉！

此詩五章。首言暮春之情，二言瀼西之景，三言草亭之孤，四、五則一生學術抱負全見。蓋公居瀼西時，崔旴之亂已息，乃概歎諸鎮之作逆，王臣未能一家，則乾坤何時正耶？傷老病，追壯年，悲感無限。

秋野五首

大曆二年賃居瀼西作。

秋野日疏蕪，寒江動碧虛。繫舟蠻井絡，卜宅楚村墟。棗熟從人打，葵荒欲自鋤。盤湌老夫食，分減及溪魚。

首二句見秋野之意。「疏蕪」，猶荒蕪也。寒江之色，能動碧虛，水天一色，光影相動盪也。

公雖暫賃居，時時欲出峽，故無地不繫舟。《蜀都賦》：「岷山之精，上為井絡。」注：「岷山之地，上為東井維絡也。」夔為楚附庸國，故曰「蠻」。次聯，遠客之歎。

「棗熟從人打」，地之所饒，不私之己也。「葵」，菜也。「葵荒欲自鋤」，惟恐葵之荒，故不惜自為鋤種，以供盤湌也。葵、棗皆宅邊所有，觀公《呈吳郎》「堂前撲棗任西鄰」之詩可證。

卜宅近江，故不獨種棗種菜，亦復養魚。老夫盤湌所餘幾何，至分減粒食殘剩以飼魚，興致悠然可想。

易識浮生理，難教一物違。水深魚極樂，林茂鳥知歸。吾老甘貧病，榮華有是非。秋風吹几杖，不厭北山薇。

此公悟道語也。浮生之理，不識者往往耽而不悟，故不能一切淡泊。公到此時，已覺浮生有涯，此理亦甚易識。既易識，則與物相忘，難教一物之自違其性矣。下二句正不違物性也。

《淮南子》：「水清則魚聚，木茂而鳥樂。」公用其意，想到「水深魚極樂，林茂鳥知歸」。魚鳥自知安身立命之地，敢以吾之浮生，使教一物違其本性乎？二語注明上意，又起下二句。

「吾老甘貧病」，則可與物相安矣。榮華之場，有是必有非。若一萌榮華之念，便不能自甘貧病。吾老人之身，鋤葵祠魚，分甘如此，敢復作榮華之想乎？所以秋風吹我几杖，吾仍守北山之薇，以了浮生而已。「北山雲」者，即「雲障寬江北」也。

禮樂攻吾短，山林引興長。掉頭紗帽側，曝背竹書光。風落收松子，天寒割蜜房。稀疏小紅翠，駐屐近微香。

「禮樂攻吾短」，恐為禮法之士繩其短也。驟讀首句，以為老杜腐語耳。或傲慢不恭，猶云「禮豈為我輩設」，如晉人之縱肆大言而已。細觀通首，乃知此句捨一篇之旨。公豈自廢於名教哉？乃猶自以為短，則其檢身之嚴可知，正與前二首自甘貧病之分同意。

惟自安貧病，不復戀榮華之是非，則禮樂之事吾漸短，山林之興吾漸長

矣。「攻」，治也。禮樂正以治吾之短。吾雖欲日習禮樂，而山林之興已引我矣。於彼短則於此長。若既甘貧病，又戀榮華，是欲長短相兼也。公意正謂禮樂不可斯須去身，無奈吾年已老，不及之處已多，聊寓志於山林而已。

「掉頭」六句，皆山林之興也。《莊子‧在宥》篇：「爵躍掉頭。」「紗帽側」，不暇正冠也。「竹書」，竹簡之書。言曝背之時，手攜竹書，日光映於簡冊也。「側」字從「掉」字來。惟掉，故側。「光」字從「曝」字來。惟曝，故日光相映也。

秋至則風落。恐松子隨風而落，故急收之。「天寒」，秋日寒也。《蜀都賦》：「蜜房鬱毓被其阜。」「收松」、「割蜜」，皆山林樂事。

「紅翠」，秋花也。隨遊所到，便與徵香近，興安得不長？

下六句皆非禮法之宜。苟得其道，則掉頭曝背與曲肱而枕者一也，側帽讀書與被衣鼓琴者一也，收松割蜜與飯糗茹草者一也，踏紅拾翠與浴沂風雩者一也，又何嘗非禮樂之樂之地也哉？公猶自以為短，與晉人之恣肆者異矣，故首一句實與下七句相印證，於此中識得禮樂之短，乃知公不能斯須去禮樂也。

王翰孺曰：「須知此種學問正從『易識浮生理』四句而悟出。水深魚樂，林茂鳥歸，喫衣著飯，坐脫立亡，如是而已。晉則淵明，宋則茂叔，唐則子美，未許楊子雲輩夢見。」

遠岸秋沙白，連山晚照紅。潛鱗輸駭浪，歸翼會高風。砧響家家發，樵聲個個同。飛霜任青女，賜被隔南宮。

此章言秋野之晚色。遠岸皆白沙，連山見落照，將晚之景也。

「輸」，猶輸寫也。魚以水深為樂，峽水方深，故潛鱗輸寫於駭浪之間。「會高風」，適與高風相值。歸林之翼得高風而飛更急也。潛鱗晚躍，飛鳥暮歸，正是晚景。

砧聲至晚而家家盡發，樵歌至晚而個個皆同。秋正樵時，日將晚而樵益急，故一唱百和，其聲同也。

《淮南子》：「秋三月，青女乃出，以降霜雪。」高誘注曰：「青女，天神，青腰玉女。主霜雪也。」《後漢‧樂崧傳》：「崧嘗直南宮，家貧無被，帝聞而嘉之，詔大官賜尚書郎以下食，並給帷被。」此公自歎客中晚宿之寒，雖為郎官而不在位，不得邀賜被之榮，故曰「隔」也。

身許麒麟畫，年衰鶖鷺群。大江秋易盛，空峽夜多聞。逕隱千重石，帆留一片雲。兒童解蠻語，不必作參軍。

漢宣帝畫功臣於麒麟閣。公自言少以功名自期許，至老而始列鵷鷺之班，已非許身之初志矣。

況鵷行久隔，身老夔江，秋氣因江大而尤盛，言老年之人不堪當此秋氣也。空峽之中，風聲濤聲，或猿鳴木落之聲，至夜而聲雜，多聞使老人夜不成寐，殊為可歎。

「逕隱千重石」承「空峽」，「帆留一片雲」承「大江」，言峽逕所藏，惟千重石耳，此之謂空峽；帆影所留，望之如一片雲，此之謂大江。

《世說》：「郝隆為南蠻參軍，上巳日作詩曰：『娵隅躍清池。』桓溫問何物，答曰：『名魚為娵隅。』溫曰：『何為作蠻語？』隆曰：『千里投公，始得一蠻府，那得不作蠻語也？』」公言客蜀之久，兒童盡解作蠻語，不必身為參軍也。語何其悲！

五章俱詠秋野。首言「蠻井絡」，末言「蠻語」，隱相照應，總見卜居之僻。既卜蠻居，又當秋野，正是荒涼之極。是以盤飧從儉，一葵之外，非吾分也。既能節儉，便可了此浮生，任魚躍而鳥飛，遂其物性。吾甘貧病，不問世之榮華。北山之薇，仍自鋤而已。所以引興山林，掉頭曝背，收松割蜜，以此中為駐展，豈復問禮樂哉？乃對此秋色，又值日暮，不覺聽砧聲，聞樵歌，忽起南宮之歎。嗟乎！青女飛霜，南宮杳隔，吾短於禮樂久矣，豈復作郎官之想耶？然壯志所期，麒麟閣中未必無我，乃老與時乖，鵷鷺群內已不容有我，至此而立朝之望絕矣。秋氣既盛，空峽多聲，一片蒼茫秋野，惟與兒童共為蠻語於其中。嗚呼！真可悲矣。反覆感歎，五首只如一首。

課小豎鉏斫舍北果林枝蔓荒穢淨訖移床三首一云秋日閒居三首

大曆二年在瀼西作。

病枕依茅棟，荒鉏淨果林。背堂資僻遠，在野興清深。山雉防求敵，江猿應獨吟。泄雲高不去，隱几亦無心。

「茅棟」，即舍北之茅棟。公欲扶病移床於此，故先令小豎鋤荒淨林。因此地背堂幽僻，病夫可資以靜攝。且地多果木，蕭然有在野之趣，清而且深，故欲相依也。

舊解云：「雉性強，善鬥，故防其求敵。園中枝蔓既淨，猿來應少，故至於獨吟。」俱稚說也。此二句與下首「薄俗防人面」二句同義。公借山雉、江猿自喻，非舍北果有山雉、江猿也。雉善藏其身，可幸與人無患，與世無爭。

孔子之詠山梁，即此意也。公依果林而居，如雉之深匿而不爭者然，故曰「防求敵」。江猿獨吟，公自喻無人之境，獨自吟詠，如孤猿之長嘯也。

畢致中曰：「借物情說己情，意味自長。然兩義可兼。摹寫物情之堪適，則於無雉猿時作有雉猿觀，亦復不礙。」

「泄」，舒散也。雲舒散於空際，潔而能高。偏於此地留連，若不忍捨之而去。雲亦如此，吾可隱几而臥矣。《莊子》：「東郭子綦隱几，嗒然似喪其耦。」注言心形兩忘也。公意正如此。

眾壑生寒早，長林卷霧齊。青蟲懸就日，朱果落封泥。薄俗防人面，全身學馬蹄。吟詩坐回首，隨意葛巾低。

舍北地僻，山谷高峻，故聲寒獨早，果林茂盛，一片霧邑，卷則齊卷，此曉晴之景，二語總形容其深且僻也。小豎鉏斫，必去其繁枝，淨其荒穢。故青蟲懸於枝下，映日可見。惟霧卷，故日出借青蟲以形容日色，與上句隱相承接。「封泥」，就未除穢而言。此地久無人鉏斫，泥膠若封。荒蔓既除，故朱果落而人得見也。

《左傳》：「子產曰：『人心不同，如其面焉。』」《莊子》：「馬，蹄可以踐霜雪，毛可以御風寒。齕草飲水，翹足而陸，此馬之真性也。及受制於人，則死者過半矣。」此二語乃公深知人心之險處處不同，故與俗相處，不覺厭而薄之，見其面即欲防也。全身之法，庶幾學馬蹄乎？馬蹄不畏霜雪，故寧僻處深山窮谷之中，甘與寒霧相依而已矣，安能受制於人耶？公素具冰霜之骨，非此無以自全其身。此句中具見公一生大學力，「學」字不得草草看過。

惟深僻自處，人不必防而身可全，故吟詩而坐，回首亦適，初無煩左顧右盼之勞；隨而安，葛巾可低，更不必衣冠周旋之苦。去其所以防人者，隨意皆全身之具也。

籬弱門何向，沙虛岸只摧。日斜魚更食，客散鳥還來。寒水光難定，秋山響易哀。天涯稍醺黑，倚杖更徘徊。

「籬弱」，言籬不自植之象。觸處損壞，故門無定向也。沙虛，岸只有摧頹而已。「何」字、「只」字，字意宛轉。

「更食」，再食也。客非訪公之客，只言日斜人散之後，魚鳥可忘機而樂，以見魚鳥之畏人，亦與「防人面」同義。

周西生曰：「日斜與魚食何涉？蓋空江之魚，無從得食，見金波蕩漾，誤以為投餌，故爭相迎吸耳。此其所以費公之減飱分食也與？」

日斜而水光不定，山深而林響易哀，善寫將醺黑之景。倚仗徘徊，獨居無人，自全其身有如此。

一章言僻野雲高，二章言曉晴日出，三章言日暮光寒，此敘景之章法也。一章言無心，二章言隨意，三章言徘徊，此敘情之章法也。一章言隱几而臥，二章言吟詩而坐，三章言倚杖而立，此敘事之章法也。一章以山雉、江猿自喻，二章以人面、馬蹄自警，三章以魚食、鳥來自適，此敘意之章法也。蓋畏人如敵，不得不防人；全身如馬，因以自得性。至於日斜無人，吾真可以自適其天矣。細玩三詩，有漸入漸深，極參差整齊之妙。學詩者知此，自不患疊床架屋矣。

豎子至

豎子，疑即阿段。公嘗遣同女奴阿稽往問刈稻，及有《示獠奴阿段》詩。

樝梨且綴碧，梅杏半傳黃。小子幽園至，輕籠熟梬香。山風猶滿把，一作「地」。**野露及新嘗。欹枕**一作「欲寄」。**江湖客，提攜日月長。**

《山海經》：「洞庭之山，其木多樝梨橘柚。」「且綴碧」，「半傳黃」，言未熟也。此詩本是遣豎子摘熟梬，先言他物未熟以紀時。《蜀都賦》：「朱櫻春實，素梬夏成。」梬熟在夏，故摘先諸果也。

「小子」，即豎子。從幽園而歸，輕籠熟梬，未及見而已聞其香矣。此十字句也。

夏月多風，既經山風吹墮，而摘之猶滿把，則梬之多可知。在於曠野之地，濡露尤沃。今帶露摘歸，其味加新，堪供老人飽嘗。

諸本作「欲寄江湖客，提攜日月長」，謂欲寄遠客，恐其道路之長，徒費時日也。考舊本，乃「欹枕江湖客」，良是。公此時方伏枕。「江湖客」，公自謂也。「提攜」，指豎子言，見其年年從幽園提攜而歸，獎其勤，亦憫其勞也。因梬以寫己久客之懷。「日月長」三字含悽無限。

園

大曆二年夏，居瀼西作。

仲夏流多水，清晨向小園。碧溪搖艇闊，朱果爛枝繁。始為江山靜，終防市井喧。畦蔬繞茅屋，自足媚盤飧。

當仲夏之時，水流更多，故清晨即向小園而觀之，但見園中之碧溪，搖艇猶闊，正見水流盈溢也。況朱果已爛然而繁乎！

始之營此園也，愛其江山之靜；終之不忍捨此園也，喜無市井之喧。公前詩所云「薄俗防人面」，正此防也。

末二句言小園之中，不獨繁果而已，畦蔬且繞於茅屋，則老夫之盤飡取之裕如矣。「媚」字奇。朱果既爛，畦蔬亦媚，對之嫣然怡然，更何必求之市井中乎？以畦蔬為媚，更覺市井為喧，宜公之清晨即向也。

小園

由來巫峽水，本是楚人家。客病留因藥，春深買為花。秋庭風落果，灢岸雨頹沙。問俗營寒事，將詩待物華。

首二句因巫峽之水流入小園，故云此巫峽水原屬楚人，以楚人而居楚地，其由來久矣，本是楚人之家，我亦有園於此，何哉？

次聯言我因客病，故留此園以植藥；我愛春深，故買此園以栽花。「留」字、「買」字屬園，此以花、藥言園之春景，原非倒句。趙注乃云：「留因藥，買為花。本是因留藥、為買花，倒一字，故為矯異。」諸注因之，正緣不解題義文義耳。題是小園，自應以園為主。

「秋庭」二句以風雨言園之秋景。果當結實之時，為秋風所落；灢本沙礫之岸，為秋雨所頹。皆小園之堪慮者也，故下句言經營小園之事。

「俗」，楚人之俗也。「問俗」，則亦學楚人家所為。舊解謂天將寒，公將營治禦寒之具，如搗衣之類。殊與小園無涉。愚謂「營寒事」，正及冬而治園也，何花宜糞，何藥宜澆，何果宜收，何岸宜築，今冬費一番經營，則來歲物華便可吟詩而待矣。「將詩」者，逍遙無事之意。營於今歲之冬，則來年之春花秋果俱可待也。此詩句句賦小園，四時之事俱備。

溪上

秋在灢西作。

峽內淹留客，溪邊四五家。古苔一作「笞」。生迮側格切。地，秋竹隱疏花。塞俗人無井，山田飯有沙。西江使船至，時復問京華。

起二語見久客孤村，溪邊只四五家，正是無可淹留意。猶幸有四五家，則尚可淹留也。

董斯張曰：「『古笞生迮地』，善本作『苔』。《詩·小雅》有『苔之華，芸其黃矣』。《爾雅》云：『苔，一名陵苕。』鄭《箋》云：『陵苕之華，紫黑而繁。』陸機《疏》云：『一名鼠尾，生下濕水中，七八月華，其色紫，似今紫

草。』《禮器正義》云：『梜長四尺，中畫青雲氣，陵苕華為飾。』楊倞《荀子注》云：『苕，葦之秀者。』然則陵苕故是水際物。讀詩題『溪上』二字，從苕不從箈明矣。」王洙曰：「迮，迫也，小也。」雖隙地必生，見苕之多也。秋竹臨溪，與疏花掩映，於無可淹留中尋出淹留之景。

「塞俗人無井」，汲水恒難，若非此溪，水亦難於飲矣。「山田飯有沙」，必須淘淨，若非此溪，飯亦難於食矣。二語人只尋常看過，誰知正形容溪上之猶堪飲食也。此所以不覺又淹留也。

末二語更見溪上之妙。此溪直連大江。「使船」，朝命出使至蜀之船也。時有使至，得以問京華消息，差堪自慰。此所以愈淹留而不忍即去也與？如此解，句句與「溪上」二字關係有情，從來說詩者總未夢見。

嚴顥亭曰：「前首不拈小園，此首不拈溪上，則『客病』二句與『塞俗』二句皆說夢耳。乃知詩家妙處，人自當面蹉過。」

季秋江村

喬木村墟古，疏籬野蔓懸。素琴將暇日，白首望霜天。登俎黃柑重，支床錦石圓。遠遊雖寂寞，難見此山川。

首二句以村墟籬舍見寂寞。「將」，送也，即《詩》「遠于將之」之將，猶言銷暇日也。次聯以彈琴眺望見寂寞。

「登俎」者，惟以黃柑為重，見此外無貴味。《史記・龜策傳》：「南方老人用龜支床足。」夔州多錦石，聊用以支床。無非寂寞之況，故第七句總承云「遠遊雖寂寞」。

上六句皆言寂寞之景，第七句方出「寂寞」二字，卻用一「雖」字作轉，此句妙於承上起下。曰「難見此山川」，便將巫山峽水之勝形容得絕不易見，而今已一一在目前，雖寂寞而有不寂寞者存。用此作結句，將上六句意。句句是寂寞，卻句句是不寂寞。八句詩只一「雖」字，便通首靈動，下筆信有神也。

自瀼西荊扉且移居東屯茅屋四首

公以大曆二年秋移居東屯。

白鹽危嶠北，赤甲古城東。平地一川穩，高山四面同。煙霜淒野日，秔稻熟天風。人事傷蓬轉，吾將守桂叢。

首聯舉二山以見東屯茅屋之所在，與前《遷居赤甲》、《入宅》起聯同。山

峻而高曰嶠。

　　單復曰：「其地平易，則一川隱，而『秔稻熟天風』矣。其山高聳，則四面同，而『煙霜淒野日』矣。三聯隱承次聯。」良是。

　　《困學記聞》：「東屯乃公孫述留屯之所，距白帝五里。東屯之田可百許頃，稻米為蜀第一屯。」于奕《東屯少陵故居記》：「峽中多高山峻谷，地少平曠，東屯距白帝五里而近，稻田水畦，延袤百頃，前帶清溪，後枕崇崗，樹林蔥蒨，氣象深秀，稱高人逸士之居。」公詩：「東屯大江北，百頃平若按。六月青稻多，千畦碧泉亂。公私各地著，浸潤無天旱。」所云「秔稻熟天風」也。

　　結聯因移居而致飄零之歎，欲為定居之謀也。按：公自去冬寓夔之西閣，又遷赤甲，又遷瀼西，今又遷東屯。未及一年而四遷，真不啻如蓬之轉，安得不傷？劉安《招隱賦》：「桂樹叢生兮山之幽。」今將守此，不復更移居也。

　　東屯復瀼西，一種住青溪。來往兼茅屋，淹留為稻畦。市喧宜近利，林僻此無蹊。若訪衰翁語，須令賸客迷。

　　「東屯復瀼西」，仍不捨瀼西之居也。故是年秋末，復自東屯至瀼西。「一種住青溪」，言東西皆傍清溪也。「來往」，謂來往東西之間。東西之居俱是茅屋，彼此淹留，總為稻畦耳。蓋公於東屯瀼西俱種稻，後《茅堂》、《收稻》二首則指瀼西收稻言。

　　公自注：「瀼西居近市。」故前詩云：「終防市井喧。」《易》：「巽卦，近市利三倍。」公所以捨近利之居，特遷於此者，愛此林僻無蹊也。

　　「無蹊」，言無徑可入也。惟無徑可入，雖有欲訪衰翁者，亦到此而迷。陸機詩：「遊賞愧賸客。」賸，多也。或曰勝也。佳賓至此，而亦無蹊可通，何減桃花源不復有間津處。

　　道北馮都使，高齋見一川。子能渠細石，吾亦沼清泉。枕帶還相似，柴荊即有焉。斫畲應費日，解纜不知年。

　　陸務觀《高齋記》：「少陵居夔三徙居，皆名高齋。其詩曰『次水門』者，白帝城之高齋也。曰『依藥餌』者，瀼西之高齋也。曰『見一川』者，東屯之高齋也。故又曰『高齋非一處』。」按：高齋之北為馮都使之居。「見一川」，當是與馮共見一川也。前詩云「平地一川穩」，則一川甚大，非一人之居可擅而有明矣。馮借一川以渠細石，吾亦借一川以沼清泉。「渠」、「沼」二字，實字作虛字用，如「弟子貧原憲，諸生老伏虔」之類是也。枕帶一川，馮與吾相

似，故柴荊即併一川而有焉。六句宜作一句讀。

　　按：荊楚多畬田，先縱火燒，候經雨，然後下種。三歲土脈竭，不可復樹藝矣，故斫畬開荒，應費時日。今荊柴既定，亦不憚斫畬之勞。惟「費日」，故未知解纜在何年也。然觀題中「且移居」三字，便知東屯之居為暫矣。

　　牢落西江外，參差北戶間。久遊巴子國，臥病楚人山。幽獨移佳境，清深隔遠關。寒空見鴛鷺，回首想朝班。

　　首二句再言東屯茅屋，其牢落則在西江之外，其參差則在北戶之間。「北戶」，即指道北馮都使之戶，謂與馮參差而居也。

　　曰「巴子國」、「楚人山」，又推開一步，言此乃巴子之國、楚人之山，吾何為而久遊臥病於此？三聯又挽轉可居意。「幽獨」即為佳境矣，吾愛幽獨，故移此以為佳境也。「清深」即與世相隔矣，吾愛清深，故雖處遠關，不妨與世相隔也。范濂曰：「惟愛其地幽獨清深，故『移佳境』、『隔遠關』以就之。」亦是。

　　結聯又發熱中之想。既處遠關，耽佳境，宜絕朝班之望矣。乃忽從寒空之中，見鴛鷺之成行列，不覺回首朝班，形諸夢想也。公豈真戀戀於一官哉？無非是回憶長安，即解纜何年之歎耳。

　　丁來公曰：「八句中反覆感慨，須看其每二句一轉處。妙在轉，尤妙在自然。若入無己、魯直手，不知費幾許斧鑿痕。」

　　合讀四首，初言將守桂叢，疑老於此居矣；繼言賸客亦迷，遂有淹留佳客之意，便不自甘寂寞；三言解纜何年，望去惟恐不速；四言回首朝班，居然熱中人矣。於最寂寞之境寫出最難耽寂寞之況，意之所到，不覺隨口而發，即屢次遷居，可卜其無一安頓此身之地矣。

東屯北崦

　　崦，於驗切。東屯之北崦也。

　　盜賊浮生困，誅求異俗貧。空村惟見鳥，落日未逢人。步壑風吹面，看松露滴身。遠山回白首，戰地有黃塵。

　　公居東屯，偶至北崦，見其地經盜賊而浮生盡困，又迫賦斂而誅求益貧，故至於死徙逃亡，空村之中，惟見鳥雀，終日不逢一人。描寫北崦之民流離困頓如此。曰「浮生」，以其無往著也。曰「異俗」，言雖村居之民，不復認為故里，只疑異俗而已。四字深而且痛。若公指非崦為異俗，便無味矣。

「步龒」，公獨行也。「看松」，公獨立也。二句承上聯，善寫「未逢人」之狀。

「遠山」，指北俺戰地，以歷經盜賊言。公從北俺回首而望，一片皆黃塵，不減古戰場之歎。

茅堂檢校收稻二首

黃鶴曰：「大曆二年瀼西作。蓋是年秋末，又自東屯反瀼西也。」

香稻三秋末，平田百頃間。喜無多屋宇，幸不礙雲山。御裌侵寒氣，嘗新破旅顏。紅鮮終日有，玉粒未吾慳。

是年秋末，公再至瀼西收稻。茅屋低小，不礙雲山，復形容瀼西可居之況。時當御裌，寒氣將至，恐受侵也。稻有紅、白二種，既有紅鮮，復多玉粒，想見收穫之多，可嘗新以慰旅懷也。

稻米炊能白，秋葵煮復新。誰云滑易飽，老藉軟俱匀。種幸房州熟，苗同伊闕春。無勞映渠盌，自有色如銀。

既有稻米可炊，復有秋葵可煮，米白則炊飯皆滑，葵嫩則經煮即軟，老年之人喜得滑飯，更有軟葵，便可相匀而食。收稻兼言葵者，非此不相配也。

房州與夔州並屬山南道。伊闕，縣名，屬河南府。公有莊墅在焉。今所收之稻，種自房州而來，而苗與伊闕無異。異鄉之種無異於故鄉，客中聊自慰之詞耳。不然，前《溪上》之詩何云「山田飯有沙」也？

《廣雅》云：「車渠石，次玉。」「渠盌」，以渠石為盌也。魏文帝有《車渠盌賦》。又，梁陸倕《螺盃銘》曰：「珍逾渠盌。」飯白隨器可盛，不必用渠盌映之，始顯如銀之色也。此與「莫笑田家老瓦盆，傾銀注玉驚人眼」同意。

暫往白帝復還東屯

按：公惟暫往白帝，復還東屯，故有《從驛次草堂》之題。驛乃白帝城之驛，草堂則在白帝城，不必言矣。此詩應在《從驛》二首之前。

復作歸田去，猶殘穫稻功。築場憐穴蟻，拾穗許村童。落杵光輝白，除芒子粒紅。加餐可扶老，倉廩慰飄蓬。

「復作歸田去」，言復至東屯也。「猶殘穫稻功」，言刈稻未了也。「築場憐穴蟻」，言將築場之事。「拾穗許村童」，稻方至場，未斂積也。「落杵」，用杵舂。「除芒」，去殼也。「白」者、「紅」者，於此辨焉。吾將加餐而食，倉廩以儲，慰老景之飄蓬而已。

從驛次草堂復至東屯茅屋二首

黃鶴曰：「按：是年秋末，公自東屯又歸瀼西，此復至東屯，皆冬初作也。」

峽裏歸田客，江邊借馬騎。非尋戴安道，似向習家池。山險風煙合，天寒橘柚垂。築場看斂積，一學楚人為。

公往來東西之間，總因收稻，故既收瀼西之稻，復從驛次借馬，再至東屯，非尋戴安道也，非向習家池也。此二句直呼起。「一學楚人為」，言歸田之客胡為借馬，似訪戴遊池者然。然我既歸田矣，何暇為此不急之務，惟急於到東屯而已。

「山險」二句，馬上所見之景。「築場看斂積」，歸田之事如此，我一學楚人之所為，何暇尋戴向習哉？

短景難高臥，衰年強此身。山家蒸栗暖，野飯射麋新。世路知交薄，門庭畏客頻。牧童斯在眼，田父實為鄰。

老景衰年，猶復騎馬僕僕。蓋收割之事，不得不身為之，所以「難高臥」而「強此身」也。

「蒸栗」、「射麋」，山家樂事。今人世而交情薄，開門而客至頻，吾實厭之，不若一意歸田。日之所見惟牧童，身之所鄰為田父，共為蒸栗、射麋之樂，以畢此生而已。

刈稻了詠懷

刈稻了乃東屯之稻。是詩冬初作。

稻穫空雲水，川平對石門。寒風疏草木，旭日散雞豚。野哭初聞戰，樵歌稍出村。無家問消息，作客信乾坤。

上四句言「刈稻了」，下四句乃「詠懷」也。刈稻既空，一望皆雲水，平川極目，與石門相對，總言空闊無不見，不必泥石門在何處。

風寒而草木蕭疏，日出而雞豚散處，刈稻了之況如在目前。

是時戰鬥不息，野有哭聲，征婦之怨也，不必泥定吐蕃。樵歌忽發，不知在於何村。或哭或歌，俱足動作客之懷。野哭之聲，乃初聞戰也。戰方初而哭聲已如此，今戰尚莫知所終，為之奈何！「稍」字尤蕭條可憐。十村九哭，歌聲之出村者稍見耳。下句正形容上句。況我無家之人，並無消息可問，則歌哭皆無與也，惟一信之造化而已。「信」者，任之之意，與「吟詩信杖扶」信字同。

歸

束帶還騎馬，東西卻渡船。林中纔有地，峽外絕無天。虛白高人靜，喧卑俗累牽。他鄉悅一作「閱」。遲暮，不敢廢詩篇。

公從驛次復至東屯。《茅屋》詩首云：「峽裏歸田客，江邊借馬騎。」則此題「歸」字，正從瀼西復歸東屯也。「束帶還騎馬」，即「江邊借馬騎」也。公往來東西之間，更有馬不能通之處，故須渡船。

「林中」，即茅屋也。纔有此地，則此外俱山可知。峽外無天，言其山之高峻也。

《莊子》：「虛室生白。」言虛白乃古昔高人所靜處。而我居於茅屋之中，未免喧卑，徒牽俗累耳。所云「俗累」，即刈稻等事也。公《瀼西》詩有「市喧宜近利」之句，故知喧亦不免。

結聯承上聯言。雖留滯他鄉，長為俗纍之牽，難學高人之靜，而所以悅我遲暮者惟有詩篇，則未嘗以俗牽而廢也。

白露

黃鶴曰：「當是大曆二年在瀼西往東屯作。」

白露團甘子，清晨散馬蹄。圃開連石樹，船渡入江溪。憑几看魚樂，回鞭急鳥棲。漸知秋實美，幽徑恐多蹊。

按：公有甘園，此詩正愛柑而賦也。白露未稀，方團子柑子之上，公即騎馬而出，於是而圃開，見石樹相連；清晨霧未散也，於是而船渡。公往來瀼西東屯之間，所云「束帶還騎馬，東西卻渡船」是也。於是復歸而憑几，因觀魚而知其樂，乃回鞭之時則已鳥棲矣。清晨而出，鳥棲而回，計公此時，必因刈稻諸事，未免往返逐逐。所以急回者，漸知柑子已美。公出而圃開，且幽徑多蹊，恐有從而竊取秋實者，故回鞭急也。此詩應與《歸》詩參看。諸注無解及此者。

雲

《黃鶴》曰：「當是大曆二年東屯作。」

龍似瞿唐會，江依白帝深。終年常起峽，每夜必通林。收穫辭霜渚，分明在夕岑。高齋非一處，秀氣豁煩襟。

賦雲而言龍與江者，蓋山川乃雲之所自出，雲又從龍者也。龍曾聚於瞿唐，江深依於白帝，此雲之所以盛與？

次聯言雲盛而不絕。起峽、穿林，雲之大勢如此。

「收穫」句以稼穡比雲。禾黍未收，如一片綠雲。「辭霜渚」者，言經霜始收也。今則正在一片綠之時。「分明」句以日色比雲。日光映雲，片片皆白，歷歷分明。日既夕而雲猶依於岑，仍分明可數也。

結聯言雲隨處可愛。「高齋」，東屯之高齋也。此言高齋之雲非一處，披其秀氣，可豁煩襟。陸放翁《記》乃以高齋非一處，謂瀼西、白帝城各有高齋，似未細玩此詩意耳。

按：《荀子・雲賦》通篇暗言，惟尾句著一雲字。此詩通首不言雲，惟尾句著「秀氣」二字。少陵之作豈無所本耶？

秋峽

江濤萬古峽，肺氣久衰翁。不寐防巴虎，全升學楚童。衣裳垂素髮，門巷落丹楓。常怪商山老，兼存翊贊功。

首句言客居之地，次句秋感也。肺氣屬金，至秋益見衰翁之狀。

「巴虎」、「楚童」並言，謂峽中人情之險，雖童稚亦與巴虎同；全生之法，惟有與楚童狎處，免其猜忌，庶可防患耳。衰翁當此，其何以堪！

《秋興賦》：「素髮颯以垂領。」「衣裳垂素髮」，自安於老也。「門巷落丹楓」，自安於僻也。

四皓亦素髮之人。商山正丹楓之地，何必出而翊贊，兼欲存此功名，公所以深怪之。

此詩前四句一氣，後四句一氣。處此萬古之濤峽，當此久病之衰年，虎固可畏，童亦宜狎，何敢出而與人物爭後。謂老景即可暫安，門巷亦復幽僻，我亦四皓，我亦商山，竊怪其多此功業想。其實「衣裳」句轉應「衰翁」，「門巷」句轉應「濤峽」，八句仍是一氣。

雨四首

黃鶴曰：「當是大曆二年冬瀼西作。」

微雨不滑道，斷雲疏復行。紫崖奔處黑，白鳥去邊明。秋日新霑影，寒江舊落聲。柴扉臨野碓，半濕一作「得」。搗香秔。

題是雨，首二句卻以雨與雲對起，次聯承雲，三聯、結聯峕言雨。

雲斷則疏，疏而復行。從紫崖而奔則云色黑，映紫崖而黑也；從白鳥而去則云亦白，映白鳥而明也。「奔」字、「去」字正言雲之行。舊注全不解。

三聯正言雨微，秋日但新霑影，調略霽日影耳。雨微可知。寒江仍是舊落之聲，雨微故不能益其響、改其聲也。

「野碓」，乃搗香秔之物。柴扉即與相臨，搗亦甚便。今因微雨，亦半濕而搗耳。

江雨舊無時，天晴忽散絲。暮秋沾物冷，今日遇雲遲。上馬迴休出，看鷗坐不辭。高軒當灩澦，潤色靜書幃。

「舊」，原也。江雨原無時節，雖當天晴，亦忽然散絲。「散絲」，微雨也。況值暮秋，雨沾物已冷。今日雲遲而不過，是雨意正深也。

上馬而歸，休得再出，恐雨即至也。鷗善水，故當雨景益為可觀，只可看鷗而坐耳。

小軒臨於灩澦，雨餘潤色，能靜書幃。灩澦當大雨則聲喧。此曰靜者，雨微故也。

物色歲將晏，天隅人未歸。朔風鳴淅淅，寒雨下霏霏。多病久加飯，衰容新授衣。時危覺凋喪，故寫短書稀。

「霏霏」，雨久而不散也。歲將晏而人未歸，朔風寒雨，何堪入多病衰容之聽聞，幸勉自加飡。衣已新授，不受風雨之侵。然當此危喪，天涯故人無數行相及，安得不對雨而悲耶？

楚雨石苔滋，京華消息遲。山寒青兕叫，江晚白鷗饑。神女花鈿落，鮫人幃杼悲。繁憂不自整，終日灑如絲。

「山寒」、「江晚」，皆言歲晏也。青兕苦山寒而叫，白鷗當江晚而饑，時已冬暮，又值久雨，其景物故應爾。

神女在巫山。江山之花草，即神女之花鈿也。暮冬久雨，皆已凋謝，故曰「落」。鮫人幃綃，出賣於市，雨不能出，故曰「悲」。

中二聯皆久雨之苦。物猶如此，何況我之繁憂，不知從何整理，那堪「終日灑如絲」乎！

過客相尋

黃鶴曰：「大曆二年瀼西作。」

窮老真無事，江山已定居。地幽忘盥櫛，客至罷琴書。掛壁移筐果，湖兒問煮魚。時聞繫舟楫，及此問吾廬。

首二句本敘無營得所之樂，而歎恨之意自在言外。

惟「地幽」，故於此定居。「忘盥櫛」，如嵇康一月不梳頭意也。「罷琴書」，言客至始罷琴書也。盥櫛既忘，惟以琴書為樂，乃見「窮老真無事」。

移果、煮魚，供客饌也。「掛壁」見居隘，「呼兒」見無僕，照出「窮老」二字。俗本皆作「問煮魚」，惟蔡夢弼本作「間」。「間」字妙，謂客至間或煮魚也，且與末句「問」字不復。

末聯見過客相尋者不一，時時聞有繫舟於此者，皆非他訪者也，惟問吾廬而已。胡邈叟曰：「言常時泊舟，今乃相尋，非望其疏，乃感其見存耳。」

聞惠二一作「子」。過東溪

此一篇見洪駒父詩話。劉路左車言嘗收得唐人新篇詩冊有之。黃鶴曰：「歸溪，指瀼東而言。」

惠子白駒瘦，歸溪惟病身。皇天無老眼，空谷滯斯人。崖密松花熟，山杯竹葉新。一作「春」。柴門了生事，黃綺未稱臣。

首言惠子白駒以歸溪，惟一病身，因不得志於時故也。惜之之詞。皇天無眼，使空谷滯斯人。恨之之詞。「竹葉」，酒名。繼言空谷之中，釀松作蜜，村醅方新，雖處柴門，亦足以了吾之生事。昔日商山黃綺原未稱臣，何必隱居非樂哉？慰之之詞。

日暮

牛羊下來久，各已閉柴門。風月自清夜，江山非故園。石泉流暗壁，草露滴秋根。頭白燈明裏，何須花燼繁。

《詩》：「日之夕矣，牛羊下來。」首二句以物歸門閉見日暮，次聯即景起歎也，三聯以「暗」字、「露」字見夜景。石壁、草根本連屬字，分拆開合，便爾雅健。

結聯即事寫情。云明燈之下，惟白頭老翁在耳，有何喜事而燈燼繁開也哉？

此詩全是異鄉無依之感。牛羊自下，柴門自閉，與吾不相涉也。風月自清，江山非故，亦與吾不相涉也。頭白老人當此日暮，惟孤燈相對而已，偏此燈花若與我有情者，然公云並此亦不須也。淡淡八句中，自有無限意義在。讀杜者遇此等詩，未有不忽過者。

黃維章曰：「一結句翻轉全首，杜法每如此。杜律最是平淡處難及，看杜律亦最是平淡處難看。注到一切無涉，燈花亦無用，使我異鄉老年之人淚下，視子美十倍。」

夜

絕岸風威動，寒房燭影微。嶺猿霜外宿，江鳥夜深飛。獨坐親雄劍，哀歌歎短衣。煙塵繞閶闔，白首壯心違。

汪瑗曰：「首聯以風、燭見夜景，一遠一近。次聯以猿、鳥見夜景，一動一靜。」亦是。愚謂次聯正承首句，三聯乃承第二句。蓋惟絕岸風威震動，故嶺猿依霜而宿，江中之鳥至不能定棲，夜深猶飛也。但云一動一靜，尚未看出其映首句意。

「雄劍」，劍有雌雄也。寧戚《飯牛歌》：「短布衣，不及骭。」公獨在寒房，坐看雄劍，哀歎短衣，想見燭微無聊之況。「獨」字、「哀」字寫出「寒」字、「微」字之情，宛然如畫。

「閶闔」，天子門也。《水經注》：「魏明帝上法太極，在洛陽南宮起太極殿於漢崇德殿之故處，改雉門為閶闔門。閶闔門外，夾建巨闕，以應天宿。」公歎煙塵直繞閶闔，白首望闕，與生平壯志相違，能無撫劍而哀歌也哉？結句又應第三聯。詩之章法如此。

曉望

黃鶴曰：「大曆二年在東屯作。」

白帝更聲盡，陽臺曙色分。高峰寒一作「初」。上日，疊嶺宿霾雲。地坼江帆隱，天清木葉聞。荊扉對麋鹿，應共爾為群。

首二句從未曉以至曉，下六句皆曉望也。高峰寒氣，方曉尤甚，故直逼於日。疊嶺之間，霾雲漸起，若夜宿而曉出者然。

「地坼」，言江岸曲折也。惟其地縈回紆繞，故風帆時隱時見。「天清」，言曉氣晴爽也。空清之中，不見一物，雖木葉落而皆聞，寫出曉景如畫。

龔芝麓曰：「《史記・魯仲連傳》：『天崩地坼。』此言峽形如地之坼也。『江帆隱』者，崖岸峻也。『天清木葉聞』，是兩截語。天自清，木葉自聞，亦猶地自坼，江帆自隱，總是曉望中無形之形、無聲之聲文。雖不屬意，實相關。」

麋鹿亦望中所見。欲與為群，自傷無人可共語也。

月三首

斷續巫山雨，天河此夜新。若無青嶂月，愁殺白頭人。魍魎移深樹，蝦蟆動半輪。故園當北斗，直指一作「想」。照西秦。

首句先言雨之斷續，見此夜新晴。次句又不即言月，但言天河之新，以見月之明。卻於第三句帶出月字，又以「青障月」對「白頭人」。今人詠月只是月，少陵獨撒脫見妙。曰「若無」，曰「愁殺」，承「斷續雨」來。

「魍魎」，陰類，見月自然遁形。「移深樹」，藏於無月之處也。「蝦蟆」，月中蝦蟆也。蝦蟆在月中，直占月之半。輸月明則蝦蟆若動也。汪瑗曰：「魍魎，樹影也。惟月輪勤，故樹影移。或云魍魎、蝦蟆俱指雲言。乃雲之變態，時而掩月者也。」

結言長安上直北斗，此月光相同，必照我西秦之故廬矣。與前首結意同。

併照巫山出，新窺楚水清。羈棲愁裏見，二十四回明。必驗升沉體，如知進退情。不違銀漢落，亦伴玉繩橫。

公在巫山，久思出峽，方甚厭之，而月必併照之使出。「新窺楚水」，言月又新也。窺水使清，乃月從上而窺下。「照」字、「窺」字俱指月言。

次聯對而不對，十字一句法也。謂在羈棲愁裏，已見月二十四回明矣。蓋公居夔已二年，故曰「二十四回」。

見之時，必驗其升沉之體，如知其進退之情。不待見之而必驗之如知之，公於月蓋未嘗一日不關情也。「進退」，弦望也。

末聯又自言看月必至夜盡，不違銀漢而落，亦必伴玉繩而橫，然後止。銀漢至天曉始沒，月則違銀漢而先落也。「玉繩」，星名。「橫」，月直也。「落」與「橫」俱指月言。公之看月不至於落，亦必至於橫，真留連無已，非驗其體、知其情不能如是親切也。此首不明言月，深於玩月。

萬里瞿唐月，春來六上弦。時時開暗室，故故滿青天。爽合風襟靜，當空淚臉懸。南飛有烏鵲，夜久落江邊。

月有上弦下弦。此詩作於暮春而曰「六上弦」者，並下弦言之耳。

「時時」承「春來」句，「故故」承「萬里瞿唐」句，意不欲見異鄉之月，而異鄉之月偏滿青天，若故故者然。

披襟受風曰風襟。春暮時爽，皎月偏合我風襟之靜。一輪當空，使羈人對之，易於墮淚。

烏鵲飛，正言月之明。「夜久落江邊」，謂夜久而明月已落也。或以為烏鵲落，非是。首言月之出，末言月之落，中言月之明。

十月一日

大曆二年東屯作。

有瘴非全歇，為冬亦不難。夜郎溪日暖，白帝峽風寒。蒸裹如千室，燋糖幸一柈。茲辰南國重，舊俗自相歡。

瘴氣盛於春夏，至十月而猶未全歇，所以為冬亦不難言，夔之冬日暖而易過也。

《水經注》：「溫水出牂牁夜郎縣，縣故夜郎侯國也。」溪日自暖，正應上有瘴不歇；峽風雖寒，正應上為冬不難。惟瘴氣不歇，故其日自暖；雖峽風甚寒，而風土習慣，不以冬為難也。次聯承首聯。

「蒸裹」，以麵粉裹物而蒸。「燋糖」，煎糖為餡。「柈」與「盤」同。夔之風俗，十月一日以此相饋遺。「如千室」者，千室如一也。「幸一柈」者，饋遺之時，各相慶幸，必以滿柈為快也。

此日為夔國所重，其俗相沿已舊，然彼國之人亦自相歡悅而已。言外見我寄居於此，獨牢落無與往來也。惟俗舊，故千室皆同；惟相歡，故一柈為幸。觀結句，覺「如千室」、「幸一柈」六字更醒。

孟冬

殊俗還多事，方冬變所為。破柑霜落爪，嘗稻雪翻匙。巫峽寒都薄，烏蠻瘴遠隨。終然減灘瀨，暫喜息蛟螭。

公雖身處異鄉，仍不能一無所事事。方冬變所為，則不復有他事矣。「破柑」、「嘗稻」，正見其無事也。柑帶霜，見柑之鮮；稻曰雪，見稻之白。「落爪」、「翻匙」，惟食柑、稻而已，此外更無事也。

公日處峽中，寒氣都薄。烏蠻之炎瘴遠到夔中，故地暖也。地暖則可無事於禦冬，此亦無事之一。

況孟冬水落，灘瀨盡減，無蛟螭震盪之恐，益可相安於無事。是以方冬所欲為者，皆可以不為。雖曰殊俗，仍不能無事，今則可以變多事為無事也。

白帝城樓

黃鶴曰：「此詩當是大曆二年歲晏作。明年正月，公出峽。」

江度寒山閣，城高絕塞樓。翠屏宜晚對，白谷會深遊。急急能鳴雁，輕輕不下鷗。夷陵春色起，漸擬放扁舟。

「白谷」，白帝山谷也。此樓下俯大江，遠依絕塞，山色宜玩，白谷宜遊。四句言城樓雖荒，而佳境尚可娛也。洪氏《辯證》云：「『能鳴』，用《莊子》：『一雁能鳴，一雁不能鳴，請奚殺？主人曰：殺不能鳴者。』『不下』，用《列

子》：『海上之人每從鷗鳥遊，其父曰：汝取來，吾玩之。明日之海上，鷗鳥舞而不下。』今曰『急急』，言自踐危地，介於殺不殺之間；曰『輕輕』，凜然防機之心。雖即景所見而寓意自深。」

「夷陵」，峽名。因其春色之動，漸擬放舟，正「急急」、「輕輕」之意。

白帝樓

漠漠虛無裏，連連睥睨侵。樓光去日遠，峽影入江深。臘破思端綺，春歸待一金。去年梅柳意，還欲攪邊心。

白帝樓最高，如在太虛之際，故曰「漠漠虛無裏」。「睥睨」，城上女牆也。「連連」，相接之貌，言在樓而望，如從下侵入也。

《古詩》：「客從遠方來，遺我一端綺。」《漢書》：「一金值錢萬。」公欲出峽而無資，故思之待之。

去年之冬，公在夔州見梅柳，今又見此意，是還欲攪我在邊之心也。後四句急欲出峽之詞。

曉望白帝城鹽山

《方輿勝覽》：「白鹽山在城東十七里，崖壁五十餘里，其色炳耀，狀如白鹽。」

徐步移班杖，看山仰白頭。翠深開斷壁，紅遠結飛樓。日出清江望，暄和散旅愁。春城見松雪，始擬進歸舟。

首二句便見欲出峽之意，次聯正「看山仰白頭」也。翠言壁上之苔蘚，樓言山上之雲氣，如海市蜃樓是也。既仰山，又望江；既喜暄和，又慮松間有雪；總是展轉無可奈何之情。始擬歸舟，不敢望即歸也。通首作一句讀。

峽隘

題云「峽隘」，便急思出峽。明年，公果往江陵。

聞說江陵府，雲沙靜渺然。白魚如切玉，朱橘不論錢。水有遠湖樹，人今何處船。青山各在眼，卻望峽中天。

峽中多雲沙。江陵之靜，雲沙則渺然而無，正言其可安居也。「如切玉」，形容魚之白。「不論錢」，言朱橘之多。次聯以物產見江陵之勝。

「水有遠湖樹」，言欲去未能，湖空有樹。「人今何處船」，謂欲往江陵之人，其船今在何處，謂孤舟尚繫峽中也。

「青山各在眼」，指江陵及巫峽兩處青山而言。兩處之青山各各在吾眼中，今所欲望者，江陵也，而卻望峽中者，望其天，正欲離其地也。觀一「卻」字，所謂不欲望而卻望也。

贈韋贊善別

按《唐志》，東宮官，左贊善大夫五人，掌傳令，諷過失，贊禮儀。韋贊善當是韋見素之後。

扶病送君發，自憐猶不歸。祗應盡客淚，復作掩荊扉。江漢故人少，音書從此稀。往還二十載，歲晚存心違。

在客送客，又當扶病，倍難為情。君既發矣，而我猶不歸，是不歸者獨我也。君不我憐，惟自憐而已。

客中之淚，無有盡時。曰「祗應盡客淚」，正昔人云「所當痛哭者」也。乃復作掩荊扉。看「復作掩」三字，且收拾淚痕，仍耐心做客，寫出不能歸之狀，最為淒切。公之所自憐者，此也。

客中所依者惟故人，故人既少，作客者益無聊甚矣。「音書從此稀」，言彼此俱不能相寄也。正起下「往還二」字。

「往還二十載」，正見其為故人歲晚贈別之時。「寸心違」，贈別之況也。想此際寸心縈繞，我要如此，心偏不能如此，心要如此，境又不能如此，豈不相違背之甚乎？寫出別緒離衷，萬分不能如意處，真令人欲淚。

杜詩注解卷之十一終

辟疆園杜詩注解五言律卷之十二

上谷李　瑨瑽佩甫評

同邑陸　燦湘靈甫

梁谿顧　宸修遠甫著

人日

元日到人日，未有不陰時。冰雪鶯難至，春寒花較遲。雲隨白水落，風振紫山悲。蓬鬢稀疏久，無勞比素絲。

東方朔《占書》：「元日至人日，其日晴，主所生之物育，陰則災。」「未有不陰災」可知矣。少陵謂天寶亂後，人物歲歲俱災，此《春秋》書法也。

曰「冰雪」，則春寒可知。鶯啼於花間。鶯既難至，花亦較遲，無非陰象。

《山海經》：「白水至蜀而東南注江，入江州城下。」江州縣屬巴郡。《後漢志》：「紫岩山，緜水之所出。」雲落、風悲，皆陰氣也。時公尚未出峽。

末言髮白已久，無勞以素絲相比，總是憂國憂時，不覺髮白之易也。

巫山縣汾州唐十八使弟宴別兼諸公攜酒樂相送率題小詩留於屋壁

大曆三年正月作。唐使君，汾州人。同出陶唐之裔，故公稱之為弟。

臥病巴東久，今年強作歸。故人猶遠謫，茲日倍多違。接宴身兼杖，聽歌淚滿衣。諸公不相棄，擁別借光輝。

是時公已離夔州，至巫山縣矣。首二句言已得出峽之喜。

「故人」，指唐使君，言使君謫官於巫山。公至，使君因為餞別。公惜其遠謫，猶不能去巫山，故茲日之情倍與使君，有相違之苦也。此聯專指唐使君。

三聯唐使君之宴，諸公之攜酒樂俱在其中。「接宴身兼杖」，謂已倚杖而赴宴也。「聽歌淚滿衣」，則諸公所攜之樂，公聽之而惜別離也。

曰「擁別」，則送別之多可知，所謂「諸公」也。公久病巴東，歸途賴有此送別，則「借光輝」實多矣。收淚之餘，覺有喜色。

南征

春岸桃花水，雲帆楓樹林。偷生長避地，適遠更霑襟。老病南征日，君恩北望心。百年歌自苦，未見有知音。

首二句，南征之景。春岸雲帆，皆行色也。身愈南而心愈北，公豈慁然而行哉？

《古詩》：「人生不滿百，常懷千歲憂。」又云：「不愁歌者苦，但傷知音稀。」合三二詩，公意自見。

楊升庵曰：「桃水用秦人桃源事。楓林用《楚辭·招魂》事。『偷生避地』接『桃花水』句，『適遠霑襟』接『楓樹林』句，『南征』、『北望』又接前聯。」舊注紛紛，皆不足觀。

春夜峽州田侍御長史津亭留宴得筵字

峽州，今之夷陵州也。津亭在峽州。

北斗三更席，西江萬里船。杖藜登水榭，揮翰宿春天。白髮須多酒，明星惜此筵。始知雨雲峽，忽盡下牢邊。

首句田留公飲也，此句是冒「北斗」二字，從「三更」來。望北斗而知為三更，題所云「春夜」也。「席」，宴席也。宴至三更，言宴之久。次句謂己從西江發船而來，今雖已出峽，猶寄身舟中也。

次聯公從船中起而杖藜以登水榭，題所云「津亭」也。因而揮翰，題所云拈得筵字也。留連吟詠，不覺竟夕，故曰宿春天，所謂長歌以當臥寢也。

白髮之人宜不勝酒矣，而公正須多酒，非酒不能永夕也。不覺仰看北斗，明星爛然，天已將曉矣。而尚惜此筵之易散，正為末二句起意。蓋泊船之夜尚是西江萬里之船，直待天曉而始知為某處也。

「下牢」，峽州地名。《唐志》：「峽州本治下牢戍。」又，夷陵縣有下牢鎮。《十道志》：「上牢下牢，楚蜀分畛。」此時天已明矣，夔州雲雨之峽，公朝夕眼中，恨不能離之而去。今日乃到下牢邊，始知雲雨峽之盡於此也。「始知」、「忽」，盡喜極之詞。平日出峽之望，真是舌敝目穿，乃亦有峽盡之時乎？

泊松滋江亭

松滋，縣名，屬江陵府。《寰宇記》：「本漢舊縣。晉咸康三年，以松滋流戶在荊土者，立松滋縣。」《輿地記勝》：「江亭在松滋縣治後。」

紅帽隨鷗鳥，扁舟繫此亭。江湖深更白，松竹遠還青。一柱全應近，高唐莫再經。今宵南極外，甘做老人星。

首聯自歎飄蓬，無暇整冠，自隨鷗而上下，今日扁舟乃得繫於此亭也。

凡水深處必黑，惟湖光最白，松竹遠望更青，皆江亭景色也。著眼在「深」字、「遠」字。

一往觀去此亭已近，喜其近也。曰「全應」，惟恐不近之詞。高唐觀已過，喜其過也。曰「莫再經」，惟恐再見之詞。總是出峽之喜。

「南極」，指夔州言。今宵已在南極之外，亦喜極之詞。「甘作老人星」，即「此生那老蜀」之歎也。謂從此出峽，吾亦甘老矣。王阮亭曰：「老杜望南極則曰『甘作老人星』，對嚴武則曰『何人道有少微星』，知其自待不淺。」

上巳日徐司錄林園宴集

《周禮》：「三月三日為上巳，女巫掌歲時，以祓除疾病修禊。」修者，潔也，於水上盥潔之也。晉、宋以來，皆以為飾。《唐志》：「西都、東都、鳳翔、成都、江陵、興元、興德府皆有司錄參軍事二人。」此詩當是大曆三年在江陵作。

鬢毛垂領白，花蕊亞枝紅。欹倒衰年廢，招尋令節同。薄衣臨積水，吹面受和風。有喜留攀桂，無勞問轉蓬。

潘安仁《秋興賦》：「素髮颯以垂領。」「亞」，次也。花蕊之紅出於枝之上，故枝壓而下也。此言白鬢之人得與花前之宴，惟鬢白，故愈形花紅也。「花蕊」貼「林園」。

「欹倒」，醉貌。衰年之人雖不能復為此態，而招尋令節，亦與人同。「招尋」，謂招呼以追尋也。「招尋」貼「宴集」。

三聯言祓除之樂。臨水面風，正修禊事也，貼「上巳」。劉安《招隱士》賦云：「攀援桂枝兮聊淹留。」喜已淹留徐氏之園，得攀其桂樹，則今日且不必問我飄蓬之苦也。借「攀桂」二字點出徐氏之園，貼「徐氏園林宴集」。舊注謂徐氏留公為攀桂，誤矣。

宴胡侍御書堂

公自注：「李尚書之芳、鄭秘監審同集，得歸字。」

江湖春欲暮，牆宇日猶微。闇闇書籍滿，輕輕花絮飛。翰林名有素，墨客興無違。今夜文星動，吾儕醉不歸。

首句言春將殘，則不可不醉。次句言日未落，則可以盡醉也。

「闇闇」，日將微之色。日雖闇闇，而書籍之間猶滿日光。所云「書籤映隙曛」是也。「輕輕花絮飛」，見春已欲暮矣。

漢成帝獵於長楊，楊雄上《長楊賦》，託翰林為主人，子墨為客卿，自相問答，而為諷諫。公以翰林比李、鄭，墨客自比也。

「文星動」，猶云德星聚也。《詩》：「不醉無歸。」總結上文，言逢良辰，遇知己，不醉不歸也。

暮春陪李尚書李中丞過鄭監湖亭泛舟得過字

李尚書，李之芳也。鄭監湖亭在峽州。公春晚至江。陵過之，故沉舟其間。公有七言律詩《與宇文晁同泛》，是再泛也。此泛在先，同宇文泛在後，俱春作。後因有《寄題湖亭三首》，是秋作。詩之次序如此。黃鶴謂在夔州先寄，誤矣。《夔日詠懷百韻》乃是先寄鄭者，百韻中絕不及湖亭事也。

海內文章伯，湖邊意緒多。五樽移晚興，桂楫帶酣歌。春日繁魚鳥，江天足芰荷。鄭莊賓客地，衰白遠來過。

唐文章三變，而楊、王為之伯。今李尚書中丞皆海內文章伯也。「意緒多」承「文章」來。到湖邊而賦詩，正其用意緒處。

次聯具言泛舟之樂，三聯言春日湖亭之勝。

鄭莊置驛，以迎賓客，故以鄭監湖亭比鄭莊置驛之地。公雖衰白，特遠相過訪，欲備賓客之列也。

喜雨

南國旱無雨，今朝江出雲。入空纔漠漠，灑迥已紛紛。巢燕高飛盡，林花潤色分。晚來聲不絕，應得夜深聞。

趙次公曰：「南國，荊楚也。」《記》曰：「天降時雨，山川出雲。」

此公喜雨而作。首句喜雨之由，次句將雨之候。「漠漠」，雲漸布也。「紛紛」，雨點密也。見雨漸多為可喜。「燕高飛」，因雨而覓食也。「林花潤」，久旱之花，潤色更好也。見雨遍物可喜。「聲不絕」、「夜深聞」，益見雨之不絕更為可喜。

乘雨入行軍六弟宅

時杜位為江陵行軍司馬。

曙角凌雲罷，春城帶雨長。水花分塹弱，巢燕得泥忙。令弟雄軍佐，凡才污省郎。萍漂忍流涕，衰颯近中堂。

此公抵荊南入行軍宅作也。天曙而城樓角聲已罷。春城一望如帶雨而長。「凌雲」，本言城樓之高，藉以喻帶雨耳。此賦「乘雨」二字。

「水花」、「巢燕」，堂前景物。「塹」，低下處也。經雨水必溢，故水花不能植立，惟見其弱態分者，各塹皆然也。分則水花之勢益弱矣。巢燕因雨，急於啣泥。此聯賦雨後之景，時公已入六弟宅矣。

《唐志》：「元帥府、節度使、大都督府皆有行軍司馬，掌弼戎〔註1〕政。居則習蒐狩，有役則申戰守之法。」是時衛伯玉為節度使，故位為行軍司馬。「令」，善也。因令弟雄於軍佐，因憶凡材曾污省郎也。昔公與位同在嚴公幕府，故憶之而賦。雖屬自謙，實念昔日聚首，我亦曾為省郎，今乃萍漂如此，喜令弟之尚為軍佐也。此聯賦六弟，又起下聯「萍漂」、「衰颯」。

末聯賦入宅，方自恨萍漂，無親戚之可依，忍於流涕而不禁矣。乃衰颯之年，復得近中年，猶幸有六弟宅之可依也。此詩逐聯依題而賦，次序井井，從無注出者。

和江陵宋大少府暮春雨後同諸公及舍弟宴書齋

時宋大為少府之官。書齋，宋大之書齋也。宋大於暮春雨後宴諸公及舍弟，必席上賦詩。公不與席，聞而和之也。舍弟，即行軍司馬也。

渥窪汗血種，天上麒麟兒。才士得神秀，書齋聞爾為。棣華晴雨好，綵服暮春宜。朋酒日歡會，老夫今始知。

漢武帝元鼎四年秋，馬生渥窪水中，作天馬之歌。大宛善馬，汗從前肩髆，如血。《南史》：「徐陵年數歲，家人攜以候釋寶誌。誌摩其頂曰：『此天上石麒麟也。』」「汗血種」、「麒麟兒」，藉以喻諸公及舍弟，言皆神物也。

「才士」，指宋少府，言少府師係才士，又得神秀如諸公及舍弟同聚於書齋之中，相與賦詩宴樂也。「為」字即是賦詩。因公不與宴，故曰「聞」。聞其書齋所為之詩，故屬和也。此二句似無意作對，然以「爾」字對「神」字，「秀」字對「為」字，「書齋」二字對「才士」二字，未嘗不工。前四句一氣下。

〔註1〕「戎」，底本誤作「戍」，據《新唐書》卷四十九下《百官志下》改。

「棣華」，宴兄弟之詩也。此句提出宴弟意，略側重弟身上。題中有「雨後」二字，故言其華，晴雨皆好。「綵服」，有職者之服，借用「暮春春服既成」意，故曰「宜」，言正宜相會於暮春也。書齋皆綵服之人，故不及老夫。

酒兩樽曰朋。「日歡會」，言及暮春而每日歡會也。「老夫今始知」，非是幾少府之不見招，正說明題中「和」字意，言老夫今日得見諸公所為，始知之而得以屬和也。諸公日歡會，則所為必多。老夫今始知，故屬和止此耳。

王阮亭曰：「解此詩者，止因忘卻題中首一字，故反覆不得其說。不知此詩原是和書齋之宴而作。若書齋無所為，則不必和矣。諸公日歡會於書齋，公亦僅聞之。今始知之，故即和其所為也。『聞』與『知』二字相呼應。解者既忘卻題中『和』字，又不明詩中『為』字，更何以解此詩哉？」

宴王使君宅題二首

王使君當是荊州人，閒居邑中者。

漢主追韓信，蒼生起謝安。吾徒自漂泊，世事各艱難。逆旅招邀近，他鄉意緒寬。不才甘朽質，高臥豈泥蟠。

韓信追而始用。謝安高臥東山，當時皆曰：「安石不出，其如蒼生何？」藉以喻王使君之閒居也。

次聯公自歎之辭，謂吾一身空自飄泊，曾未任世事之艱難。吾不能為其難，故以望王使君耳。然曰「各艱難」，則吾徒不應謝責可知。

「逆旅」，公自言處逆旅也。在逆旅之中，承使君之招邀，不覺他鄉意緒為之一寬。便見王使君能任其艱難。世事重有賴，故公之意緒寬也。

「不才甘朽質」，公自謂也，應上「吾徒自漂泊」二句。「高臥豈泥蟠」，指使君言，應上「漢主追韓信」二句。謂吾之不才則甘於朽質，君之高臥豈終於泥蟠者乎？一首之結構自極井井。

汎愛客霜鬢，留歡上夜關。一作「閒」。俗本作「卜夜闌」。自吟詩送老，相勸酒開顏。戎馬今何地，鄉園獨舊山。江湖墮清月，酩酊任扶還。

此首俱是詠宴，承使君之愛，汎及衰老之人。今日留飲，至於卜夜，言宴之久也。錢牧齋曰：「《英華辯證》：『世傳杜子美不避家諱，兩押閒字，其實非也。或改作夜闌，又不在韻。』按：卞圜集杜詩，自是『留歡上夜關』，蓋有投轄之意。『上』字訛為『卜』，『關』字訛為『閒』耳。」

李望石曰：「『泛愛客霜鬢』，語謙而氣傲。觀此則王使君初非公之知己，

故下遂有『自吟詩送老』之歎。所謂『只可自怡悅，不堪持贈君』，惟賴勸酒以開顏而已。妙在出以蘊藉，使人不覺。」

黃仲霖曰：「『送老』，謂老去而吾不知，只吟詩而已。貼『霜鬢』。必多飲而顏始開，見歡情無已。貼『留歡』。」

後四句宴時之感，忽思今何地非戎馬，則鄉園之景獨能不改舊山乎？言鄉園必已非故矣。今夜已深，睹江湖之墮月，我酩酊任扶還，且安旅寓而已。四句一氣下，總見無處可歸也。

獨坐

黃鶴編在江陵詩內。

悲愁回白首，倚杖背孤城。江斂洲渚出，天虛風物清。滄溟服一作「恨」。衰謝，朱紱負平生。仰羨黃昏鳥，投林羽翮輕。

「回白首」，「背孤城」，皆言獨坐江斂，故洲渚出。天虛故風物清，獨坐時靜觀之景也。

滄濱之間，自甘衰謝。朱紱之賜，實負平生。追憶之餘，不覺自歎自慚。

末仰羨鳥，至黃昏亦有所歸，而我獨坐於此，不知誰是棲身之地。見已歸家之難，因獨坐而倍感也。

江邊星月二首

江陵舟中作。

驟雨清秋夜，金波耿玉繩。天河元是白，江浦向來澄。映物連珠斷，緣空一鏡升。餘光憶更漏，況乃露華凝。

金波言月，玉繩言星也。驟雨夜晴，故月光耿耿，映星而明。

天河元自白，星月映之，則更白矣。江浦向來澄，星月映之則更澄矣。所謂江邊星月也。

《漢志》：「五屋如連味。」星之映物，如連珠而復斷。古詩：「破鏡飛上天。」月之當空，如一鏡之升也。

更漏，夜深也。星月止存餘光，則月將沉而晨星亦落落矣。公於江邊泊舟，憶此更漏之景，不禁秋夜之悲。況露華已凝，何堪孤舟獨對乎！此時夜已極深，天將曙矣。

江月離風纜，江星別霧船。雞鳴還曙色，鷺浴自晴川。歷歷竟誰種，悠悠何處圓。客愁殊未已，他夕始相鮮。

　　兩首宜作一首讀。上首言更漏露華，天色將曙。今則風纜之上，無復江月；霧船之上，無復江星。星月已離別江邊而去矣。旋聽雞鳴，還見曙色；復看鷺浴，自顯晴川。則天竟曉矣。

　　古詩：「天上何所有，歷歷種白榆。」白榆即星也。沈休文《詠月》詩：「清光信悠悠。」今星月已落，不知歷歷者種於何所，悠悠者圓於何處，而我之客愁殊無已時。然今夕已無望星月矣，至他夕始更見其相鮮也。相鮮，言星月相映而明也。

　　此詩二首，首言驟雨，是時猶未夜，尚不見星月也。驟雨之後，既而夜矣，星月已交耿矣。映河映江，江邊之景也。珠連鏡升，星月之大明也。忽而餘光僅存，則更漏而夜深矣。況露華已凝，夜極深矣。始之以雨，終之以露，此江邊一夜之星月也。因風繫纜終於江邊，曉霧盡迷於船上，此時星月已離別而去，則天將曙矣。至雞鳴鷺浴，而曙色晴光灼然可見矣，不知歷歷之星、悠悠之月更在何處矣。從驟雨而夜，從夜而更深，從更深而天曉，從天曉而星月不見，我之客愁自若也。又從而望之他夕，則又自天曉而夕矣，星月復相鮮矣。始之以風霧，又終之以星月，此江邊再夕之星月也。一夕再夕，江邊星月仍自如此，故我之客愁無有已時也。詩意只「客愁殊未已」一句是兩首歸結處。「殊未已」三字正寫出上首「憶」字及「況乃」二字之神。

舟中對驛近寺

　　更深不假燭，月朗自明船。金剎青楓外，朱樓白水邊。城烏啼眇眇，野鷺宿娟娟。皓首江湖客，鉤簾獨未眠。

　　題是舟月，故首言不假燭而月自明船，次言月光所照，金剎則在青楓之外，題所云「近寺」也；朱樓則在白水之邊，題所云「對驛」也。前四句題已說盡，後四句只寫景以足之。邵二泉曰：「江陵松滋縣有白水鎮。」

　　眇眇，啼聲之遠而僅聞也。娟娟，宿態之近而可見也。舟與城遠，與野近，故月光之下所聞所見如此。

　　簾，舟中之簾也。鉤簾望月，白首之人獨不成眠，寫出泊舟淒涼之況。

舟中

　　江陵作。

　　風餐江柳下，雨臥驛樓邊。結纜排魚網，連檣並米船。今朝雲細薄，昨夜月清圓。飄泊南庭老，祇應學水仙。

風餐雨臥，舟中之貧況也。但近於驛樓，故排魚網，並米船。泊舟之處仍不得去喧而就靜。

忽而雲薄，忽而月圓。昨夜今朝，變態不同，而我之飄泊如故。與其流落南庭，不若學為水仙，庶免維舟於此，徒受風餐雨臥之苦也。趙傁曰：「南庭者，南方之庭，猶北地謂之北庭。南庭老，公自謂也。」邵二泉曰：「馮夷得為水仙，名河伯。」

官亭夕坐戲簡顏十少府

顏少府，公安尉也。公《醉歌行》：「神仙中人不易得，顏氏之子才孤標。」即其人也。時公在官亭夕坐，候顏少府歸，久而不至，故戲為此簡。此詩公安作。

南國調寒杵，西江浸日車。客愁連蟋蟀，亭古帶蒹葭。不返青絲鞚，虛燒夜燭花。老翁須地主，細細酌流霞。

庾信《夜聽搗衣》詩：「調聲不用吟。」《淮南子》：「日乘車，駕以六龍，羲和為馭。」首言夕坐官亭，但聞寒杵之聲，如相調習；西江之水，如浸日車，則日已落矣。杵聲在南國，是近聞；浸日為西江，是遠望。

蟋蟀夜吟，與客愁相連。蒹葭蒼蒼，帶亭色而古。寫官亭夕坐無聊之況。陸咸一曰：「言情悽惻，全在一『連』字。寫景荒涼，全在一『帶』字。若只云愁同蟋蟀，亭繞蒹葭，便淺薄無味。」

公久坐以待顏返，而顏竟不至，徒燒燭以待，倍覺無聊，故戲而簡之。末二句簡中之詞，謂老翁急須地主，爾當速歸，細細共酌流霞可也。

秋日寄題鄭監湖上亭三首

黃鶴曰：「鄭監即鄭審，湖在峽州而公在夔，故云寄題。」邵二泉曰：「峽州，今湖廣夷陵州也。」

碧草逢春意，沅湘萬里秋。池要山簡馬，月淨庾公樓。磨滅餘篇翰，平生一釣舟。高唐寒浪減，彷彿識昭丘。

草至秋而不碧，故曰「逢春意」。沅湘，楚水，鄭之湖亭所在也。「萬里秋」，言沅湘一帶之碧草俱逢春意，故萬里皆秋色也。

次聯「池」字貼「湖」，「樓」字貼「亭」。山簡鎮襄陽，每騎馬，臨高陽池。庾公樓，即南樓，在武昌。錢牧齋曰：「《方輿勝覽》：『南樓今在治郡南鶴山頂上，非庾亮所登。亮所登乃武昌安樂宮端門也。』」李鄂州《南樓記》云：

『孫氏更名漢鄂曰武昌。今州東八十里武昌縣是也。今鄂州乃漢沙羨。當晉咸康時。沙羨未始有鄂及武昌之名，庾亮安得至此？』」

三聯述己失志之感。自傷衰年磨滅，惟留翰墨在耳；漂泊孤身，惟一釣舟存耳。總寄意於湖亭也。

《高唐賦序》：「楚襄王與宋玉遊於雲夢之臺，望高唐之觀。」《漢書注》云：「雲夢中，高唐之臺。」張揖曰：「雲夢，楚藪也。在南郡華容縣，其中有臺館。」又曰：「妾，巫山之女也，為高唐之客。聞君遊高唐，願薦枕席。」蓋神女在巫山之陽，而其為高唐之客則在雲夢，故臺館皆在華容也。陽臺自在巫山，亦曰陽雲臺。《寰宇記》云：「陽雲臺高一百二十丈，南枕長江。」宋玉云：「遊陽雲之臺，望高唐之觀。」即此也。今云「高唐寒浪減」，殆亦指雲夢言之。徐文長《青藤路史》曰：「宋玉賦高唐，乃在湖廣漢陽府，而誤傳夔州之巫峽。」漢川上亦有陽台山。王仲宣《登樓賦》云：「北彌陶牧，西接昭丘。」《荊州圖記》曰：「當陽東南七十里有楚昭王墓，登樓則見所謂昭丘。」《水經注》：「沮水又南逕楚昭王墓，東封麥城，故王仲宣之賦登樓云『西接昭丘』是也。」黃鶴曰：「《長楊賦》：『從者彷彿，絡屬而言歸。』師古曰：『彷彿讀曰髣髴。』」

按：此詩題曰寄題湖上亭，是公遊鄭監湖之後，寄題其池亭之景物也。公有《暮春陪李尚書過鄭監湖亭泛舟》詩，又有《重泛鄭監湖》詩。《暮春》詩云：「春日繁魚鳥，江天足芰荷。」《重泛》詩云：「野水春來更接連。」是春作。此為秋作也。黃鶴云：「公在夔州寄題。」細玩三詩內絕不言夔州事，止因『高唐寒浪減』一句，遂認為夔之巫山耳。其實高唐在雲夢，則原屬沅湘地也。詩意謂想其池亭之碧草，已非復春泛之時。沅湘一望，萬里皆秋矣。秋來遊人必多，日要山簡之馬，月照庾公之樓。如前詩所云「不但習池歸酩酊，君看鄭谷去夤緣」是也。舊注以山簡、庾公謂公自喻，甚謬。「磨滅餘篇翰」，所云寄題也。「平生一釣舟」，是欲再泛也。高唐寒浪，必已漸減，是言秋盡之景。彷彿昭丘，登高可識，言湖亭之勝。細玩詩題，自知此詩止題湖亭耳。斷為公出峽以後作，非夔州作也。

新作湖旁宅，還聞賓客過。自須開竹徑，誰道避雲蘿。官序潘生拙，才名賈誼多。捨舟應卜地，隣接意如何。

湖旁宅，即湖亭也。賓客過，言其往來遊湖者不絕，隱用鄭莊置驛事。自須開竹徑而迎，誰道覆雲蘿而避，此言鄭之不辭賓客也。

晉潘岳仕宦不達，作《閑居賦》，曰：「雖窮塞有命，抑亦拙者之效也。」賈誼年少，負才名。借二子以喻鄭，謂其位雖卑而才實高，賓客慕才名而過之，並鄭亦不能避也。舊注謂潘、賈皆公自喻，非。

末聯公欲與鄭鄰接而居，愛其湖亭之勝也。曰捨舟，則時已出峽，在舟中，將到荊州矣。公詩云：「卜築應同蔣詡徑。」令卜地而願與接鄰，正與「自須開竹徑」一聯相應。意如何者，寄題以問之。

暫住蓬萊閣，終為江海人。揮金應物理，拖玉豈吾身。羹煮秋蓴弱，杯迎菊露新。賦詩分氣象，佳句莫頻頻。

唐秘書監掌圖書秘記，即漢之東觀也。《後漢書》云：「學者稱東觀為老氏藏室、道家蓬萊山。」故公《夔州詠懷寄鄭監》有「蓬萊漢閣連」之句。此詩首二句言鄭暫為秘書，即隱湖亭，故「暫住蓬萊閣，終為江海人」也。

漢二疏乞骸骨歸，上賜黃金二十斤嗎，太子贈以五十斤。既歸，日具酒食，待族人賓客，相與娛樂。故張景陽賦二疏詩云：「達人知止足，遺樂忽如無。揮金樂當年，歲暮不留儲。」《西征賦》：「飛翠緌，拖鳴玉。」以出入禁門者眾矣。此詩次聯正用二疏揮金意，言鄭謝秘書而歸，正可娛樂。當年揮金，固物理所當然。拖玉豈吾身所能事？謂其知幾能早退也。舊注甚謬。

三聯正言鄭監隱居湖亭之樂。秋蓴可煮，菊酒方新，形容湖亭秋景之勝，故下聯有「氣象」二字。

氣象，即湖亭景物之氣象也。「分氣象」，公欲與鄭分賦其景物也。既接鄰而居，便可分賦湖亭之勝，但恐鄭之佳句頻頻，不能追隨取勝耳，故曰「佳句莫頻頻」，言慎勿頻頻佳句，獨擅其美，使老夫不能分賦也。

合觀三首，總是寄題湖亭。首章遙望湖亭之勝，次章便欲鄰接而居，三章遂欲飲酒賦詩，以相歡樂。此公於春日一泛再泛之後，憶其氣象，不能去於胸中，故有此寄耳，非先寄而後泛也。

遠遊

江闊浮高棟，雲長出斷山。塵沙連越巂，風雨暗荊蠻。雁矯啣蘆內，猿啼失木間。敝裘蘇季子，歷國未知還。

惟江闊，故水光上映，高棟若浮。惟雲長，故斷續相間，山形若斷。遊之遠已見。

《華陽國志》：「司馬相如開僰道，通南中，置越巂郡。」荊蠻，即荊州。

此時荊蜀之間皆亂，塵沙風雨相接，公幾無處可棲身，浮沉於舟中而已。寫遠遊渺茫之狀。

《淮南子》：「雁從風而飛，以愛氣力；啣蘆而翔，以備弋繳。」盛弘之《荊州記》：「雁塞東西嶺屬無際，惟一處為下，朔雁連塞，矯翼裁度。」又，《淮南子》：「猿狖失木而擒於狐狸，非其處也。」公自喻如歸塞之雁，矯翼而纔能飛，正恐繒繳不免，故啣蘆以示之。又如失木之猿，哀啼不止。具見遠遊之苦。曰內，曰間，公身如在啣蘆之內、失木之間也。二字屬公。

末言季子歷六國，裘為之敝，其遊無所不至，而尚不知所歸。公之遠遊，正與相同。

重題

前有《哭李尚書之芳》五言排十韻，此又哭之，故曰《重題》。在江陵作。

涕灑不能收，哭君餘白頭。兒童相顧盡，宇宙此生浮。江雨銘旌濕，湖風井逕秋。遠瞻魏太子，賓客減應劉。

首言涕不能收，見哭而重哭。次言今日之哭君者，止餘我白頭一人在耳，所以不禁重哭也。前詩云：「相知成白首，此別間黃泉。」

次聯言兒童之交，不覺轉盼而盡矣，即頂「餘白頭」句。故我觀此生，真若浮漚。韓昌黎所云：「人欲久不死，而觀居此世者，何也？」與此語同悲。

李尚書，長安人也。今曰「江雨銘旌濕」，則但客葬於荊州，未曾返長安，故前詩曰「復魄昭丘遠」，又曰「旅櫬網蟲懸」。《蕪城賦》：「邊風急兮城上寒，井逕滅兮丘隴殘。」注：「九天有井，遂上有徑。」「湖風井徑秋」，亦是不能即返長安之意。二語寫出風雨蕭索之景，以見哭李淒慘之情。

魏太子，曹丕也。應瑒、劉楨為其賓客。李歷官禮部尚書，薨於太子賓客，故以應、劉比李。魏太子《與吳質書》曰：「應、徐、陳、劉，一時俱逝，痛可言焉！」公下為一己哭，上為太子悲，以見李薨於賓客之官，太子實失良輔焉，不獨慟吾私也。

哭李常侍嶧二首

唐制：左右散騎常侍隸門下、中書省，掌規諷過失，侍從顧問。黃鶴曰：「當是李死於嶺南而歸葬長安，公逢於江漢間而哭之。」

一代風流盡，修文地下深。斯人不重見，將老失知音。短日行梅嶺，寒山落桂林。長安若個伴，猶想映貂金。

前四句為一代哭，為斯文哭，為斯人哭，為自己哭，感慨極深。黃漢臣曰：「必一代風流，而後稱知音。否則哀弦繞白雪，未與俗人操矣。痛念亡友處，正高提身份處。」

梅嶺、桂林，言李常侍之櫬自廣南而來。日短、山寒，備極巇嶮也。

唐制：侍中冠金蟬珥貂。「長安若個伴，猶想映貂金」，非謂長安之人莫能如李，故追想不置，蓋謂一死一生，乃見交情。昔日同朝之侶，誰能追念風儀，如昔人下西州之慟、發酒壚之痛者乎？惟世莫知思李，此公所以益深思而不置也。

青瑣陪雙入，銅梁阻一辭。風塵逢我地，江漢哭君時。次第尋書札，呼兒檢贈詩。發揮王子表，不愧史臣詞。

青瑣，省中門也。銅梁，蜀中縣名。首言公與李昔嘗同官，陪入青瑣。及李常過銅梁，公未及以一辭相送，故追憶其事而哭之。

次聯即指歸櫬言，謂旅櫬風塵，今乃逢我於此地。我在江漢之中，不意為哭君之時也。

「次第」、「呼兒」，以「第」對「兒」，借對法也。李曾有書寄公，今次第而尋，不忍遺佚也。公亦曾有贈李之詩與否，則呼兒而檢之。乃知「銅梁阻一辭」，公歉然未有贈李辭也。

李乃宗室之子，故以王子稱之。《漢書》有《王子侯年表》。此言李之歸葬，其生平事業盡堪發揮，史臣為其誌銘者，詞雖褒美，李實當之而無愧也。敘其生前，誌其身後，公之哭李，可云生死無遺憾者矣。

山館

草堂本作《移居公安山館》。應是大曆三年作。

南國畫多霧，北風天正寒。路危行木杪，身遠一作「迥」。**宿雲端。山鬼吹燈滅，廚人語夜闌。雞鳴問前館，世亂敢求安。**

公居公安詩，每雲南國。如「南國調寒杵」、「南國旱無雨」是也。《赴蜀》詩又云：「不成向南國。」明以江陵為南國矣。公久憩公安，歲暮始發，正天寒北風時也。

鮑明遠詩：「雲端楚山見。」《楚辭》有《山鬼》篇。此山館必屬楚地，正公安山館也。傅玄詩：「廚人進藿茹，有酒不盈杯。」

歸叟《詩文發源》云：「老杜云：『廚人語夜闌。』東坡云：『燈火青熒語

夜深。』山谷云：『兒女燈前語夜深。』余以為當以先後分勝負。」愚按：公再赴成都時，挈妻子同行，何至山鬼吹燈，獨與廚人語？即此知為公安山館矣。梁權道謂是從閬州再赴成都時作，失於不考。

顧聖猶曰：「首言移居時風景之惡，次言移居時道路之苦，三言夜宿山館寂寞之況，結言曉發山館感慨之情。」

客舊館

大曆三年作。舊編在梓州，誤。

陳迹隨人事，初秋別此亭。重來梨葉赤，依舊竹林青。風幔何時卷，寒砧昨夜聲。無由出江漢，愁緒一作「秋渚」。日冥冥。

人事一番經歷，便成既往。其有迹可見者，惟經歷之地耳。所云舊館是也。舊館在則陳迹在，而忽忽記憶，覺當年之人事亦在，是陳迹隨人事而存也。考公是年三月至江陵，秋發荊南，移居公安，憩此縣者數月。《入蜀記》云：「公《移居公安》詩：『水煙通徑草，秋露接園葵。』而《留別大易沙門》云：『沙村白雪仍含凍，江縣紅梅已放春。』則是初秋至此縣，暮冬始去。此云『初秋別此亭』，正別公安之舊館也。」

公惟憩此縣者數月，故有時再客此亭。重來而梨葉已赤，則暮秋之景矣。竹林則依舊長青也。從竹林之青點出「依舊」二字，為「舊館」二字寫情。

風幔，客亭之幔，乃藉以蔽風者，今將復用矣。曰「何時卷」，致問舊館之人，昔何時卷，今置風幔於何所也。寒砧之聲則昨夜已聞，正是禦冬之候矣。

邵二泉曰：「江漢，峽口外也。江水出茂州岷山，東流自夔州，至荊州與漢水合。漢水出漢中府沔縣嶓冢山，東流至襄陽，又南流至荊州，與江水合。公又自傷出江漢之無期，故愁緒日昏然也。」

公《曉發公安》詩云：「江湖遠適無前期，出門轉眄已陳迹。」正與此首宜參看。蓋在夔則急思出峽，在江陵則又急思出江漢，志在一往而南，身愈南而心愈北，雖舟楫渺然，陳迹轉眄，所歷之地愈多，而所存之心則一也。愁緒冥冥，心不能自言，正謂迹則日陳，前期無定，徒隨人事以碌碌，誰知余出江漢之心哉？俯仰往事，皆舊館之地，則皆作客之地。然則何日是歸期耶！按：聲字出韻。公五言律失韻者，惟此一首。

公安縣懷古

公安縣屬荊州府，三國時，先屬劉先主，後屬吳孫權。

野曠呂蒙營，江深劉備城。寒天催日短，風浪與雲平。灑落君臣契，飛騰戰伐名。維舟倚前浦，長嘯一含情。

《寰宇記》：「公安縣有屬陵城。《十三州志》：『吳大帝封呂蒙為屬陵侯』，即此地也。」《入蜀記》：「光孝寺後有廢城，髣髴尚存。《圖經》謂是呂蒙城。」《荊州記》云：「劉備敗於襄陽，南奔荊州，吳大帝推為左將軍、荊州牧，鎮油口，即居此城，時人號備為左公，故名其城曰公安。」《名勝志》：「劉備城在大荊湖尾，有慈音寺，俗傳是先生中軍寨，去州北七十里，俗謂之金門劉備城。」首二句對起所懷之古蹟也。曰野曠，言其營已不可問。曰江深，言當日有險可恃也。

「寒天催日短」貼「野曠」，惟野曠，故日寒益短。「風浪與雲平」貼「江深」，惟江深，故波浪齊雲。二句寫景，申言上聯。「灑落君臣契」貼「劉備」，備之為君灑落，能不設疑以待人，故與諸葛、關、張君臣最相契合。「飛騰戰伐名」貼「呂蒙」，蒙為吳之虎將，其戰伐之名甚著，如襲關羽之類是也。

前六句是古蹟，末二句是懷。公維舟前浦，不覺為之長嘯。長嘯者，蹙口出聲，以舒憤懣之氣也。謂昔日之英雄，今皆何在，惟營與城，依稀可尋耳。我方欲長嘯而舒其氣，乃為之一含情焉。所云含情者，懷之至也。

久客

黃鶴曰：「廣德二年閬州作。」牧齋先生亦從黃編，俱誤。《千家注》編在大曆三年作，是也。

羈旅知交能，淹留見俗情。衰顏聊自哂，小吏最相輕。去國哀王粲，傷時哭賈生。狐狸何足道，豺虎正從橫。

公《荊南述懷》詩云：「饑籍家家米，愁徵處處盃。休為貧士歎，任受世人咍。」則知公久憩公安，知交絕少。淹留其地，惟與俗人為伍。又云：「苦搖求食尾，常曝報恩鰓。結舌防讒柄，探腸有禍胎。」則衰顏自哂，小吏相輕，種種不堪之狀自見。誰謂淵明之去職不為折腰也耶？

王粲之哀，賈生之哭，即《述懷》詩「蒼茫步兵哭，展轉仲宣哀」是也。既傷時俗之見侮，又歎吾顏之日衰。久客之況，真有不堪向人言者。

張孟陽《七哀詩》：「季葉遭喪亂，盜賊如豺虎。」《張綱傳》：「豺狼當道，安問狐狸？」公以狐狸比小吏，豺虎比亂賊。謂一己之見侮，猶可自解也；天下之遭亂，其必不可解也。《述懷》詩云：「蛟螭深作橫，豺虎亂雄猜。」意必

有所指。時楊子琳、崔寧之徒互相攻擊，所云「豺虎正從橫」，或指此而言。黃鶴以為因吐蕃之亂，謬矣。

公安送李二十九弟晉肅入蜀餘下沔鄂

晉肅，李賀之父，見韓退之《諱辯》。

正解柴桑纜，仍看蜀道行。檣烏相背發，塞雁一行鳴。南紀連銅柱，西江接錦城。憑將百錢卜，漂泊問君平。

柴桑里，在江陵。公以是年冬發公安，往岳陽，而晉肅自江陵入蜀也。二句言彼此所向之方。

檣烏，帆檣之上，刻為烏形，以占風候者也。公往沔鄂，李入蜀道，故二舟相背而發。「塞雁一行鳴」，即鳴雁以寫兄弟惜別之情。烏、雁俱是借用。

南紀，漢水也，下沔鄂所泛。《碑目》云：「桐柱在衡陽縣城北百二十里。吳黃武二年，都督程普與蜀關羽分界，共立桐柱為誓。」即此處，非馬援之銅柱也。公已南下，尚與銅柱相連。李往錦城，則從西江而泛。此二句正是相背發。

嚴君平賣卜成都，日得百錢，則閉肆下簾。公欲託李以問之，言將來不知漂泊何所，與「南紀連銅柱」句相連映有情，又與「接錦城」相關會。公詩結構絡之妙如此，人亦未易看出。

嚴顥亭曰：「余讀李白《送友人入蜀》詩，結云『升沉應已定，不必問君平』。杜欲問而李又不欲問，總是一般流離之感。問固無聊，不必問更無聊也。」

歸雁

大曆三年春作。

聞道今春雁，南歸自廣州。見花辭漲海，避雪到羅浮。是物關兵氣，何時免客愁。年年霜露隔，不過五湖秋。

廣州係嶺南，乃極南之地，雁所不到也。今春之雁，自南北歸，獨從廣州而去，誌異也。《唐會要》：「大曆二年，嶺南節度使徐浩奏：十一月二十五日，當管懷集縣，陽雁來，乞編入史。從之。先是五嶺之外，翔雁不到。浩以為陽為君德，雁隨陽者，臣歸君之象也。」史稱浩貪而佞，然亦物變也。

謝承《後漢書》：「陳茂常渡海，交趾七郡皆從漲海入貢。」漲海又極南之地，今雁見花而始辭漲海，是雁先已到漲海也。羅浮山在嶺南惠州，今雁避雪

而直到羅浮，是雁飛且能至羅浮也。五嶺之外，雁翔不到，何獨今春之雁乃有不然者？二語正承「南歸」句。

「關兵氣」，言西北方用兵，殺氣甚盛。是的葉藩之亂未息也，故雁避兵氣而至極南。物且如此，何怪我之南行也。然則公詩所云「南征且未回」及「的的近南溟」，亦猶雁直到漲海、羅浮之意也，客愁更何時可免？

末二句始點明題意。《地志》：「衡山一陽峰極高，雁不能過，遇春北歸，故名回雁峰。」平子賦云：「南翔衡陽，避祈寒也。」五湖在衡陽之門間，是年年之雁雖欲避霜露，亦隔而不能過五湖也。雁秋則南來，故曰「五湖秋」。惟年年之雁不能過五湖，而今春之雁獨「南歸自廣州」，故曰誌異也。

按：此詩公借雁以自喻也。北歸者，公之心。以欲北歸之人而且為南行，非得已也，亦因兵氣所逼，不得不然，故終年不免作客之愁也。今雁且避於極南，是不能極南者而亦南矣，豈非是物之變亦關於兵氣乎？首曰「聞道」，非公所自見也，特聞嶺南節度徐浩之奏，故作是詩耳。奏在二年，則詩必作於三年之春也。三年春，公始出峽至江陵，然已有衡嶽之志矣。此詩向無解者，余為注明，恰合公衡嶽之行，杜陵老應為點首不已。

黃維章曰：「『是物關兵氣』是通首之關捩。本屬避寒，乃亦因亂而遠飛，亦若避亂者然。閩中雁少，粵中雁尤少，以地太煖，山谷時有瘴氣，雁雖欲就煖，不能受瘴故也。惟處處烽燧，而雁始遠徙。觀雁足以知兵氣之驅人矣。引徐浩之奏洗發「聞道」，拈出誌異二字，句句通徹。謂匡解頤，修遠殆凌出其上。結句以千秋映春，以年年映今春，誌異之旨尤為快絕。」

纜船苦風戲題四韻奉簡鄭十三判官泛

在岳陽作。

東岸朔風疾，天寒鶬鴰呼。漲沙霾草樹，舞雪渡江湖。吹帽時時落，維舟日日孤。因聲置驛外，為覓酒家壚。

此詩與《官亭夕坐》同格。前六句皆纜船苦風，結聯戲簡鄭判官也。

鶬鴰，水鳥。惟朔風疾，故天益寒，而鳥亦相呼也。

沙之漲，至草樹俱為所霾。雪之舞，至遠飄江湖而過。以至吹帽、維舟，皆「朔風疾」使然。

《漢書》：「鄭莊置驛。」簡鄭判官，故云然。又，《漢書》：「文君當壚。」注：「賣酒之處，累土為壚，以居酒甕，形如鍛爐。」公當此朔風，孤舟獨維，

無可寄語。因寄聲判官,置驛正當在此時。再於置驛之外,為我覓酒家壚,以禦此寒風可也。望判官者不一而足,故曰戲題。

泊岳陽城下

岳陽城,岳州也,居天岳山之陽,故曰岳陽。《輿地志》云:「天岳山在洞庭湖中,一名慕阜,州據其陽。」

江國逾千里,山城僅百層。岸風翻夕浪,舟雪灑寒燈。留滯才艱盡,艱危氣益增。圖南未可料,變化有鯤鵬。

首二句言岳陽之形勝。岳陽城在山之陽,其城最高,故言己自長安來,所歷江國已逾千里,而山城之高峻僅見此百層。「僅」字宜如此講。舊注云僅亦百層,大為岳陽城減色。

次聯泊城時之景也。泊舟既夕,故舟中有燈。因風生浪,因雪生寒,寫出舟近岸時無限淒苦。留滯艱危,正因風雪來。《史記‧自序》言其父太史公留滯周南,執遷手而泣曰:「無忘吾所欲論著。」公亦自負著述之才,當此羈旅,不忍自沒其志,故不覺吐露如此。「艱危氣益增」,猶馬援所云「大丈夫窮當益堅,老當益壯也」。上二字自悲,下三字自負。然非此城,亦無發公之才,莊公之氣。

《莊子》鯤化為鵬,而後乃今圖南。公方極南而往,故用《莊子》語以自喻。有才有氣,將來變化未可測,不自信終於艱危留滯也。胡邌叟曰:「此城下纔著得此語。」

登岳陽樓

昔聞洞庭水,今上岳陽樓。吳楚東南坼,乾坤日夜浮。親朋無一字,老病有孤舟。戎馬關山北,憑軒涕泗流。

《方輿勝覽》:「岳陽樓,在郡治西南,西面洞庭,左顧君山。」

首二句言昔聞洞庭之水,今上岳陽樓,而始得觀其勝也。題是登岳陽樓,前四句卻只賦洞庭水。

次聯極言洞庭連亙之廣。地裂開曰坼。吳與楚相接,言此湖在吳之南,楚之東也。《水經注》:「湖水廣圓五百餘里,日月若出沒於其中。」故日夜之間,無時不與天地相浮蕩,乾坤似反為其所浸者然。

後四句因登樓而有感也。「親朋無一字」,故老病惟有孤舟。「戎馬關山北」,故憑軒不覺淚流。本聯意各相承,然親朋既無一字,而老病中尚賴有孤

舟可以浮泛，登眺差足自慰。且從南望北，戎馬關山，真堪流涕。只「憑軒」
二字，身在樓而心已馳於北矣。

錢牧齋曰：「岳陽樓不知創始。開元四年，張說出守是邦，與才士登臨賦
詠，自爾名著。方回曰：『予登岳陽樓，左序毬門，壁間大書孟詩，右書杜詩，
後人不敢復題也。』劉長卿云：『疊浪浮元氣，中流沒太陽。』世不甚傳，他
可知矣。」

董斯張曰：「葉敬君《書肆說鈴》云：『《岳陽樓》詩若無吳楚東南坼一句，
則乾坤日夜浮疑於詠海矣。不如孟詩氣蒸雲夢澤，波撼岳陽城，得洞庭真
景。』按：酈善長《水經注》云：『洞庭湖廣五百里，日月若出沒其中。』少
陵實本此意。不讀酈生書，不知杜句之妙也。或疑洞庭楚地，何得以吳繫之？
按：盛弘之《荊州記》：『君山在洞庭湖中，上有道，通吳之包山。今吳之太湖
亦有洞庭山，以潛通君山，故得名耳。』陰鏗《青草湖詩》：『穴去茅山近，江
連巫峽長。』吳楚東南自是洞庭本色，確不可易。又，王子年《拾遺記》云：
『洞庭山浮於水上。楚懷王時，舉秀才賦詩於水湄，故云瀟湘洞庭之樂。』一
『浮』字，少陵亦不肯泛用如此。」

過洞庭湖

洪玉甫云：「有人得之江中石刻，《王直方詩話》云：『此老杜《過洞庭湖》
詩也。』潘淳云：『元豐中，有人得此詩刻於洞庭湖中，不載姓名，以示山谷。
谷曰：子美作也。』今蜀本已收入。」

蛟室圍青草，龍堆擁一作「隱」。**白沙。護堤盤古木，迎檣舞神鴉。破
浪南風正，回檣畏日斜。湖光與天遠，直欲泛仙槎。**蜀本：「雲山千萬疊，
處處上仙槎。」

按：洞庭君山有八景，射蛟浦其一也。相傳漢武帝登是山，射蛟於浦，故
名。又，《洞庭記》云：「楊子洲常苦蛟患，昔荊佽飛入水，斬蛟而去。」此詩
所云「蛟室」也。洞庭湖，實圍青草，所謂重湖也。以其重，故曰圍。又按：
金沙洲在洞庭湖中，一名龍堆，延袤數里。所云「龍堆擁白沙」也。舊白沙驛
置於此。

又按：君山多古木，少草，上有野馬數十匹，歲久滋生。夏秋止食木皮。
盤古木應本此。董斯張曰：「『護堤盤古木，迎檣舞神鴉』，老杜洞庭詩句。或
謂張勃《吳錄》云：『彭蠡有鳥，善接丸。行人丸飯投之，高下無失，至今呼

為神鴉。」梁劉刪《宮亭湖詩》:『檣烏排鳥路。』神鴉似非楚產也。此詩覺杜老少檢點處。考《岳陽風土記》云:『巴陵鴉甚多,土人謂之神,無敢弋者。』唐張裕《送韋整尉長沙》詩,亦有『風帆彭蠡疾,雲水洞庭寬。木客提蔬束,江烏接飯丸』之句。然則殘食飼鴉,非獨宮亭湖也。『讀書破萬卷』,真非妄語也哉!」

護堤者,惟古木盤焉。古木而外,無可護之物也。迎櫂者,惟神鴉舞焉。神鴉而外,無迎舟之物也。首聯見湖之險,次聯見過湖之孤。

後四句言過湖之景也。破浪而行,恰值風之正,謂過時正是南風。回檣而望,惟恐日之斜,慮日落則難行也。一望湖光,與天俱遠,此泛亦何異仙槎之上天乎?聊作喜慰之詞。

陪裴使君登岳陽樓四韻

裴使君,必岳守也,大曆四年春作。

湖闊兼雲霧,樓孤屬晚晴。禮加徐孺子,詩接謝宣城。雪岸叢梅發,春泥百草生。敢違漁父問,從此更南征。

惟湖闊,故益覺樓孤。雲霧之氣未散於湖中,而已屬晚晴矣。闊處難收霧,高處亦見情也。

陳蕃為太守,不接賓客。惟徐孺子來,特設一塌。喻使君之能禮公也。謝玄暉為宣城太守,詩名最著。喻使君之能詩也。三聯登樓所見,即景以記時。

《史記》:「屈原放逐,行吟澤畔,漁父見而問之。宋玉作《招魂》曰:『獻歲發春兮,汨吾南征。』」按:「南征」字出《招魂》,乃宋玉作於屈原死後者,與漁父無涉。屈原以行吟江譚,見問漁父,因發獨醒之論,漁父以與世推移告之。公之戀戀非闕,正原不忘宗國之義,所謂人濁獨清、人醉獨醒也。今不得已,而亂離阻隔,與世推移,不能北去,而反南征。正漁父所謂掘泥揚波,哺糟啜醨,混俗和光之意。萬萬非其所欲,故曰「敢違漁父問」,言不敢違時而獨往,宜其顏色憔悴,形容枯槁如原也。觀下「湖雁雙雙起,人來故北征」,恨不能與雁俱北。又,「萬象皆春氣,孤槎自客星」,恨其身近南溟,不得共沾春氣。則公之情見矣。

宿青草湖

《元和郡國志》:「巴丘湖,又名青草湖,在巴陵縣南七十九里,周廻二百六十五里。俗云即古雲夢澤也。」黃鶴曰:「青草湖在岳州,與洞庭湖相接。」

洞庭猶在目，青草續為名。宿槳依農事，郵籤報水程。寒水爭倚薄，雲月遞浮明。湖雁雙雙起，人來故北征。

《南遷錄》：「洞庭湖西岸有沙洲，堆阜隆起，上有青草廟。一湖之中有兩洲，南名青草，北名洞庭，所謂重湖也。」故公詩云「洞庭猶在目，青草續為名」，蓋言一湖而分兩名耳。

舊注云：楚人於湖中種田，故宿槳依於田所。郵籤，漏籌也，舟中所用以知時者。邵二泉曰：「周中所用以報水程者。」按：此解似於公宿無關涉。此二句正公初宿湖旁之事，言己之舟停槳，依岸而宿，與岸上之農家相依也。舟中安得有漏籌？意公在舟，聽岸上之更籌，因知所宿之為何地，夜宿之為何時。是我所行之水程郵籤若報我也。

三聯既宿湖後之景。因宿船者多，故不覺爭倚。因爭倚，故不避寒冰，而寒冰頓為之薄。此句承「宿槳」。雲時掩月，遞浮而復明，此舟中不寐所見。惟郵籤時警，故云月倍為關心。此句承「郵籤」。

公心在北征，身則日從南往。望北征之雁，心實羨之，反若湖雁雙雙而起，見我從南而來，故為北征以相惱者然。

宿白沙驛

驛因白沙而名。公自注：「初過湖南五里。」

水宿仍於照，人煙復此亭。驛旁沙舊白，湖外草新青。萬象皆春氣，孤槎自客星。隨波舞限月，今本作「好」。的的近南溟。

《湘中記》曰：「湘川清照五六丈，下見底石如樗蒲，五色鮮明，白沙如霜雪，赤崖若朝霞。」此云「水宿仍於照」，謂水清能照見白沙也。曰「仍於」者，見宿之時，已將暝色矣，而水之清仍有餘照，正形容水極清澈意。方與「白沙」二字相貼有情。舊注落日餘照，非。「人煙復此亭」，言驛也。一路行來，未免荒墟岑寂。今到此驛，復見人煙，喜此處尚可宿也。

次聯承首句。時過青草湖未還，故言驛邊之白沙，其名已久，今仍舊是白，因見水餘照而知之；湖上之青草，其名亦已久，今復見新青，即指青草湖而言。從驛而望，則青草湖已在外也。舊注只以草新青為春色，竟忘卻青草是湖矣。

三聯承次句。惟人煙湊密，故見萬象之皆春，此驛中依然有人物熙熙之景。而我乘孤槎而到此，居然獨自為客星，見此驛之人莫有能為我主者。獨宿

淒涼之涼如此，是我獨不能沾春氣也。

　　《莊子》：「鵬鳥海運則將徙於南溟。南溟者，天池也。」此行隨波而往，但見月明之景無限，的的欲近南溟。莊生之南溟尚屬虛詞，我則卻然欲到矣，無非漂流無已之歎。樓鑰曰：「的的，昭著貌，謂乘月之明以到南溟也。」亦是。

湘夫人祠

　　《水經注》：「湘水又北，逕黃陵亭西，又合黃陵水口。其水上承太湖，湖水西流，逕二妃廟南，世謂之黃陵廟。言大舜之陟方也，二妃從征，溺於湘江，神遊洞庭之淵，出入瀟湘之浦，故民為立祀於水側焉。」《方輿勝覽》：「黃陵廟在湘陰北八十里。」王逸注《楚辭》，以湘君為水神，湘夫人乃二妃也。郭璞曰：「天帝之二女，而處江為神。江湘之有夫人，猶河洛之處妃也。」禮：五嶽比三公，四瀆比諸侯。今湘川不及四瀆，無秩於命祀，而二女帝者之後，配靈神祇，無緣下降小水而為夫人也。韓退之《黃陵朝碑》則以娥皇為湘君，女英為湘夫人。後世宗之。公此詩題曰《湘夫人祠》，蓋本王逸之說。大曆四年春作。

　　蕭蕭湘妃廟，空牆碧水春。蟲書玉佩蘚，燕舞翠幃塵。晚泊登汀樹，微馨借渚蘋。蒼梧恨不淺，染淚在叢筠。

　　首四句追廟宇之始建，悲今日之荒涼也。蕭蕭，整飾貌，原其始也。廟之初建，未嘗不蕭蕭可觀，今則牆空而碧水自春矣。玉佩為蟲所蝕，未免苔蘚斑剝矣。翠幃為燕泥所污，盡皆塵土矣。昔何其蕭蕭，今何其荒墟，不覺感慨繫之。

　　三聯因泊舟而瞻廟，以盡微敬也。汀，水際也。水際皆樹，晚泊而近汀樹，遂登臨也。蘋，所以羞神者。即借其渚中之蘋，以達我微馨之敬也。舊注云：聞汀際蘋香，公因而採食之。蘋安得有香？且不用香字而用馨字，便知薦蘋為馨神矣。觀一「借」字更可見。

　　蒼梧在廣西。《九域志》：「二妃廟在全州。舜死，葬於蒼梧之野。二妃從之不及，溺於沅湘之間，故湘別有祠。」張華《博物志》：「二妃淚下，染竹成斑。」望蒼梧而恨不淺，正從湘以望蒼梧也。惟欲從蒼梧而不能到，故死而猶望之。惟溺於湘而不能至蒼梧，故淚僅留湘筠也。湘筠之淚正是望蒼梧之淚。二妃死得其正，故湘民至今祀之。末二句言二妃應祠之故。

祠南夕望

百丈牽江色，孤舟泛日斜。興來猶杖屨，目斷更雲沙。山鬼迷春竹，湘妃倚暮花。湖南清絕地，萬古一長嗟。

百丈，所以牽船者。泛日斜，所云夕望也。前詩言晚登，但瞻祠耳。此更從祠南而夕望。

杖屨，登臨之具。方興來而欲望，乃云而更沙，望目若為之斷。蓋湘夫人，古之傷心人也。神魂在煙水渺茫之間，自不禁極目迷離也。

《楚辭·山鬼》篇：「余處幽篁兮，終不見天。」迷春竹，即借用淚染叢筠意。山鬼亦隱喻湘夫人之神魂也。依暮花，言其祠旁有花，祠即依花而建也。曰迷、曰暮，皆是夕景。

末言湖南之地，一望清絕，而湘夫人祠在焉。蒼梧之恨，萬古一長嗟也，仍繳到湘夫人結意方緊。若云公以客況之悲，興嗟萬古，便寬套不成局，未免處處可用矣。

登白馬潭

趙汸曰：「白馬潭在潭州。」愚考越州巴陵縣有白馬湖。劉禹錫云：「采苓女，白馬湖。」又，彭城洲在巴陵縣東北。《水經注》云：「江水又東，逕彭城口，北對隱磯。二磯之間，有巨石孤立大江中。東江浦，世謂之白馬口。」李太白詩「側疊萬古石，衡為白馬磯。」

水生春纜沒，日出野船開。宿鳥行猶去，叢花笑不來。人人傷白首，處處接金杯。莫道新知要，南征且未回。

首四句言舟行。春水方生，纜為之沒。惟水沒，故牽纜者不可行也。既不可行，宜且泊舟矣。乃日方出而野泊之船既開，見欲行之速也。

鳥則宿矣，吾行猶去。此指行時偶見宿鳥而言，非謂夜宿之鳥也。岸上之叢花，若望我而笑。吾舟自行，不能呼之使來，總狀舟行不止之意。

後四句方是登白馬潭。舟過白馬潭，必有要公者，故暫起舟而登焉。人人傷白首，指白馬潭主人而言，謂此間之人雖係新知，反若人人有憐老之意，而處處以金杯相勸，為我暫慰行色也。公《荊南述懷》詩有「饑藉家家米，愁徵處處杯」之句。

《楚辭》：「樂莫樂兮新相知。」要，即要於路之要，謂到此為新知留住也。「要」字不必作平聲讀，其義自如此。

前四句言舟行不肯暫止，宜過白馬潭而亦不登矣。乃人人傷之，處處飲之，何白馬潭之人人反有此流連無已之情。然莫道新知終能要我，我從此南征，正未回也。仍是急於行舟之意。

黃漢臣曰：「此詩從無解者，然既無要公之人，公亦不登白馬潭矣。反覆題義，無以易此說。不如此，則與上四句不接矣。要字仍作去聲讀。所云扼其要路也。」

野望

納納乾坤大，行行郡國遙。雲山兼五嶺，風壤帶三苗。野樹侵江闊，春蒲長雪消。扁舟空老去，無補聖明朝。

納納，廣大包容之貌。《古詩》：「納納江海深。」《古樂府》：「行行重行行。」一望而乾坤甚大，愈行而郡國甚遙，寫出野字之景。《元和郡國志》：「晉懷帝分荊州湘中諸郡，置湘州。南以五嶺為界，北以洞庭為界。隋平陳，改為潭州。《書傳》曰：『三苗之國，左洞庭，右彭蠡。』《潭州圖經》云：『三苗，國之南境。』」中四句遠望近望，總見乾坤之大，行無已時也。

野樹侵而反覺江之闊，春蒲長而已見雪之消。上句畏其風波之難行，下句喜其春色之可行。

末自歎老於道途，為聖朝之棄物。然正有不甘自棄意。抱負甚大，感慨甚深。

入喬口

公自注：「在長沙北界。」黃鶴曰：「《唐志》：『潭州有喬口鎮兵。』《名勝志》：『雲母山下，為喬口鎮，當益陽喬江之口。』」

漠漠舊京遠，遲遲歸路賒。殘年傍水國，落日對春華。樹蜜早蜂亂，江泥輕燕斜。賈生骨已朽，悽惻近長沙。

首二句言故鄉迢遞，而歸路阻隔。次聯言老客他鄉，而對景傷懷。三聯承春華來。樹蜜，即崖蜜之類。蜂忙燕舞，喜又見春景也。末傷賈誼之貶長沙，公有同感焉。故進長沙之地，不入覺更悽惻也。

《名勝志》：「賈誼宅，在濯錦坊。舊有太傅井尚存。」唐劉長鄉詩：「三年謫官此棲遲，萬古惟留楚客悲。秋草獨尋人去後，寒林空見日斜時。漢文有道恩猶薄，湘水無情弔豈知。寂寂江山搖落處，憐君何事到天涯。」可想悽惻之況。

銅官渚守風

《水經注》：「湘水右岸，銅官浦出焉。湘水及北，又逕銅官山，西臨湘水。山土紫色，內含雲母，故亦謂之雲母山。」《方輿勝覽》：「銅官渚，在寧鄉縣界三十里。」舊注：楚鑄錢處。

不夜楚帆落，避風湘渚間。水耕先浸草，春火更燒山。早泊雲物晦，逆行波浪慳。飛來雙白鶴，過去杳難攀。

未夜而已落帆，風不可行也。次聯言湘渚之俗，因守風而書所見也。應劭曰：「燒草下水種稻，草與稻俱生，高七八寸，因悉芟去，復下水灌之，草死而稻獨長，所謂火耕水耨也。」

雲物晦，因風而晦也。雖早泊而雲物已晦，欲逆行而波浪更慳。此言不得不守之故。

《古樂府》有「飛來雙白鶴」三篇。此賦即景也。鶴乘風而逾迅，故不可攀。以見己之不如鶴也。

雙楓浦

在潭州瀏陽縣。《名勝志》：「瀏水至縣南三十五里，為青楓浦。縣有八景，楓浦漁樵其一也。」

輟棹青楓浦，雙楓舊已摧。自驚衰謝力，不道棟樑材。浪足浮紗帽，皮須截錦苔。江邊地有主，暫借上天回。

此因泊舟雙楓浦，而傷雙楓之摧也。衰謝，正言其摧雙楓自驚，而人亦不複道其為棟樑材矣。「自驚」從「摧」字來，「不道」從「舊」字來。力已不支，故自驚。材已非舊，故不道。

浪足以浮紗帽，言浪之高也。惟浪高，故輟棹。應首句。皮雖古，止錦苔堪截。言其材已無用矣，正傷其舊摧也。應次句。

末言材既不堪為棟樑，已無所用於廊廟，庶幾從主人而問之，斷為浮槎，藉以上天而回乎？公雖南行，仍不忘乘槎北斗之思。

晚秋長沙蔡侍御飲筵送殷參軍歸澧州覲省

澧州屬岳州府。

佳士欣相識，慈顏望遠遊。甘從投轄飲，肯作置書郵。高鳥黃雲暮，寒蟬碧樹秋。湖南冬不雪，吾病得淹留。

佳士，指殷參軍。慈顏，參軍之母也。言吾方與佳士相識，不欲其歸，而

殷之母日望遠遊之子,則殷不得不歸也。

投轄,言蔡之好客。殷既為其所留,公亦甘從而飲也。今殷之去,肯為我作置書郵否乎?用殷洪喬事,以比參軍。正恐參軍去速,無暇為我郵書耳。

鳥飛自高,而黃雲已暮。寒蟬無聲,而碧樹皆秋。寫出晚秋之景。湖南地暖,故冬亦少雪。病夫畏寒,此地尚可淹留也。聊作自慰之詞。實因殷歸省覲,而歎己之不得歸耳。

送趙十七明府之縣

必南縣也。舊注謂之杜陵,非。

連城為寶重,茂宰得才新。山雉迎舟楫,江花報邑人。論交翻恨晚,臥病卻愁春。惠愛南翁悅,餘波及老身。

秦昭王以十五城易趙璧,故曰連城。因送趙明府,借用趙事。茂宰,茂才之宰也。次聯借魯恭馴雉,潘岳種花,以美其之縣。三聯敍己情也。

趙必為南方之令。近於衡潭間,故欲其惠愛及於南翁,而餘波及公也。公詩:「南翁憤始攄。」

舟中夜雪有懷盧十四侍御弟

黃鶴曰:「此詩當是盧送韋大夫歸柩,公對雪而懷之也。大曆四年冬作。」

朔風吹桂水,大雪夜紛紛。暗度南樓月,寒深北渚雲。燭斜初近見,舟重竟無聞。不識山陰道,聽雞更憶君。

桂水在長沙府湘潭縣。《名勝志》:「漢高帝分長沙,置桂陽郡。」戎昱《送張秀才之長沙》詩「雖云桂嶺北,終是洞庭南」是也。惟朔風急,故夜遂大雪紛紛。下句因上句。《風土記》云:「岳陽樓城,西門樓也。南樓陽公臺。皆見岳陽詩詠,今並無遺迹可尋。或云楚澤門,舊南樓也。《楚辭》:『懷帝子兮北渚。』則北渚即湘江中之北渚也。」公從岳陽之潭州,時已將到潭矣,南樓、北渚皆在岳陽,時舟已過岳陽矣,故想南樓夜月,北渚層雲,俱從雪中暗度,亦不知其地之寒更深也。

三聯言燭斜之時,初尤近而始見,此時雪尚初飄也,忽覺舟頂沉重,而絕不聞雪聲,其積已甚厚矣。

前六句俱是詠舟中夜雪,末二句方是懷盧。王子猷雪夜訪戴。今云「不識山陰道」,正言雪滿道而路不能辨也。既不能訪盧惟於舟中,聽雞而憶君耳。雪竟無聞,惟雞可聽,仍寫出舟中夜雪四字。

歸雁二首

  萬里衡陽雁，今年又北歸。雙雙瞻客上，一一背人飛。雲裏相呼疾，沙邊自宿稀。繫書元俗本作「無」。浪語，愁寂故山薇。

  衡陽有回雁峰，故雁飛萬里，至衡陽即北歸。今年又北歸矣。雁可以南，即可以北。而公獨不能北歸，此所以歎也。

  雙雙而歸，瞻客而直上。明知我之作客於南，而彼竟不我顧也。一一而北，背人而自飛，明知我之不能北歸，而竟背我而行也。雲裏相呼者疾飛，沙邊自宿者稀少，總言雁歸之速。

  末二句，舊解繆甚。牧齋先生本作「元浪語」，良是。按：《蘇武傳》：「漢使至匈奴索武，匈奴詐言武死。常惠教使者詭言漢天子射雁上林，得武帛書。匈奴乃歸武。」則雁足繫書原屬虛語，後人承訛襲繆，遂至相沿耳。然公意原非代武分疏。蓋公在南思北，家鄉薇蕨，日夕關心，見鴻雁北來，盼望音書而不可得，深歎關山迢遞，消息寂寥如此。然則雁足繫書徒虛語耳。因雁而思鄉信，因鄉信艱難而繫書之屬浪語，無非寫其「愁寂故山薇」，一種無聊惆悵之況，於子卿無與也。解者於此，正不得癡人說夢。

  欲雪違胡地，先花別楚雲。卻過清渭影，高起洞庭群。塞北春陰暮，江南日色曛。傷弓流落羽，行斷不堪聞。

  《月令》：「八月、九月，鴻雁來。」曰「欲雪」，尚未雪也。胡地雪早，秋氣既肅，便有欲雪之意，而雁已違胡地而南來矣。此紀去年之來時。《月令》：「正月，候雁北。」正月春花未放，雁已先花而別楚雲矣。此紀今年之去時。

  清渭近北，謂北來時，過渭水之清而照見其影。貼「違胡地」。「高起洞庭群」，言北去也。貼「別楚雲」。三聯又翻前四句意，言塞北尚多春陰，不知雁何以急於北去。貼「胡地」。江南日色甚曛，不知雁又何以急於南歸。貼「洞庭」。

  結言道途流落之危，有傷弓而落羽者，有行斷而孤飛者。其去來之間，哀音總不堪聽聞，雁亦何苦而僕僕道途乃爾，公借雁以自傷也。

  龔芝麓曰：「塞北、江南二句正起下句，言當此春陰欲暮，日塞方曛，歸飛正急之時，乃因傷弓落羽，雁行中斷，憔悴之音復堪聞乎？公蓋為雁設身處地而云然也。」

對雪

  北雪犯長沙，胡雲冷萬家。隨風且間葉，帶雨不成花。金錯囊垂罄，

銀壺酒易賒。無人竭浮蟻，有待至昏鴉。

前四句詠雪，後四句對雪而興歎也。

北地多雪。長沙南方，而雪亦如此，若北雪來相犯也。胡雲，胡地之雲，蒙上句來。胡雲盛則必雪，謂胡雲能冷萬家。今南雪之冷亦能復如是也。

次聯言雪隨風而飛，間有未落之葉。今遇風，而雪與葉且間飛也。若帶雨，則不能成花矣。此對雪而形容之。

金錯，錢也。漢王莽鑄大錢，又造錯刀，以金錯具文。張衡詩「美人贈我金錯刀」是也。囊中之錢既罄，則壺中之酒不得不賒，對雪那堪無酒也。易賒者，不易賒之詞。

末言酒既賒矣，無可與共對而竭此酒者，因直待至昏鴉之時。對雪那堪無伴也，待至昏鴉而亦無，則真無伴矣。

奉酬寇侍御錫見寄四韻復寄寇

在潭岳間作。

往別郇瑕地，於今四十年。來簪御府筆，故泊洞庭船。詩憶傷心處，春深把臂前。南瞻按百越，黃帽侍君偏。

郇瑕，晉地，在平陽府猗氏縣。《寰宇記》云：「古郇古之地有郇城，在縣西南四里。《左傳》：『成六年，晉人謀去故絳，欲居郇瑕氏之地。韓獻子曰：郇瑕氏土薄水淺，不如新山者也。』《詩》云：『郇伯勞之。』蓋其國也。」考公於開元末年曾往郇瑕，觀《哭韋大夫》詩「悽愴郇瑕邑，差池弱冠年」可證。是時寇必為官郇瑕，公曾與遊。今追溯之，已四十年矣。

《魏略》：「侍御史簪白筆，立殿陛，書過，以記不法。」御史所居之署，漢謂之御史府。言寇為御史而南來，道經洞庭，因我在彼，而故泊洞庭船也。「往」、「來」二字相照應，言往與寇別，如彼其久，今來復得相晤於此耳。

「詩憶傷心處」，指寇所寄四韻言。寇寄公之詩，憶及四十年前之別況，故傷心也。公在洞庭，寇曾泊船與公晤，爾時正當春深，爾時公與把臂也。此正公出峽至江陵時。別後，寇以四韻寄公，公復寄寇。傷心把臂，歷歷堪敘。大約寇泊船之後，一路南行，公亦由岳而潭，故往復吟詠，彼此堪寄也。

按：百越，謂按察楚越之郡，正御史職也。南瞻，公從南而望之偏反也。公《發劉郎浦》詩：「白頭厭伴漁人宿，黃帽青鞋歸去來。」注：「黃帽，簜冠也。」則黃帽係公自稱。舊注謂刺舟黃頭郎，謬甚。公謂寇此行，往按百越，我當於此待君之返也，與「南瞻」二字相映有情。若刺舟之人操舟待寇，何煩

公詠？諾解往往鄙俚堪笑如此。

　　嚴方貽曰：「偏字寫待人之景如畫。『愛而不見，搔首踟躕』二語便是此一字注腳。然愈簡愈妙。」按：如此解，「偏」字更有情有況。

潭州送韋員外牧韶州

　　韶州在廣東。韓昌《韋氏夫人墓誌銘》：「其大王父迢以都官郎為嶺南軍司馬，卒贈同州刺史。子夏卿，太子少保，贈左僕射。女嫁元稹。」

　　炎海韶州牧，風流漢署郎。分符先令望，同舍有輝光。白首多年疾，秋天昨夜涼。洞庭無過雁，書疏莫相忘。

　　首言韋今為出守之牧，昔乃漢署之郎。次聯言其分符為州牧，因舊有令名故也。公亦嘗為郎官，故云同舍。韋以令望而得分符，故使同舍者亦有光輝也。

　　三聯公自歎多疾，而當秋天，不忍言別。末則以常寄書囑之，言我在洞庭，苦無過雁，故寄書甚難爾，則無忘書疏之頻及可也。

　　附韋迢潭州《留別杜員外院長》

　　江畔長沙驛，相逢纜客船。大名詩獨步，小郡海西偏。地濕愁飛鵩，天炎畏跕鳶。去留俱失意，把臂共潸然。

酬韋韶州見寄

　　養拙江湖外，朝廷記憶疏。深慚長者轍，重得故人書。白髮絲難理，新詩錦不如。雖無南去雁，看取北來魚。

　　養拙江湖，朝廷已不復記憶，則長安故人無復念及者矣。而韋既枉車轍，又寄音書，正《古詩》所云「客從遠方來，遺我一札書。相去萬里餘，故人心尚爾」也。

　　白髮自歎，新詩讚韋。雖衡陽有回雁峰，雁不能南去，而瀟湘北流，魚則可來，故公藉以寓意也。此詩全是酬韋后四句之意。

　　附韋《早發湘潭寄杜員外院長》

　　北風昨夜雨，江上早來涼。楚岫千峰翠，湘潭一葉黃。故人湖外客，白首尚為郎。相憶無南雁，何時有報章。

發潭州

　　按：潭州，周威王戰國時為楚黔中之地。秦始皇分黔中，置長沙郡。隋煬帝置潭州，以郡界昭潭為名。唐初因之。此公自岳陽之潭州作。

夜醉長沙酒，晚行湘水春。岸花飛送客，檣燕語留人。賈傅何才有，褚公書絕倫。名高前後事，回首一傷神。

謝惠連《雪賦》：「酌湘吳之醇酎。」則長沙酒必名酒也。《名勝志》：「按：湘水在域西，環城而下。」故杜甫有「夜醉長沙酒，晚行湘水春」之句。今亦有城門曰湘春門。

次聯承湘水春。送客者止岸花，留人者只檣燕，見發潭州之寂寞也，蓋因飛花、語燕傷人情之薄耳。

賈傅有才不用，謫於長沙，則才亦何有哉？褚遂良諫立武后，左邊長沙都督，其書法得王羲之體，然亦徒絕倫而已。二子或以才名，或以書名，雖前後不同時，而名高則一。公發潭州而去，回首二子之高名，不能不望之而傷神也。公自潭之衡，潭州之人情既薄，總無可回念者，惟懷二子高名，煩我一回首耳。

江閣對雨有懷行營裴二端公

黃鶴曰：「端公，謂裴虬，乃道州刺史，同平臧玠之亂者。當是大曆五年作。」按：《通典》：『唐侍御史凡四員，內供二員，號為臺端，人稱之曰端公。』虬嘗為御史，故云行營，正為平臧玠而言。舒元輿作《御史記》，以中丞為端長，謂中丞為臺端之長也。」愚謂裴虬以道州刺史來潭州，故曰行營耳。

南紀風濤壯，陰晴屢不分。野流行地日，江入度山雲。層閣憑雷殷，長空面水文。雨來銅柱北，應洗伏波軍。

惟風濤壯，故陰晴不分。下句承上句，趙汸曰：「流潦滿道，而日照其中，雨過而晴也。度山之雲，下與江接，晴而又雨也。寫出陰晴不分之景。」次聯又承次句。

《詩》：「殷其靁。」今在層閣之上，雷聲憑閣而隱隱震動也。一望長江，水面皆紋，雨流水面而成文也。此聯是江閣對雨。

「銅柱」應「南紀」，乃極南之地。馬伏波征蠻，立柱而還。此以馬援比裴虬之討逆也。昔武王伐紂，大雨，太公謂之洗兵雨。結言對雨懷裴之情。

江閣臥病走筆寄呈崔盧兩侍御

在潭州作。

客子庖廚薄，江樓枕席清。衰年病只瘦，長夏想為情。滑憶雕胡飯，香聞錦帶羹。溜匙兼暖腹，誰欲覓一作「致」。盃罌。

公自歎作客無以供庖廚，又兼江樓臥病，故衰年日瘦，長夏無情。惟枕席

清，故瘦。惟庖廚薄，故想也。

三聯正長夏所想。錦帶羹，或云錦帶花，或云吐綬雞，未知孰是。按：林洪《山家清供》云：「凋菰飯似蘆，其米黑。」杜甫故有「波漂菰米沉雲黑」之句，今胡穄是也。暴乾礱洗，造飯，既香而滑，故又云滑憶凋菰飯。錦帶羹，一名文官花，條生如錦，葉始生，柔脆可羹，甫故有「香聞錦帶羹」之句。或謂蓴之縈紆如帶。況蓴與菰，同生水湄。昔張翰臨風，必思蓴鱸以下氣。按：《本草》，蓴鱸同羹，可以下氣止嘔。以是知張翰在當世意氣抑鬱，隨事嘔逆，故有此思耳。甫臥病江閣，恐同此意也。謂錦帶為花，或未必然。僕居山時，有羹此花者，其味亦不惡。又按：臨湘縣有蓴湖，在縣東。《風土記》云：「岳陽雖曰水鄉，不常有蓴，惟此湖有之。」

舊解「溜匙」承「雕胡飯」，「暖腹」承「錦帶羹」。愚按：錦帶羹若是湖蓴，恐未必能暖腹。下一「兼」字，便知雕胡、錦帶，公能自辦，此皆滑匙者也。暖腹者惟酒，誰欲覓盃罌而致我者乎？此則望之兩侍御矣。

樓上

天地空搔首，頻抽白玉簪。皇輿三極北，身事五湖南。戀闕勞肝肺，論材愧杞楠。亂離難自救，終是老湘潭。

極北極南，盡乎天地矣。今欲北而不能北，不欲南而日南，故仰天俯地而空搔首也。通首只首句盡之。「頻抽白雲簪」，正言頻搔首之狀。

次聯言皇輿在北，我身則在南。三聯言我身在南，而心則戀北，我材雖不堪北用而竟滯於南，無非空搔首之意。

末言當此亂難，身且不能自救，更何能有補於國？則北亦無賴我也。終老湘潭，從此不能復北矣。

馮又雪曰：「皇輿三極，俯仰乾坤，方冀出其杞梓之材，以扶魏闕，何暇自為謀哉？乃亂難如此，一身尚不能自救，況於世運，則戀闕之情始知其終不能，遂惟有老於湘潭耳。通首意自相映帶。」

暮秋將歸秦留別湖南幕府親友

大曆四年秋，欲適漢陽。暮秋，欲歸秦。皆不果。卒留潭，自是率舟居。

水闊蒼梧野，天高白帝秋。途窮那免哭，身老不禁愁。大府才能會，諸公德業憂。北歸衝雨雪，誰憫敝貂裘？

首言蒼梧、白帝，解者以為皆公所經歷之地，公則何嘗到蒼梧也。或以為

追憶在白帝城時，便有歸秦之思，今尚未能，故因秋而起歎。愚以為皆非也。此言湘江之水甚闊，直接蒼梧，因舜死蒼梧，而二妃追溺於湘江，故藉以形容其相接也。《潭州圖經》：「列山氏之故墟，三苗國之南境，南以五嶺為限，北抵洞庭，右吞夏汭，左控荊門。其俗有舜之遺風。」「水闊蒼梧野」，正此意。

白帝司秋，蓋言秋令也。如公《華州望嶽》詩「高尋白帝問真源」是也。與白帝城奚涉？首句紀地，次句紀時，了然易明。

次聯言將歸秦也。由極南而北歸，其途已窮，那能免阮生之哭？況當身老，又值秋天，寧不起宋玉之愁？

後四句留別諸親友也。大府之中，才與能俱聚，諸公之品德與業兼優，既多且賢如此，豈無有恤老憐窮者？金盡裘敝，不得已而望人憐，北歸之艱難可知。

秦留仙曰：「有才如子美，而使之窮且老於土地，大府諸公無以辭其責矣。至於將衝雨雪而歸，乃無有憫其貂裘之敝者，竟羈死耒陽。哀哉！感悌袍之故人，弔幽冥之良友，其獨無愧乎？」

衡州送李大夫七丈勉赴廣州

《舊書》：「大曆四年，李勉除廣州刺史，兼嶺南節度觀察使。」然公五年春尚在潭州。夏避臧玠之亂，因之衡州。則此詩五年作也。除官在四年，赴廣州在五年耳。時勉以御史中丞出為廣州刺史，亦以兵討玠也。

斧鉞下青冥，樓船過洞庭。北風隨爽氣，南斗避文星。日月籠中鳥，乾坤水上萍。王孫丈人行，垂老見飄零。

《禮記》：「諸侯賜斧鉞，然後殺。」斧鉞之命，錫之自天，故從青冥而下。今乘樓船而過洞庭，公因送之也。「北風隨爽氣」，言其自北而來，如西山爽氣相隨也。爽氣曰隨，見其可愛。「南斗避文星」，言其從北而南。不特長於武事，兼擅文場也。文星曰避，見其可畏。

羅大經曰：「拘束以度日月，若鳥在籠中。漂泊泛於乾坤，若萍流水上。本是形容淒涼之意，乃翻作壯麗語。」

李為鄭惠王之曾孫，曰「王孫」，貴之也；曰「丈人行」，尊之也。以貴人而兼尊行，故公深望之，冀其憐老夫之飄零也。「見」字屬李言，謂李既見之矣，何難一援手之勞，定不忍徒見我之流落異鄉也。

杜詩注解卷之十二終

附錄一：辟疆園杜詩注解序〔註1〕

嚴沆《杜詩解序》

詩有感而後作，作而言其所欲言，其必有取也，以為不文，不可以行遠也。故修其詞，不溫柔敦厚，不足以動人也。故諧其聲與調，語有曠世而相襲者。古人之言，適符乎今人之意，故援往以宣情，非如聾者之歌，效人為之，而無以自樂也。三唐名家，並由斯路，而中晚以降，聲調浸淫不振矣。自北地、信陽，號稱稽古，前後七子，並轡揚鑣，於是惟辭章聲調之為兢兢「百年萬里」、「明月白雲」，陳陳相因，未嘗言其所欲言，而一惟古人之言是傚，宜乎景陵之矯枉而詆訶之也。然過正詒譏，趨於下俚，辭章聲調，抑末也。言其所欲言，而徑情淺露，或且支離穿鑿，而不出於自然。六義之學，且安歸哉！後有作者，必審乎命意立言之故，本乎情而範於雅正，規乎初盛，以追漢魏，如射之有鵠也，無歧趨矣。初盛名家林立，而少陵獨推夐絕，要以言其所欲言，而獨能盡其言之初終本末。直而婉，曲而肆，慮之於心者，無不可以宣之於口，而辭章聲調百變，以赴其胸中之委折。或悲或愉，或笑或泣，難狀之事，不言之隱，周復迴環，旁皇畢肖，為含為吐，為顯為微。使事引綴，間舉古人之言，一一皆如豫會今人之意。而先為左券，故筆端萬卷，供其驅策，而未始有單詞隻句涉於蹈襲，而奪其胸中之所欲言。至於沉鬱愴涼、高深渾妙，

〔註1〕 孫微輯校《清代杜集序跋匯錄》（人民文學出版社，2017 年版）於《辟疆園杜詩注解》錄李贊元《辟疆園杜詩七言律注解序》、嚴沆《杜詩解序》、李壯《辟疆園杜詩五言律注解序》、畢忠吉《辟疆園杜詩五言律注解序》、李繼白《顧修遠杜詩注序》。今據以錄嚴沆、李繼白兩序。

閱者亦必百思而後解，而矧伊作者又何得有逕情淺露之嫌！若乃烹煉爐錘，尖新警拔，又皆巧生於熟，要歸自然，遠非支離穿鑿者之所可藉以自解也。少陵之詩，之所以為工者如此。千秋以來，宗尚者多，而會悟者少。千家之注，句櫛字比，如漢儒之說經，其於錯綜之理、條次之章，且多不順，又何足以通微文隱豹刺譏之旨？其或搜求證據，霧會於每飯不忘之意。至謂花木鳥獸、風雨露雷、山林溪谷，無不有所比擬，以強合於當時之事蹟，則又怪迂煩瑣誕妄，而大失其真。嗟乎久矣！其無定論也。吾友修遠慨然為之評注，以意逆志，得其有感而作之故，而曲體其胸中之所欲言，究其辭章之所自來，聲調之所由美，而多所革正於前人之紕繆。使少陵復作，當亦目擊頷頤，而以為有當於其旨。後人因其書而知少陵之詩之所以工，亦可以得詩之如是則工，不如是則不工，以共趨於六義之正鵠，而不為多歧之所惑，則有裨於來學非淺也。修遠沉深好書，每遊白下、吳門、虎林五都街書之肆，及過委巷僻徑，有陳敝書而求鬻者，輒躡屐入門，部翻卷撿。如有所未覯者，解衣質金，立售之而後已。故藏書甚富，披覽甚勤，讀萬卷書，誠可以解少陵之詩。而專精於是注，又非一日之力。予向閱而信其必傳，而惜其未能壽之剞劂也。適山左李望石侍御奉使淮揚，見而善之，為之訂正，爰鳩工庀材，先梓其七律數卷，以就正於海內。予與望石同籍，曩復同官芸省中。是役也，實樂觀厥成，因述是書之有裨於後學者而為之序，並以明修遠撰著之意。海內見是書而欲覯其全，將必有躡侍御之後以盡梓其餘者，則來學幸甚矣。

順治十有八年辛丑秋九月，禹航嚴沆題於燕邸之淳發堂。

李繼白《顧修遠杜詩注序》〔註2〕

顧修遠《杜詩注》成，廣陵三日騰然紙貴，攜一帙過我，於榷署閱畢，作而歎曰：作詩者與注詩者上下千百年，其移人性情、有功風教如此哉！唐自以詩取士，家弦戶習，而節制矩矱，無不奉少陵為宗師。志奪蘇、李，氣吞曹、劉，每一篇出，自然非人之所能為而為之者也。至於流離遷播，悲憤憂鬱，情見乎詞，無非忠愛，深得《離騷》之遺。紀事編年，可以知其世，不止以詩史稱也。操觚箋注者，無論千家，如窺月者，各得一指。其或世本訛舛，訓釋紕繆，即歐、王、蘇、黃輩，猶有遺議，況其他乎？修遠以良史才，蒐羅百代文

〔註2〕按：原注：原文出處，清順治刻本李繼白《望古齋集》卷十，《四庫未收書輯刊》第五輯，第28冊，北京出版社，2000年，第698頁。

章，壇坫天下，爭嚮往之。至於苦心注杜數十年，稿凡再易，一字必究其意之
所出，一事必據其詞之所合。諸家不諧者，泚筆削之。博採志林，旁及子史，
比事屬詞，務使少陵復起，適獲我心而止。蓋自有詩以來，上自漢魏，下薄中
晚，不下數千家，至少陵而為詩聖。自有注杜以來，上自樊、晉，下及趙、師，
亦不下千家，至修遠為大成。百川之大小廣狹，分量自見。他如郭象注《莊》，
杜預注《左》，郭璞之注《山海》，有一無二。前書可焚，後起者即當束筆，吾
於修遠亦云。行且與古體諸注同出告世，不勞思索而昭然義見，非人之所能為
而為之者，其文與意之著也，上下千百年，其移人性情、有功風教固如是哉！
因謠嗟賞歎，而為言以弁之。

附錄二：相關評論

周采泉《杜集書錄》〔註1〕

顧氏藏書之富，幾與絳雲樓相埒。故其注杜，率能窮源求委，如《歸雁》詩之引《唐會要》：

> 《歸雁》：「明道今春雁，南部自廣州。」顧《注》引《唐會要》：
> 「大曆二年，嶺南節度使徐浩奏：『十一月二十日，當管懷集縣，陽
> 雁來，乞編入史。』從之。先是五嶺之外，翔雁不到。」

宋人注杜本均所未及。以史注詩，便覺首二句字字有著落。

其他各注，如《何將軍山林》詩：

> 顧《注》：「青荷葉，酒杯也。與『醉客拈鸚鵡，佳人指鳳凰』，
> 句法相類。『棘樹寒雲色『注：棘樹，棗樹。吳若本注：『刊作楝。』
> 《爾雅》：棫白，楝赤。』楝，山厄切。」

亦已啟「漢學家」考證風氣，究非束書不觀者比也。所惜者，只完成五七律，未完成全集注解，否則可與錢《箋》、朱《注》鼎足而三矣。仇《注》評此書：「窮極苦心，而不無意見穿鑿。」並非的論。故雖引顧《注》，而遺珠頗多，上選二條，皆仇《注》所未錄者。但編者對是書有疑問者二：一、是書之梓行，早於錢《箋》二年，而所載《年譜》，竟與錢《箋》雷同。唯錢《箋》作表格式，此則直行書耳，究竟誰承襲誰？二、《四庫提要》在紀容舒《杜律疏》按云：「紀氏嫌顧宸《律注》穿鑿，所以刪繁就簡，撰成此書。」是則四

〔註1〕周采泉《杜集書錄》，上海古籍出版社，1986年版，第351頁。

庫館臣明知有此書，且有不同於錢《箋》、朱《注》之被列為「禁書」，《四庫》為何既不存書，又不存目？意者《四庫》之總裁紀昀，欲掩其父攘竊之迹，唯恐其書之傳世也。謂予不信，可參看後之紀容條，讀者當能恍然矣。

張忠剛、趙睿才、綦維、孫微編著《杜集敍錄》〔註2〕

辟疆園杜詩注解十七卷　〔清〕顧宸撰

顧宸（1607～1674），字修遠，號荃宜。無錫（今屬江蘇）人。顧嘉舜之子，因其所居名辟疆園，故人稱顧辟疆。少受知於鄭鄤及艾南英。明崇禎十年（1637）在無錫結聽社，與錢陸燦、華時亨、黃家舒、唐德亮等並稱「聽社十七子」。十一年，參與聲討阮大鋮之《留都防亂公揭》。十二年中鄉舉，名聲日盛，「上公車，主壇坫，稱海內文章玉尺」（黃家舒《辟疆園杜詩注解·七言律序》），「操文場選柄數十年」（《無錫金匱縣志》卷二二），「性喜引進後學，凡經識拔者，率取聲譽」（吳德旋《初月樓聞見續錄》卷九），「負一世人倫冰鏡之目」（畢忠吉《辟疆園杜詩注解·五言律序》），所司主管考試與選拔人才之職。清順治七年（1650），顧宸與太倉吳偉業、長洲宋實穎、尤侗、吳江計東、崑山徐乾學、武進鄒祗謨等會浙江毛奇齡、陸圻、朱彝尊等在嘉興舉十郡大社。在明末清初的這些黨社活動中，顧宸不僅躬逢其盛，而且是積極的參與者，可謂交遊遍海內。顧宸入清後的仕履情況難以確考，似乎仍做過地方官吏。其晚年因官場失意，又加之藏書毀於火，遂頹唐悲觀而死。所剩殘籍，悉流入富豪之家。顧宸是個藏書家，在當時的藏書家中以藏宋版書多聞名一時。黃家舒稱其藏書之富「幾與《四》、《七錄》、《宛委》、《嫏嬛》等」。顧宸好學深思，珍本秘冊，鮮所不窺。補輯宋文三十卷，皆呂祖謙《宋文鑑》所未及。顧宸所為詩文亦豐蔚典贍。據記載，每辟疆園新本出，一懸書林，不脛而遍海內。《無錫金匱縣志》即著錄其《辟疆園文集》四卷和《宋文選》三十卷，侯方域《壯悔堂集》即存有《辟疆園文集序》。顧宸另外尚輯有《元文選》、《明文選》，均已佚。現存《辟疆園杜詩注解》十七卷。生平散見《無錫金匱縣志·文苑傳》、《錫山書目考》、顧光旭《梁溪詩鈔》、吳德旋《初月樓聞見續錄》。

顧宸於杜詩用力尤深，順治十八年（1661）即完成杜詩全注，其友山東海

〔註2〕張忠剛、趙睿才、綦維、孫微編著《杜集敍錄》，齊魯書社，2008年版，第245～247頁。

陽李贊元為其刻印七律部分，山東濟寧李壯為其刻印五律部分，其餘諸體，雖謀繼刻而未成，故行世之書僅五律七律注。今傳康熙二年（1663）吳門書林刊《辟疆園杜詩注解》十七卷，其中七律五卷，收詩 151 首；五律十二卷，收詩 627 首。《七律注解》前有順治辛丑（1661）李贊元序、嚴沆序、黃家舒序。下列五卷總目錄，目錄前署「辟疆園杜詩注解」，「梁溪顧宸修遠著，侄採驪天閏、男採麟天石較」。每卷次下均署「觀陽李贊元望石甫閱，梁溪顧宸修遠甫著，同里黃家舒漢臣評」。《五律注解》前有康熙癸卯（1663）李壯序、畢致中序及《杜子美年譜》。次十二卷總目錄，目錄前署「觀陽李贊元望石、禹航嚴沆顥亭、淮陰陸求可咸一全訂」。每卷下署「梁溪顧宸修遠甫著」及評者二人，計有李壯、畢忠吉、王養晦、程康莊、王士禎、劉壯國、毛漪秀、丁泰、周建鼎、陳泰和、張一鵠、李粹白、張熙嶽、丘元武、李琯、錢陸燦十六人。每頁版心上署「杜詩注解」，中署詩體卷次，下署「辟疆園」。此本注解為杜甫全部律詩注本中較詳備的一種。每詩題後有解題，時、地可考者皆一一注明，間或解釋題意與命題之由。題解文字統低詩題一格。詩正文頂格，注解文字統低一格置於篇末。先注釋名物、詞語、典故，一般均徵引出處，難字偶有注音；次釋詩意，兼析章法、句法，指明承接照應關係。其注解，著意窮源追本，鉤稽隱微，所論多中詩旨。注中屢引前人注，而於舊注之謬誤處時有辨正。注後間錄其友人評語，五律多李壯、畢忠吉評，七律多李贊元、黃家舒評，其評頗有見地。顧注雖因詳備準確受人稱頌，然亦不免繁碎穿鑿之處。正如仇兆鰲《杜詩詳注・凡例》所云：「顧宸之《律注》，窮極苦心，而不無意見穿鑿。」顧注對後世影響頗大，諸家注本多所徵引。紀昀之父紀容舒之《杜律詳解》，實為顧注之節鈔本，書中較精覈者多鈔自顧注而不標明。是書徐乾學《傳是樓書目》、《揚州吳氏測海樓書目》、孫殿起《販書偶記》均予著錄。孫微《顧宸及其〈辟疆園杜詩注解〉》（《杜甫研究學刊》，2002 年第 1 期）一文，對此本考論甚詳，可以參看。

附錄三：賈開宗《杜少陵秋興八首偶論》[註1]

序

　　古詩三千，孔子刪之，存三百篇，約已。何更約其要於《駉》篇一言？豈非以讀《詩》者當知其全，尤當知其要哉？卜子夏，深於《詩》教者也，論「素絢」，通其說於《禮》，孔子許其「可與言詩」，非知其全、更知其要者耶？

　　中州賈靜子先生，博通經史及天官、地志、律呂諸書，尤深於詩。今讀其所著《秋興偶論》，而知先生之深於詩，大有合於卜氏也。卜氏論「素絢」，偶也；論「素絢」，通其說於《禮》，非偶也，故孔子許其「可與言詩」。少陵因秋而興，而有是八律也，亦偶也；少陵偶而興焉，先生偶而論焉，夫是偶也，非偶也。少陵生平，遞歷盛衰，感愴無盡，總於是《秋興》八律寓之。先生之論是八律也，能以一律論八律，能以八律論一律，又能以八律兼論少陵之全。以少陵之全，合論是八律，是能知其全者也，知其全、更知其要者也。且通其說於諸書，凡其所以論是八律者，又能取之經史及天官、地志、律呂諸書以釋其義，而達乎其辭，更斐然而成文章。名為《偶論》，偶耶？非偶耶？讀其論，當必有能知之者矣。

　　康熙己酉孟夏南徐何絜雍南氏譔。

　　靜子公諱開宗，著《遡園集》二十卷，板之失落已久。心父尋板，未得其

〔註1〕《清代詩文集彙編》第9冊，上海古籍出版社，2010年版，第408～444頁。

板；尋書，不得其書。寤寐之間，難免其憂慮也。乙酉冬，心父仕於柘，在王畏齋先生處得《秋興偶論八首》詩集一卷，《遡園語商》一卷，命心鈔出。丙戌春，心回郡應試，心盟兄葉榮之先生在《永城縣志》鈔得《李孝子傳》一篇、《太丘題陳仲弓祠》詩一首，又在《詩正初集》鈔得《海舶失柁歌》一篇，《詩說》一篇、《聞官軍收曹南》詩一首。又，戊子夏，在九世姪孫永昇家得文集四卷。觀文集中侯朝宗先生與公之傳，言公少遊京洛，集所聞見，述《帝都》、《君德》、《相術》三篇；走泰岱，觀日出處，述《山靈》、《地勢》二篇；已買舟金陵，泛吳越歸，而星象、占緯、兵食、圖籍各有論說。心一無所見。心父謹將所有者重刊，所未有者，以俟親友處尋出續刻。

　　道光八年歲次戊子中秋下浣，來孫慧心敬敘於朱襄署內。後學喬誦芬頓首填諱。

杜少陵秋興八首偶論

　　睢陽賈開宗靜子甫論　　男發秀啟夕甫述

秋興八首

　　唐拾遺杜少陵《秋興》本諸晉中郎盧諶《時興》詩，而以「秋」字易原題「時」字者，兼取楚大夫宋玉悲秋之義也。〔註2〕凡古人標物指事，有總有專。「時」與「秋」俱節序之名。「時」者，總紀一年；「秋」者，專表一時。盧值晉板蕩之餘，慨然有匡輔之志，故其詩本亦傷秋。而總目以「時」者，慚日月之雲邁，冉冉老至，而桓、文事業終無可階之資，以建立於世也。少陵此詩，雖當唐室再造之後，生民猶未離湯火。其專目以「秋」者，傷天地閉塞之久，否極而泰，剝盡而復，堯、舜君民之志，或可冀其展布耳。此詩既易「時」為「秋」，於原題「興」字則仍舊者。「興」者，興也，緣感而起也。故《詩》有六義，而興括比、賦及風、雅、頌之全。在盧不過感時而作。此詩八首，則六義咸備。至其篇末以「白首吟望」作結，則又取本集「老去詩篇渾漫與」之義焉。若其章之有八，或謂應八風、八音，或謂應唐律八句，非也。夫人立言，期於盡意，意至則行，意盡則止。八首自是出於偶然，不必曲為之說也。○客有問於遡園子曰：「悲秋昉於宋玉，玉復何昉？」曰：「昉於其師。屈平作《離騷》，雖平分四時，而秋意居多。其源總出於六經。《春秋》洽天人，而首

〔註2〕旁批：古人詩文遞相祖述，決不苟作。學者須細細尋其源流。

以秋七月垂訓；《詩·邠》居《風》末，實開《二南》之先，其名篇則用流火之七月；《書》紀成功，首載帝舜之歌，而賡歌者秋官皋陶，遂為萬古詩人之冠冕；《易》先、後天俱敘乾為首，乾、兌者，秋金之卦也；又，《洪範》五事，聲以屬秋。散文主言，韻語兼聲，故詩具有秋之德也。此少陵之所謂『遞相祖述復先誰』也。」○又問：「從來作詩，皆發目前之一刻耳，此詩備寫一秋者何？」曰：「古者三月無君則皇皇如也。一秋凡三月。」○又問：「先生以少陵《秋興》出於盧諶《時興》，憑乎？」曰：「少陵之詩以《文選》為宗，本集曰『課兒續《文選》』，故《秋興八首》其題原於盧子諒，其氣取之劉太尉，其文詞縱橫，幾於亂絲，而端緒井然，一忽不紊，法本於左太沖《詠史》八首。『熟精《文選》理』者當自知之。」〔註3〕

　　其一

　　　　玉露凋傷楓樹林，巫山巫峽氣蕭森。江間波浪兼天湧，塞上風
　　雲接地陰。叢菊兩開他日淚，孤舟一繫故園心。寒衣處處催刀尺，
　　白帝城高急暮砧。

　　先將眼前所歷秋景實寫一首，乃文章敘題之法。然不從初秋寫起，卻劈自中間秋分寫起。秋分之前為白露，秋分之後為寒露，即第六首之「露冷」也。因其色而白之，生於見分；因其體而寒之，生於覺分。〔註4〕有淺深之別，故淺則取見，而深則取覺焉。此詩獨變文稱「玉露」者，玉之為物，視之則白，察之則堅，能兼白、寒兩義。故《楚辭》平分四時，此詩平分一秋。自白露而泝之立秋之始為一節，以楓樹紀之。楓望秋而零，明入秋之尚淺也。自秋分、寒露而數至霜降之末為一節，以菊紀之。菊冒霜而華，明其涉秋之已深也。則是襟乎兩節之合，而據乎全秋之勢者，惟此玉露之能也。至於截去長夏，以表秋之初界，其能又屬楓樹。然必原本於玉露，以合徵其能，何也？四時奉天而行，其加於物也，必有所施之具；而物之受者，必有徼之跡。故日月、風雷、雨雪、霜露，皆其所施之具。然風雷雨雪，非有恆期，故《中庸》獨取日月所照，霜露所隊。〔註5〕但日月者加物之所以然，無迹可尋，而霜露則固日月之應也。然霜露本一物耳，或解而為露，或結而為霜。當其解而為露，值春夏之際，滋潤群生，無表時之功，故《月令》不取。至於霜降，則季秋之節氣，若

〔註3〕旁批：論杜詩，首自《文選》說起，而卒歸之《三百篇》，千古絕識。
〔註4〕旁批：入解即深至。
〔註5〕旁批：秋字原本日月，是極。

用為起，則遺卻孟、仲二秋，非《春秋》首時之義。惟此玉露當一陰之後，三伏之餘，其色漸變，其質漸凝，便有凋物傷物之能。第世間草木之性善耐，故其黃落必待露結為霜之後，而楓樹獨脆弱，其葉易隕，其色易變而赤。世間一切物類，無顯切於楓樹者。故於楓林之凋傷驗玉露之效，於玉露之凋傷楓林驗秋氣之應。〔註6〕故他處賦秋，起手如見一葉之已落，乃取梧桐蚤凋之義，止足託一秋之始，而不足冒全秋之勢；此詩獨於天文取玉露，物類取楓樹林，暗以「凋傷」二字點破「秋」字，不惟其勢足冒乎一秋之全，而又可為一秋之託始，故以七字為首章之首句耳。第二句「巫山巫峽」急接「楓樹」，以表身所現歷之地，在全篇為下文「望」與「聞」、「思」所憑之處。其所望之京華，所聞之長安及所思之蓬萊宮闕、曲江、昆明池、渼陂，皆從此四字楔出。在此章則全首之柱，下風雲、叢菊皆屬山邊，波浪、孤舟皆屬峽裏。「氣」，即宋玉「哉，秋之為氣」。「蕭森」從上「凋傷」二字來，凋傷以質言，蕭森以象言。巫山巫峽之物色，不止楓樹林，並兼下文波浪、風雲之物以為勢。故勢分而為物，則舉質而曰凋傷；物簇而成勢，則舉象而曰蕭森。「江間」二句緊接第二句寫景。江間指巫峽，巫峽長矣，其波浪無時不湧，至攜此蕭森之秋氣，其湧遂至兼天；塞上指巫山，巫山高矣，其風雲無時不陰，至攜此蕭森之秋氣，其陰遂至接地。此二句寫得慘澹之極，與後第六首「萬里風煙」句略同。此時雖未明點出「望京華」來，卻有被此兼天之波浪、接地之風雲隔斷長安之意。「叢菊」二句寫情，今日之在巫山巫峽，非今日始也，來自去年之秋矣。悠悠忽忽，整過一年，瞥見叢菊再開，不覺兜底警心，客夔之久也。「他日淚」，乃指去年到此，初逢菊開之淚。則今日之淚，不問可知。若第云今日再逢之淚，則不顯他日之淚矣。何也？淚云今日，則繫於兩開而屬時；淚云他日，則繫於叢菊而屬物。蓋當深秋之後，不惟楓樹，及一切草木之類，無不凋傷殆盡，獨此黃菊吐葩，揚芬於宿莽之叢，無異被放之屈平，故見之而淚下耳。去秋初至巫峽，思歸念切，自謂舟不停纜耳。豈知去秋繫纜於此，直到今日，不曾一解。不惟不能還我故園，即此夔府之若遠若近，亦不曾轉那一步，無異繫不食之匏瓜。此故園之心所以彌切耳。要知故園非為田園之私，乃子牟之懸情魏闕也。蓋子美家本秦川，特藉以點出心字，為下文「望」、「思」二字張本。思者，心之所憶；望者，心之所注也。故淚下於有觸，如上句之見菊，或如下首之聞猿。而心之在故國，獨不關乎有所觸、無所觸也，故以「一繫」二字夾入

〔註6〕旁批：透極。

「兩開」中間。「兩開」者，由今日之秋逆泝去年之秋，剗去中間冬、春、夏三時，而虛立兩歲之名。「一繫」者，自去年之秋順數今日之秋，連著中間冬、春、夏三時，而實歷一年之所。此一年之中，身羈異鄉。乃不曰「異鄉身」而曰「故園心」者，蓋云「異鄉身」則感在乎「孤舟」而屬物；云「故園心」，則感在乎「一繫」而屬時，與上句之義互相錯綜。本集云：「南菊再逢人臥病。」又云：「天地一孤舟。」取以證此，足知少陵屬對不板，有虛實、主客之分也。按：三、四寫景，極山峽之大觀；五、六寫情，引山峽之瑣物。夫大觀能移人之情，而瑣物足逗人之情。「江間」二句，如伯牙從師蹈海，白日淪晦，驚鳥悲鳴。精魂嗒然俱喪，心感何由而發？故人心所發之感，雖可括囊天地，而必自一絲為之牽連而起。〔註7〕園亭之菊，特植為佳，至於叢生，分是幾株野卉棄置於接地風雲之中，全然無人理論，見之哪得不淚？江湖之舟，方涉為利，至於孤泊，分是萬里浮梗飄泊於兼天波浪之中，全然無人理論，當此何以為心？故「叢菊」、「孤舟」，雖瑣瑣小物，寫得慘憯之極，卻與「兼天」、「接地」之勢相敵。又，三、四寫景，是橫寫現象；五、六寫情，是縱寫時光。「江間」三句，上而天，下而地，其蕭森之氣，無處不到矣。菊曰「兩開」，則前此已過之時光；舟曰「一繫」，則後此未來之時光。其蕭條之象，無時不然矣。然時光荏苒，雖成於頓，而實因於漸。故末二句又借「刀尺」之「催」、「暮砧」之「急」，以發明此義，見此時光前後俱難度，而最難度者，莫如此眼前之一刻，何也？以身所處者，非「故園」而「巫山巫峽」也。所以中四句以「山」、「峽」兩柱分承。至末二句，在常手定然「山」、「峽」雙結，此放開不用，卻於巫山之麓、巫峽之岸，另推出一座白帝城來。夫巫山巫峽，天險也；白帝城，人險也。不然，「刀尺」、「暮砧」本屬人事，與「風」、「雲」、「楓」、「菊」之物色不同，將何所安頓之乎？夫「刀尺」之「催」，乃城中閨闥之事，作者身在舟中，何由見之？全在「白帝城高」一句收轉回來，極有力量。夫寒衣催刀尺，刀尺催砧，砧有傳聲遞響之能，攜彼秋氣，踰高城而送入作者之耳。在作者藐爾一身，孤立乎兼天波浪、接地風雲之間，對此兩開之叢菊、一繫之孤舟，已自難堪，況重之以此急急之暮砧乎！夫刀尺催於天之寒，砧急於日之暮，總急於佳人之心。佳人之心在於憂夫，亦猶作者之心在於憂君。〔註8〕《孟子》曰：「是以如是其急。」藉此「急」字，形容「秋」字之神髓，

〔註7〕旁批：人想至微，而筆力之猛捷，足以透之，最能快讀者之意。

〔註8〕旁批：隨手拈來即妙。

兼以截斷「秋」之末界。四時之氣，夏曰暑，冬曰寒，春曰韶，秋曰占。衣以寒稱，似侵入冬節一步，然寒衣需於冬而備於秋，故刀尺、砧聲之催、急，可表秋之末界，而秋之初界，卻不侵夏一字者。此從來作詩之法，止據現前俄頃之用。故「玉露」云云，不惟秋之初界已自斷得分明，全無拖泥帶水之痕。不惟秋之初、末兩界，即其中間次第，莫不由淺而深，節節相銜，趁勢而起。如陸平原稱材作樓，遇風輒搖盪而不傾。試總其前後細玩之，夫秋之為氣，其至也普天皆徧，本無先後也，又何有時先後？但作者下筆寫之，則不能不有先後，故詩人開口，必自物相分之顯者，與我見分之近者起手。此詩作於秋，相分最顯之物，無如玉露凋傷之楓樹。作此詩之時，適在巫山巫峽之間，而楓樹之凋，於見分尤近，故寫秋於楓樹之顛，猶寫風於青蘋之末也。夫以楓繫樹，其體似微；以樹繫林，其勢則巨。玉露所霑，樹樹凋傷，凡在我見界之內者皆秋矣。至於巫山巫峽，全蜀之形勝在焉，則非見界之所能盡者。但楓樹林附巫山巫峽以為形，巫山巫峽依楓樹林以為勢，兩相交簇，共成一片蕭森之氣，則無處不秋矣。然巫山巫峽雖非見界所能盡，然猶與見界相連。由而推之，波浪之勢，上而兼天；風雲之勢，下而接地。則是天地之間，無處不秋矣。然此特一年之秋耳。「叢菊」云云，乃去年曾於此地逢秋；「孤舟」云云，今尚未歸，不知在此地更住幾秋。則是前乎此者、後乎此者，一生一世俱在秋中過矣。然此特一人之秋耳。「寒衣」云云，則是遍蜀之人，遍天下之人，無有不在秋中矣。然此寫秋，乃秋之大段；以後二首，卻又逐日逐時寫去。第二首自暮而朝，第三首自朝而暮，是通朝暮為一日也。故連迭「日日」二字，應上「每」字，見九十日中無日不秋也。第二首以「落日」承「暮」字，以砧報暮，以猿報夜，以笛報夜闌。第三首承「月」字，拈出「朝」字，以信宿之漁報晨，以飛飛之燕子報晝，旋復以砧報暮，暮而朝，朝而暮，無時不秋矣。夫一日之時為朝暮，猶一年之時為春秋，自有一定之序，宜從朝起而先言暮者。秋，一年之暮；暮，一日之秋也。故此首之末，「砧」字上帶出「暮」字來，以起下文之「落日」、「朝暉」云。○大抵此詩以悲天憫人為骨，此首尤為較著。「江間」二句，天地閉；「叢菊」二句，賢人隱；「寒衣」二句，天下亂。首二句乃天地閉塞之由。秋者，天地之殺機也。天發殺機，故有凋傷之物；地發殺機，故有蕭森之氣。此不必征諸普天之下，即此巫山巫峽一地，江間之波浪兼天，天為之閉，是積行君子壅不上聞也；塞上風雲接地，地為之塞，是朝廷之澤屯不下究也。天地既閉，則賢人自隱。此不必征諸普天之下，即少陵一身，可謂一代

之大賢矣。鹽梅舟楫之用無聞焉，而使之行吟荒山野菊之叢，惆悵空峽孤舟之中。彼天下之懷瑾握瑜者，又孰有事王侯之事哉？賢人既隱，則天下之亂正未艾也。此不必征諸普天之下，即白帝一城，附藉蜀川之險，當唐室板蕩之餘，海內生靈塗炭幾盡，而此城之民人幸爾無恙，無奈四方苦兵戈不休，而蜀之丁壯盡征戍在外，其存其亡，總不可知。於何驗之？驗以「寒衣」云云也。「催刀尺」、「急暮砧」，以備寒衣，則城中皆婦女矣。刀尺處處催，暮砧處處急，則全蜀之壯丁竟無一人在家者，以見此時天下總無一塊樂土。夫天下之無樂土，其禍肇於安、史，故此詩特取阮籍《詠懷》詩「澹澹長江水，上有楓樹林」，注云：「楓樹，江南關郊之地最多。漢宮殿每植之，故稱帝座曰楓宸，或丹宸。」「凋傷」云云，蓋喻朝廷為安、史大創之象也。二句蕭森大創之後，四海蕭條之象也。三、四極將安、史一番大創極力寫去，直寫到否之極、剝之盡處，然否不終極，剝不終盡，此中卻留得一點生意，如不食之碩果，即今日作《秋興》之人是也。五、六急表此人，菊有落英，屈平比之蘭茝，喻此人之內美；舟利涉川，殷高麗之鹽梅，喻此人之修能。結句謂此人有憫人之心，合之前「江間」云云，悲天之意見。此人本是契、稷之徒，不是沮溺一流。次句謂此人也曾應過大聘，也曾充過言路。三首此人充言路時，也曾抗顏而疏時事。其疏時事，不敢嘗以無稽之言，必援附經術而進，惜當時未竟此人之用耳。假今日而重新徵聘此人，令此人依舊充言路，得以極言天下之事，或更加大任，使天下之事得以專行，而遂此人之望焉，如二章；此人定然依舊抗疏，依舊傳經，如三章；此人既見大用，其施行之次第，必引經義正名焉先，如四章；所寓之微意，名既正則朝廷正，而百官莫不正，如五章；然後條教庶可頒乎，而猶未也，必先格君心之非，如六章；俾有悔過遷善之美，而後始以出令，其令之急務，則用兵削平海內，如七章。乃孔子得政而首墮三都之作用也，然後加富加教，興致太平之業焉。昔諸葛武侯未遇，而預籌三分之業於南陽草廬；杜少陵浪跡，而經營天下之規模，蚤定於瞿塘孤舟之中。苟有用我，直把唐家乾坤重新整頓一番。然其詩中卻追述舊事，何也？蓋唐家之盛，莫過貞觀、開元，蓋欲以轉往日之舊事，作後來之新猷耳。《書》曰：「詩言志。」詩者，眼前所據現在之景；志者，心中所期後來之事。不然，少陵此詩豈效晉武之見人輒道生平舊事，都無經世遠略耶？此詩八首之中，所以只除首章寫眼前現在，而餘七首俱述往日之事耳。然首章雖寫現在，亦似暗寫往事者。何也？今之白頭吟望者，即昔之彩筆凌雲者。計作《渼陂行》之天寶末載，至作《秋

《興》之大曆二載，中間十餘年來，其不幸而不見於時者，沮於安史之亂，是天之未欲平治天下也；其幸者，經安史之亂，依然無恙，為碩果之不食，天欲平治天下也。捨此人，其誰耶？故此詩首章首四句極寫天地閉塞之象，將以急急覆去天寶後之殘局；後四句請出開元來未經嘗試之國手，臨枰另著。

其二

　　夔府孤城落日斜，每依北斗望京華。聽猿實下三聲淚，奉使虛隨八月槎。畫省香爐違伏枕，山樓粉堞隱悲笳。請看石上藤蘿月，已映洲前蘆荻花。

第一首前四句以秋寫景，後四句以興寫情，俱是眼前現景。以後七首追述往事，卻於寫情中挾出景語居多。第二首、第三首尚是現景與往事夾寫，總以寓其忠君愛國之心。兩首俱言望，目之所注，心之所在也。此首句「夔府孤城」四字，緊接上首結句「城」字。白帝城距夔城尚五里許，公孫述之舊都，《夔府》絕句所云「白帝夔州各異城」是也。上用白帝，此用夔府者，上首對秋而言，故用古名；下首對京華而言，故從國家之興圖而用今名。〔註9〕又上首寫秋，秋之氣高，非砧聲之高不能寫；砧聲之高，非城之高不能寫。此首寫望，望之人孤，人之孤非斜陽之孤不能寫；斜陽之孤，非城之孤不能寫。然「白帝」曰「城高」，先所後能；「夔府」曰「孤城」，先能後所。夫先所而後能者，以取勢，秋之高，勢為之也；先能而後所者，所以標地，人之遠，地為之也。故孤之城與高之城，取境似異，而城之孤與舟之孤，寓意則同也。「落日斜」承上「暮」字，卻又退轉向後一步。暮者，日之已落；斜者，日將落未落也。上首用「暮」字者，婦人夜作，故砧聲急於暮。此將寫己之心事，故取賈生《鵩鳥賦》坐隅之日斜，移之夔府孤城耳。「每依」句，或登乘而望，或否，不必泥。「依」者，順也。「北斗」，即本集「故園當北斗」，又云「北斗故臨秦」，又云「秦城北斗邊」是也。依北斗有數義：一寫尊君之意，北斗之北，則紫微垣也，辰居星共，朝廷之象；一寫地勢之偏，且距京華之遠也，巫山巫峽僻居天末，地勢欹斜，方向莫辨，故以北斗為指南，旅其地者，如泛溟之占星焉；一以身所據以望之地與所望之時相符，夔府偏居西南，孟秋之月，斗柄正指其方，故順北斗可以望京華；一以傳望字之神理，夫思則低頭，望則舉頭，所望愈遠，則所舉愈高，此望之所取於北斗也。故此詩第一首平寫，此首仰寫，末首俯寫，皆有神理，無不廝肖。下四句俱寫望，卻不正寫望，而以下

〔註9〕旁批：何等爽豁。

文「聞」字、「思」字暗立兩柱，見以目治，聞以耳治，思以心治。「聽猿」句、「山樓」句只寫耳有所聞，則目無所見可知矣；「奉使」句、「畫省」句只寫心有所思，則目無所見可知矣。作者描寫主此，可謂十分渺寂之極，前邊「望」字幾無蹤影可尋，於是又掉轉筆來寫見，藉此洲月，復醒出前「望」字來。然月而命以「石上藤蘿」，則是巫山巫之月，而非京華之月；不照長安之使槎、畫省，而照洲前之蘆荻，則見非所見，仍是無所見耳。要知此二句不是實實寫景，乃其徘徊永夜，至聽猿、聞笳之後，無聊之極，兜的見月，不覺自言自語，自驚自歎，而曰「請看」云云也。〔註10〕不然，藐耳孤城，止有杜陵一老耳，將更請誰看之乎？本集曰「永夜角聲悲自語，中庭月色好誰看」，政是此意。夫春以花朝，秋以月夕。月乃秋之物色，如玉露之類；藤蘿、蘆荻亦秋之物色，如楓樹、叢菊類。然八首之中，獨取玉露作起，為秋興之主，而月反作第二首之結。何也？玉露之能凋物，其迹甚顯，故取以弁八首之首；秋月之映，與物所傷，其迹過而不留，無紀時之能，但微點綴之以助興耳。然月之精神在中秋之望，不取中旬之望月，而取下旬下弦前後之月者，下弦之月與歲之秋、日之暮同一理也。然詩之於月，但稱其所照之物，曰「藤蘿」、「蘆荻」；稱所照之物之所，曰「石上」、「洲前」。偶拈其所照石上之物而號之曰藤蘿月，而藤蘿遂得有月名，而石上遂得為月所。而蘆荻專為所照之物，洲前仍為蘆荻之所。然在月本無私照，此由詩家之見分而作，非因物之相分而作。若論相分，則月所固在天上，而石上、洲前各以其勢取。此皆以地論，未嘗以時論，曷自而知為下旬之月乎？以全詩之章法而知之。若是上旬之月，則宜見之於落日之前；若是中旬之月，則落日之時即當見月。又以緊承「畫省」二句而知之。此詩紀時，不止砧以報暮，猿以報夜，笳以報夜闌，其實寫處具有次第，即虛寫處如「奉使」句、「畫省」句，與實寫亦自參插互印，各因其次第而附之。猿有取曉鳴者，《斤竹澗》詩曰：「猿鳴誠識曙」，謝客用以紀幽谷之曉。猿有取夜鳴者，《白帝懷古》詩曰：「皦皦夜猿鳴」，陳子昂用以紀空峽之夜。當時少陵身在巫峽，其用以紀夜也無疑。《古樂府》曰：「巴東山峽猿鳴悲，夜鳴三聲淚霑衣。」故少陵連摘「三聲淚」三字以見意。「奉使」云云，本涉想憶，似無切於時。然而博望乘槎，既以八月，固是拈合秋字。而嚴君平曰：「客星犯斗牛。」斗牛者，秋天昏見之星，亦非於夜無關也。山樓斥堠，見當時之戒嚴。以粉塗堞，取其望而易見。「笳」，戍人奏之以戒曉暮。「悲」者，雖取聲

─────────────────────────

〔註10〕旁批：寫照處如聞歎息之聲。

調之高，實由戍人之思怨，易以感人。「隱」者，聞自遠也。夫笳兼戒曉暮，此獨用以報曉者，何也？方落日之際，塵喧未淨，初為砧之所亂，既為猿之所聒，迨至夜氣既清之後，方能聽得山樓中悲笳之聲，隱隱自粉堞而出，故用之以紀夜闌也。「畫省」句雖亦虛追往事，正與夜闌相切。唐制：入朝將侍君王，必以香爐引隨。「香爐」而繫以「畫省」，是將入未入之際也。「違」即去而是違之義，謂去拾遺之職。「伏枕」者，以病而去也。病而曰「伏枕」，特用一「伏」字，暗形出一起字，謂當年此時，已拋枕而起矣。前二句先實而後虛，此二句先虛而後實，乃文法互變之妙。其先實而後虛者，蓋以「聽猿」

句與「奉使」句對雖流水，然實是兩平，總承起二句，自暮至夜，前大半夜之景；此先虛而後實者，以逗起下文「請看」二句，總以寫將曉未曉之數刻也。何也？天下境之實者，成於所歷；境之虛者，出於所觸。故論境之所觸，則似宜先「山樓」、「悲笳」，而後「畫省」、「香爐」，使不聞笳則未必憶及「畫省」、「香爐」矣；論境之所歷，則正宜先「畫省」、「香爐」，而後「山樓」、「悲笳」，蓋聞笳之時，遙當入朝之時，而「畫省」、「香爐」則當未如朝。而初起在畫省之中，所以今夜在夔聞此悲笳之聲，不覺兜爾自驚曰：「此非當年五更三點入鵷行之時乎？悲笳之聲，胡為乎來哉？」於是又不覺抬頭一看，見月出乎「石上」、「藤蘿」之上；而低頭一看，已映乎「洲前蘆荻花」矣。要知月非至聞笳時始出，其出約在「畫省」、「香爐」之時。何為至此方見？緣少陵心繫京華，癡癡掙掙，終夜悵望，竟不覺月光之出；及笳聲一驚，而始省月之既出耳。〔註11〕「請看」者，有無限校量之意。問此石上之月，寧復昔年傍九霄之月乎？問此映洲前之月，還能直照西秦乎？此二句從《齊詩》「匪東方則明，月出之光」脫來。彼亦夙朝之詩，苟非下旬之月，何為當雞鳴之時，月體尚未出地，而僅望其光，至於錯認為日出耶？但《齊詩》取其未曙，見萢政之勤方始，此取其將晦，見世運之亂未艾耳。但「已映」二字，又脈脈映前「落日」，謂日落幾何而月出，更有冉冉老至之悲焉。此首夾序往事，乃少陵自表其生平出處之大節，謂出身雖不由科目，然不敢假他途以進。「奉使」云云者，乃應詔隨使入京，獻《大禮賦》，是其進身之正也。當應詔時，自負其才，應付以伊、呂之任，不意一尉見授，故曰「虛」也。肅宗之朝，才得備員拾遺，得言天下之事，庶幾少伸平生之志，而又以伸論房琯而去，是其退身亦正也。不云不得其言而去，而託之病者，不欲張吾君之拒諫也。第三首「匡衡」二句，

〔註11〕旁批：真是想得入，寫的出。

又其語默之當。○發秀復曰：「下弦之月與歲之秋、日之暮，何為同理也？」
曰：「月有朔、望兩弦，上弦如春，望如夏，下弦如秋，晦如冬。朔則一陽初
復也。熟讀《參同契》自知之。」

　　　其三

　　　千家山郭靜朝暉，日日江樓坐翠微。信宿漁人還汎汎，清秋燕
　　子故飛飛。匡衡抗疏功名薄，劉向傳經心事違。同學少年多不賤，
　　五陵衣馬自輕肥。

　　前四句跟上首「望」字寫景，後四句追往事寫情。首句緊接上首「月」字，
謂月甫出而即繼之以日，略拈時光迅速意。「朝暉」字，人知遙對上首「落日」
字，不知切對第一首「暮砧」字。蓋「暮砧」之「急」、「朝暉」之「靜」，兩
相形容，秋之性情，方描得出，而「靜」字尤為深微。薄暮波浪風雲之蕭條，
夜山猿城笳之悲鳴，牢騷過甚，未免涉於怨尤，苟非此一「靜」字，曷徵「遯
世無悶」之養歟？然「靜」因於「朝暉」者，謂其挾有平旦之氣，雖在秋令，
猶得片時清爽。下文「漁人」之「汎汎」、「燕子」之「飛飛」，從此「暉」字
映出相分，實由「靜」字生出見分。「山」即巫之山，「郭」即夔之郭。千家山
郭，靜於朝暉，是謂景靜。「江」即峽之江，「樓」之所臨；「翠微」即巫山之
椒，「樓」之所傍。坐於樓中，是謂身靜。然「坐翠微」，文法與上首「依北斗」
文法相似，則亦應有「望京華」之意。然言「坐」而不言「望」者，其文蒙
上，其意關下，謂此抗疏、傳經之人，不立之青瑣、朝班，而坐之翠微、江樓
乎？「信宿」二句分承「江」、「樓」。「漁人」，江中之物色；燕子，樓邊之物
色。曰「汎汎」，曰「飛飛」，二句雖是寫景，其中兼帶紀時與感懷。蓋漁人定
見於朝暉之後，而燕子定見於漁人之後。漁人曰「信宿」，則當少陵徘徊孤舟
之時，漁人固在，特以魆黑無所見，至凌晨日出而始見，故藉此顯出「朝」
字，專紀凌晨之一刻，賦江樓驗坐之蚤也。燕子曰「清秋」，「清秋」者，入秋
淺深之間，當歸之候也。夔州地近赤道，燕歸稍遲。凌晨不飛，必待晡日。自
晡日而晌日，以及前章之斜日，皆飛飛之時也，故藉此以紀坐江樓之強半日，
以驗坐之之久。然後以此章「靜山郭」之「朝」為首界，合首章「催刀尺」之
「暮」為末界，是專寫坐江樓之一日也。且也，一宿為宿，連乎昨日矣；再宿
為信，連乎前日矣。故漁人信宿，見漁人者亦信宿矣。又燕以春稱。燕子曰
「清秋」，則違其時矣。燕子違時而飛者非一日，而見燕子之「飛飛」者，入
秋亦非一日矣。此總細細紀時，以結上文坐江樓之「日日」也。此「漁人」與

後「漁翁」不同。漁翁,太公之流,意不在漁;漁人,尋常覓利之徒,得利即歸矣。曰「汎汎」,無所得矣。「還」者,未艾之詞。燕子之來,自春歷夏。其「飛飛」也,為作巢養子之計。今已秋矣,猶然「飛飛」,將欲何為乎?「故」者,無故也。蓋作此喻以比其「功名薄」、「心事違」爾。下「匡衡」二句實賦其事,正應「奉使」句及「畫省」句。蓋上首自述其生平出處之節,此首自述其當時立朝之概。「功名」者,堯、舜君民之績;「心事」者,堯、舜君民之願。「畫省香爐違伏枕」,「功名薄」矣,則以「抗疏」之故;「奉使虛隨八月槎」,「心事違」矣,則以「傳經」之故。「經」者,聖人傳心之要典,見學之有本;「疏」者,人臣體國之忠謨,見才之有用。「匡衡」、「劉向」,不是景仰古人,乃取以自擬。使槎、畫省,朝廷不我棄也;抗疏、傳經,我亦不負朝廷。至於「功名薄」、「心事違」,亦非朝廷之我棄。不信乎友,弗獲乎上,良由同學之士輕肥自耽,不肯汲引之故。此蔽賢之罪,不以累上,而卸之朋友。既無懟君之心,而責之朋友,亦弟曰「同學」云云,怨而不怒,足徵其所養之靜矣。〔註12〕○第一首從「巫山巫峽」起,中分「山」、「峽」二柱,末結到「城」上;第二首緊接「城」字,以「夔府」照出「京華」,遂以「夔府」、「京華」分作二柱,末仍結到山之石、峽之洲上。第三首即接以巫之山、夔之郭,此處特添一樓於峽之濱、山之椒,下即以「樓」與「江」略分二柱,末結到「五陵」,以起第四首之「長安」,總紀身所歷之地也。第一首「孤舟」之「繫」,第二首「孤城」之「望」,第三首「江樓」之「坐」,歷紀身之所在也。又此紀前班日之景,故以「朝」起;第一首紀後半日之景,故以「暮」結。總合兩首之前後各半日,共成一晝矣,顯出第二首之獨為一夜。合夜與晝而一日過矣,積之日日而一秋過矣,此紀身所歷之時也。第一首只寫身在巫山巫峽,眼前現在之事,未露京華之意;第二〔註13〕首、第三首寫望,方顯出心在京華。然第二首情與景夾寫,乃立而夜望之神理;第三首景與情截寫,乃坐而晝望之神理。晝而江樓,夜而孤舟,身心一片,無處安排,此寫情之妙也。○或曰:「八首中唯第三首另是一樣手筆,何也?」曰:「第一首身在舟中,有望之意,而無望之勢,所見惟巫山巫峽,界近,故將秋寫得十分蕭騷之甚,即本集所云『大江秋易盛』也。第二首身在城邊,望者京華,界遠,故將秋寫得十分渺寂之極,即本集所云『空峽夜多聞』也。此首身在江樓,平平望去,界在近遠之間,獨

〔註12〕旁批:仍遺他靜字。
〔註13〕「二」,底本誤作「三」。

寫得靜逸之至者，以秋之為氣，盛於暮，淡於朝。朝暉所映，又當翠微之中，故此首在八首內，覺得另是一樣筆墨耳。」○客問：「古人稱日，有連夜在內者，有截夜於外者，其義奚辨？」曰：「日有連夜而言者，如李白詩『三百六十日』，指太陽右行黃道一度是也。日有對夜而言者，如傅玄詩『志士惜日短』，指宗動天帶日輪左行起，自東地平至西地平是也。總之，夜者，日之餘氣，亦猶《乾》、《屯》等為《易》卦之正氣，而《坤》、《蒙》等卦又為《乾》、《屯》等卦之餘氣。故此詩八首，只二章承首章「暮」字寫得一夜，而七首皆寫晝日。日者，正氣，男子事業之會；暮夜，餘氣，乃女工之會耳。」○或曰：「舊注『漁人』，隱者；『泛泛』，自得之意。秋燕數飛，其雛殆將之以歸。少陵於此，亦欲歸隱為著述之計。然乎？」曰：「少陵何時不隱，奚待歸耶？少陵何時不著述，奚待歸隱之後耶？少陵生平之志，主於匡君濟民。其思歸也，乃冀大用而歸朝耳。其云『故國』者，家在長安，故藉以寓意耳。至於著述之說，則後人因『傅經』訛作「傳經」，遂有此誤。按《漢書·匡衡傳》：『朝廷有議政傅經以進。』注：『傅，讀如附，依也。』注此詩者，當以《漢書》為正。」或曰：「從來注家皆云『傳經』。蓋孔子刪定之後，如子夏傳《詩》，漆雕氏傳《書》，以迄漢之諸儒相傳，各有淵源。又，江淹為梁諸王五經傳其大意。其來歷豈不彰著乎？」曰：「古人作詩，援引古事，取其相切，而又要與上下文義相貫通。若云傳經如江淹，少陵不曾為唐諸王官屬；以為如先儒之傳經，乃布衣之事，又何須下文同學之汲引哉？」〔註14〕或曰：「傅經誠是矣，奈其說不出於《劉向傳》，而出於《匡衡傳》，余心終不安也。」曰：「不須疑也。古者為史，出於好學深思之士，俱有非常之識。故其列傳有兩人合傳者，有兩人對傳者。《史記》屈原、賈誼合傳，括楚騷之始終也。《漢書》李陵、蘇武對傳，昭漢詩之權輿也。劉向、匡衡兩傳亦是對仗而作，蓋用經術相比也。夫漢之治經術者多矣，而獨以兩人相對者，諸儒之治經，發明古義而已，而兩人則傳之時事之中耳。今取兩傳合讀之，所載劉向之疏凡幾，匡衡之疏凡幾，或因天變，或因時政，莫不緣目前當務之急，而援引古義，俾為有稽之言。則是『抗疏』、『傅經』，兩人同有之事。〔註15〕而作詩者筆之所到，偶而分拈。如孟子之憂心悄悄，文王之事為孔子，而別取太王不殄之詞補為文王。若少陵者，可謂讀書不死者矣。他日《贈元道州》云：『匡衡常引經』，非其明證耶？

〔註14〕旁批：將二意反照，俱駁得倒。
〔註15〕旁批：俱如此心眼，方可以讀盡古人之書。

且下文『同學』，『學』字即從此『經』字生。夫同學不必如古之負笈而共事一先生，亦不必如今之同鉛與糾連遠社者。大約謂所學之同，同於經術也。夫幼而學，壯而行，傳經抗疏，慷慨而言天下之事，而不少變塞者，如少陵者幾人？其庸碌之輩往往藉此經術為博取富貴之媒，及富貴到手，而患得患失之心生矣，孰肯傳經抗疏、慷慨而言天下之事哉？彼既不肯言天下之事，又孰肯輕覷一己之富貴，而汲引夫傳經抗疏、慷慨而言天下之事之人哉？『少年不賤』，從《魯論》『吾少也賤』脫來。以彼少年不賤，以形此老而尚賤者也。然彼之少年不賤，由於奧援之多。故下末句『衣馬』之上又加『五陵』二字，謂彼皆有可蔭之勢，各各共為黨朋，特單單擯出個老賤之經生在外耳。故二語絕非羨慕之詞。曰『少年』，見老成之棄置；曰『五陵』，見側陋之沉淪。」○客問：「《禮》云：『治民必須獲上，獲上必須信友。』古人誠重乎汲引之義矣。少陵獨見於此章乎？」曰：「八首之中俱有此意，但如灰中之線、草中之蛇，苟非好學深思，未易識其意之所在耳。今試先將當世所用之人分為兩途：一者如此章『同學』云云，乃患得患失之夫，天寶以來釀亂之人；一者如四章『王侯』云云，乃高才捷足之士，靈武以來因亂而得功名者。在少陵自負五百名世之望，值安史之亂，藏頭於荒草涼煙之中，幸而無恙，則亦不絕如線矣。故第二首兩京恢復，始伸頭而望，『望』上加『每』字，『每』字從《孟子》『三宿出畫，予日望之』來。蓋冀其還有個出頭日子耳。然非藉朋友汲引之力不可。無奈先進者各自愛其輕裘肥馬，既不引手於昔年；新進者各自安其宅第衣冠，誰肯推轂於今日？即在昔年，雖班列青瑣，無異東方曼倩之玩世承明，苟非上書自譽，誰識大臣之才？至於今日，流落江湖，顛擠益甚，除是飛熊自發聖王之夢耳。汲引之事，夫復何望？此所以行吟於巫山巫峽之間而低頭吟望歟？」

其四

閒道長安似弈棋，百年世事不勝悲。王侯第宅皆新主，文武衣冠異昔時。直北關山金鼓振，征西車馬羽書遲。魚龍寂寞秋江冷，故國平居有所思。

全篇關鎖，全在此首起手一『聞』字、末後一『思』字。『思』字起下四首意，『聞』字突出上兩首『望』字之外。『道』者，得自傳說。二字直貫通章，兼含山川修長，干戈阻間，望而亡所見意，然所聞之長安宜即當時眼前現在之京華。玩其通章語氣，則今日之所傳聞者又連乎昔時之所親見者，何也？少陵寓夔，距離長安之時已經數載。代宗之立，父終子繼，應無改建王侯。易置文

武之事，俱在肅宗靈武即位及還京之時。此時玄〔註16〕宗固儼然在也，肅宗貪於急立，故富貴其私人，而實由當時群臣貪於立肅宗以為富貴之資。不然，令當時而仍奉玄宗，或還京而玄宗復辟，斯王侯宅第依然舊主，文武衣冠依然昔時矣。此唐人置君，少陵比之弈棋。本於《左傳》「弈棋者不勝其耦，況人君乎」之意。只緣此一著置子之差，遂因循以致肅、代兩朝，而高、太以來五世之戚勳無一存者。且一時之若文若武，若衣若冠，皆非天寶之舊物，又況開元之典型乎！此今日所聞之事與昔日所見之事，其本末相連而及者也。然亦有事不相連而相關者，則近日代宗之立是也。夫「不孝有三，無後為大」，故古人有子為人生百年大事。肅終而代立，是肅宗得有其子也，益顯玄在而肅立則玄宗不得有其子也。〔註17〕玄宗不有其子，則肅宗不有其父矣。天性天倫之謂何？此百年世事所以不勝其悲也。夫肅豈獨無天性？肅與群臣豈盡不知天倫？祇是汩沒於富貴之中，故致王侯第宅云耳。在肅宗以為為吾臣者，吾能富貴之，彼必急我之所急矣。豈知孝慈所以作忠，肅既子，不急其父，臣亦不急其君，尤而傚之，又何怪「直北」云云乎？二句本是互文，直北之急則征北之遲可知，征西之遲則西方之急可知。是當時群臣助轍圍戚則有餘，而為國禦盜則不足。何也？群臣皆已富貴矣，戀其宅第，美其衣冠，又誰肯抱桴捐軀、圖報效朝廷乎？「魚龍」句又指上皇還京，自南內移西內之事。按地志，長安西有魚龍江，江有異魚，人以為龍。故取以喻玄宗。龍以秋為夜，故於「江」上著一「秋」字，以喻玄宗此時為潛龍。第五首「蓬萊」云云，謂此時之潛龍，固昔日之飛龍，故於「識聖顏」之上點出「日繞龍鱗」四字。第六首、第七首謂此時之潛龍，由亢而潛也。其「曲江」云云、「昆明」云云，蓋亦失水之喻。故此「魚龍」而曰「寂寞」者，肅宗內制於張后，外惑於李輔國，移上皇於西內，不復定省之儀也。「秋江冷」者，上皇在西內，防閑之嚴，至不令與臣人相見。然當時臣人亦遂不敢接見上皇。蓋「直北」云云，現在之君父且不急其難，又何有於退位辭朝之君父乎？所以上皇冷冷清清，老死西內，終無一人理論。〔註18〕單單只有去國離鄉之一老常常繫思，雖鼎湖之後，猶爾不忘也。末句曰「故國」，即第一首之「故園」。「平居」者，以故國為平日之居，則此地為暫時之寓也。「有所思」，古樂府題，思雖憶事之稱，而繫以有所，則義兼懷

〔註16〕「玄」，底本作「元」。下同。

〔註17〕旁批：直可作絕好史論讀。

〔註18〕旁批：讀之如聽急管繁絃，生人悽惻，豈止註詩明切耶！

人。故下四首追述往事，肅與代略不說及，單單只道玄宗一朝之事，情見乎辭矣。夫此詩作於大曆二年之秋，已非肅宗之世，乃越之而遠述玄宗時事者，一惜國事之錯，一悼家事之非。論君人之才，代不如肅，肅不如玄。玄宗天資英邁，可與圖治，開元之時，允為勵精。雖不能舉世於唐、虞三代，然而校之貞觀太平仁義之效，庶亦不遠。故天寶之初，餘烈猶存。及其末載，一念作狂，遂致亂起倉卒。當時諸臣，若有忠謀定見，或奉之勿失，或還京後迎之復辟，以彼英邁之資，當此大創之後，必且自悔自艾，而孜孜補過。其理政用人，皆已試之轍，由茲輕車熟路，則開元之業可望再復。肅宗雖稱能君，然其才僅可恢復唐室，令不廢墜而已。而冀其復致開元太平之舊，必無濟矣。試觀開元之際，姚、宋諸賢接踵於朝。而乾元之初，一房琯之直而不能容，且累及救琯之人。其優劣居然可知。而當時云云，是國事之錯也。雖然，靈武之役，玄宗蒙塵，群臣即欲奉之，何從奉之？還京之後，局勢已成，而欲迎之復辟，或強奉之如後世之奪門，不亦迂乎？不知非迂也。夫子與子路論衛事，曰：「必也正名乎？」國不可一日無君，子亦不可一日無父，古今之常道也。「名不正」云云，夫子亦第論千古之常道如此，為後世戒。若必令出公退還世子之位，而復奉蒯瞶為衛君，然後為政，勢所不能矣。勢所不能而夫子言之不為迂，豈少陵亦作此想而獨為迂哉？然當時之臣以為迂也，因而弈置其君，非不假託於以國事斷家事之義，而實有悖於劉向傳經之旨矣。○客有以舊註秋江為巫峽者。試以《哀江頭》詩證之。「清渭東流劍閣深，去住彼此無消息」，刺肅宗之忘親於生前；可知「魚龍寂寞秋江冷，故國平居有所思」，見少陵之念君於逝後。客又以魚龍本地名耳，未必有指。曰：「魚龍信是地名，然即下文之秋江也。若無所指而但云地名，則『魚龍』之下既曰『寂寞』，則『秋江』之下不得又著一『冷』字矣。況古人比類有常例，《易》以龍飛喻君，《詩》以魚在喻臣。故此詩以之寓意於今日秋江寂寞之潛龍，而下首點出『日繞龍鱗』，追尊為九五之飛龍，此以喻玄宗也。又於前首便伏下一信宿之漁人，喻己之往日功名不建，心事已灰。第七首又拈出江湖之漁翁，喻己之目下壯心不已，待時而建功名。龍一照而魚再照，《易》曰一君而二臣。」

其五

蓬萊宮闕對南山，承露金莖霄漢間。西望瑤池降王母，東來紫氣滿函關。雲移雉尾開宮扇，日繞龍鱗識聖顏。一臥滄江驚歲晚，幾回青瑣點朝班。

　　以下四首皆承第四首「思」字，前三首猶玄與肅並思，此後所思皆玄宗之事也。此首緊接「魚龍」句意，乃因後日西內之幽禁，而追憶其當陽御宇之時，吃要在「識聖顏」三字。「聖顏」，即玄宗之顏也。然「識聖顏」必有識之之地，故先寫朝，後寫朝班。其寫朝處有三義：一定朝之制度，是周公營宅之理也；二表朝之形勢，是婁敬建都之策也；三就朝極寫形勢制度之弘遠，是周、召分陝之制也。總伏後「帝王州」三字之案。蓬萊之宮，天子所居。表南山以為闕，而夾以下文之「東」、「西」，則宮在北矣，是以北辰居所之義尊朝廷也。而又表凌霄之承露仙盤，益見規模之峻矣。此真帝王之宅也。帝王建都，德險隨時。「闕對南山」，即《禹貢》所稱「終南惇物」，乃雍州之地，非天地之中，尚險之國也。秦曰咸陽，漢曰長安，唐亦曰長安。長安之西曰瑤池，周穆觴西王母之處。長安之東曰函關，尹喜遇老子之處。「瑤池」曰「西望」，是從長安寫到瑤池。「王母」曰「降」，是從瑤池寫到長安。而瑤池之西則不及寫，為長安地偏於西北也，更西則異域也矣。「東來」句獨於「函關」之「東」寫來者，蓋函關之東乃周及六國之故地也。老子為東周柱下史，應為紫氣之起界。老子西行，莫知所終。此詩取為呵護長安，應為紫氣之止界，而函關五千言之留，乃其過化之處耳。此句則略於起止，若莫測其始，莫測其終者，而獨於過化之函關著「滿」字，取殽函百二之險，足以控制東周六國之形勢，故藉以表長安之東南界，而借前王母之瑤池表西北界，兩界中間夾出個千里秦川來。即■■詩「秦地山河似鏡中」也。此地可農可戰，故周以王，秦以帝，而漢、唐因之，此帝王之畿也。是以輯天下之朝貢於斯，走天下之賢能於斯，聚天下之商藝於斯。爰斯之時，天下一家，四海一國，決無弄兵潢池者，亦無跋扈自雄者，王者無外氣象，直於此朝字寫出。如蕭王畫扇，咫尺而具萬里之勢。下首「秦中自古帝王州」，正從此四句逗出。一帝王州不可作歌舞池，一旦破除之可惜，一時勢雖不克一戰，而地利盡足以守待勤王之師，何至倉皇出走，一還京之後，依舊得控制天下之勢，但當求賢人為輔。然此是後意。若論現意，只是引起下文朝字，為識聖顏之地耳。夫朝自既已寫完，聖顏似可即識。又作雲開句一頓者，威儀不備，王者不出，蓋藉此雉尾宮扇一物以例其餘。天仗之整肅以此威儀，合之上文之形勢制度，而朝之物事始全。又藉此宮扇推去宿雲之蔽，放出曉日之光，於聖顏方識得親切。然此聖顏即四十年太平之天子，世稱玄宗是也。然所以得識者，以身列朝班。故列朝班而謂之「點」者，謂官微職輕，聊點綴於班末云耳。後人有因「點朝班」之上有「青瑣」二

字，謂授拾遺時事，聖顏應指肅宗。不知青瑣者，所以飾也。省垣有此飾，朝
列亦有此飾，黃門掌之，即今早朝百官投職名處也。因世人多以青瑣美省臣，
故遂以青瑣專為省中故事耳。嘗讀《晉史》，賈女常於青瑣中窺韓壽，亦豈省
中之飾耶？詩家所引，宜曰青瑣朝班，卻將「點」字夾在中間者，曰點青瑣朝
班，便是領班之長也；惟曰「青瑣點朝班」，則不過隨例須朝備數而已。官微
職輕，身居末班，苟非「雲移」、「日出」，何由得識聖顏乎？「識」者，遙認
之謂也。夫「青瑣點朝班」五字既緊應「識聖顏」三字，而於五字上加「幾回」
二字成句，於此句上又加「一臥」句者，所以結歸本題。不然，竟是一首蚤朝
詩矣。「歲晚」即本題「秋」字，「滄江」從「青瑣」、「朝班」楔出，即本詩之
「巫山巫峽」；「一臥」二字特藉以楔出「幾回」二字，言自此一臥，永不起
矣。其前則有三仕三已之意。凡此總指眼前有思之一刻，莫將「一臥」誤認作
華州去官之時說起，而遂以此為授拾遺時事。夫授拾遺不及期，其時肅宗即位
甫二載，京師雖復，而餘孽尚熾，方鎮不掉，無當於「西望」云云之頌。況末
首「香稻」云云，唐家極盛之事，豈肅宗之所能當乎？大約此詩如周人之《魚
藻》詩，隋人之《高祖頌》，所以斷「聖顏」為玄宗也。「識」字又有兩義。以
上首照之，識者所思之因。夫人莫不有見面之情，況臣之與君乎！乃以舉朝共
識之聖君而老死於西內，如之何其勿思耶？以下首照之，識者初見之謂。少陵
當時雖應詔赴闕，非有平臺之召，非有前席之請，僅於朝班之末，一望見顏色
而已，未嘗大用。故天寶之末，變起倉卒。然釀之有漸，自有執其咎者。班末
之小臣官微職輕，安能挽回，此所以望大用於今日耳。觀此詩，通章俱從
「朝」字起興，益見前第二首末四句的為憶蚤朝之時。此興於地而彼興於時
耳。地者，展抱之所；時者，幹功之會。故前第三章自蚤朝之時說起，遂接以
第三章之「日日江樓」。其寫日詳於寫夜者，詩云：「志人惜日短，愁人知夜
長。」可見做事全在白日，而抗疏、傳經尤在蚤朝之一刻。故本集又曰：「來
朝有封事，數問夜如何？」○遯園子語客曰：「律詩對偶，在他人得其上句，
即可測其下句，唯杜少陵不然。試取一詩，覆其對句而射之，十不得一二。及
發覆視之，絕出人之意外。反覆細玩，卻又各如人意之所欲出。《秋興八首》
對語凡十六，皆極儷詞之能事。如此首額聯二語，對偶錯綜，不惟三、四與
六、七互錯，即二與五亦相綜。其推班出色之妙，匪彝所思。此二句所用之地
二：瑤池、函關；所引之人二：王母、老子。唯函關為長安之門戶，是實地名；
其瑤池不經見，昉於《穆天子傳》，西方之瑤池與東海之蓬壺，俱道家之寓言

子虛，故不把與函關對，而卻取老子示現之象，化作紫氣兩個虛字對之。因此
一錯，遂把瑤池亦化作兩個虛字，作王母之稱呼，猶曰瑤池王母云耳。〔註19〕
至於老子獨不斥言，而目以紫氣，直若國家王氣之所自鍾者，以唐之列辟皆尊
老子為始祖，所謂仙李盤根是也。其以『函關』錯對『王母』者，偶拈人名、
地名以屬辭耳。『函關』之正對，不惟不在『王母』，並不在『瑤池』。瑤池者，
虛立之界，表其正對，乃在『降』字之內，蓋暗指長安。何也？王母之降降長
安，老子之來亦來長安，而函關乃其過化之地耳。不然，與『朝』字何關哉？
望者，望其降也。先望而後降，王母先天之金精，與唐無所關切。唐既祖老
子，若聖祖之慈得得而來，呵護其子若孫者，故言來不言望耳。『紫氣』之下
特加『滿』字者，明老子道德之高妙，其豪光之所照耀，不惟函關，西而長
安帝京，東而東周六國，無處不充足。若瑤池王母，亦並攝於其萬道豪光之
中。故『王母』曰『望』，如夜之觀燎；『紫氣』曰『滿』，如太陽中天，其光
自普三千世界，無須人之仰觀耳。此又唐所都之長安，乃綏福無疆之地，於此
趁上『朝』字寫完。故下首但詳言『歌舞地』，而結之以第七句，卻以第八句
『帝王州』結此二句及上二句，如雙鼇然。若此處無此二語，便閃卻一鼇之
力矣。」客曰：「二語在本詩中，自有『一臥』二句正結，曷事下首之旁結
乎？」曰：「西之王母、東之紫氣，俱聚一處，呵護神京。以為『朝』字是此
二句之形，即一朝而東連函關之東，西極瑤池之西，借寫王者表裏山河之盛。
是此二句之勢，『一臥』二句足擎二句之形，而不足載二句之勢，故有待於後
首云。」

其六

瞿塘峽口曲江頭，萬里風煙接素秋。花萼夾城通御氣，芙蓉小
苑入邊愁。珠簾繡柱圍黃鵠，錦纜牙檣起白鷗。回首可憐歌舞地，
秦中自古帝王州。

此亦思玄宗之詩也。玩通章語氣，句句寫天寶末年禍亂之慘與致禍亂之
由，皆玄宗之過也。《春秋》大改過，故此詩雖句句說玄宗之過，實句句替他
懺悔。其中含蓄有無窮意，須合前後八首參看，方知其妙。若第以此一首文若
辭淺淺解去，不過謂「瞿塘峽口」者，身所現在之所；「曲江頭」者，身所舊
遊之處。瞿塘在夔府，曲江頭在秦中，相去萬里，邈不相接，惟當茲素帝司令、
秋氣漸臻之時，風為之颯颯然，煙之為漠漠然，自瞿塘峽口以至曲江頭，萬里

〔註19〕旁批：妙解入微。

之間，無處不秋。是秋能攜風煙，以遙接手〔註20〕萬里之勢，而曲江頭雖遠，如在眼前矣。因而思其始也。「花萼夾城通御氣」，何其盛也；其後也，「芙蓉小苑入邊愁」，何其憊也。至今日，則曲江頭之上，珠簾繡柱已空，黃鵠圍之；錦纜牙檣俱敗，白鷗起焉。夫此秦中，豈非自古所稱帝王州耶？奈何以為歌舞地耶？用之為歌舞地，則自應變而為干戈地；至於變而為干戈地，雖欲歌於斯、舞於斯，豈可得哉？此所以不堪回首也。如此解詩，止得少杜之皮毛耳。少陵鍾不世之大才，而又好學深思，心知其意，故所為詩匪夷所思，況《秋興》猶為苦心經營者乎！必須反覆玩味，審厥端緒，斯為得之。此首在八首中尤為深含難測，惟於末二語稍露其心端。因其端而察之，證以別章之義，而其緒可不紊也。此末二句，蓋本《宋史》武帝既平長安，因劉穆之死，倉卒東歸，長安復陷。武帝復欲北征，謝晦諫之而止。於是登城北望，慨然不樂，命眾臣各誦舊詩。晦誦王粲《七哀詩》云：「南登灞陵岸，回首望長安。悟彼下泉人，喟然摧心肝。」援引此意，以作此詩之結，最為深切。粲詩所謂「長安」即此第四首之「長安」，而此首則易以「秦中」。蓋此詩第五首、第六首之妙，全在幾個地名上點綴出意味。「長安」者，王城之名；「秦中」者，王畿之名。王畿能包王城內外，載得許多處所也。故以之為「帝王州」者此「秦中」，以之為「歌舞地」者亦此「秦中」。夫以為「帝王州」，則曰「蓬萊宮闕」，曰「南山」，曰「瑤池」，曰「函關」，曰「青瑣朝班」；以為「歌舞地」，則曰「曲江頭」，曰「花萼夾城」，曰「芙蓉小苑」，曰「珠簾繡柱」，曰「錦纜牙檣」。一線穿珠，自成九曲。其以為「帝王州」者，設險守國則主形勢，體國經野則主制度，皆有國者所不可缺，蓋唐自高祖、太宗開創經營，以為子孫萬世不拔之業者，非一日矣。而「花萼」等事云云，則玄宗之所自設，以供一身之娛樂者也。夫宋武之棄長安，出於不得已，猶且惜之；何況千年之業，博一時之樂，而有不可惜者乎！夫宋武自我得之，自我失之，且他人之物尚且惜之；而玄宗則承之列辟者，可不惜乎？且也，宋武雖棄長安，歸而猶不失九五之尊；而玄宗遂致奔竄而幽囚以死，可不惜乎？則其惜之而回首，定在幸蜀之日矣。首二句「曲江」、「瞿塘」，萬里之遙，其間一路風煙慘淡不開，蓋喻玄宗蒙塵之象。故其回首也，以為玄宗之昔日，則是宋武之登城北望也；以為少陵之今日，則是以夔城當灞陵也；以為少陵代玄宗回首，則是謝晦之頌詩也。回首者，自懺自悔也；代為回首者，代為懺悔也。原夫玄宗生平，過惡無多，只是寵一貴

〔註20〕「手」，疑當作「乎」。

妃。而「花萼」四句，正懺悔之實也。蓋花萼聯芳，以比兄弟；芙蓉並蒂，以喻夫婦。玄宗築花萼樓以處諸王，而與之同寢食，其實防閒之。至於更築夾城，甚矣。若夫芙蓉謂之「小苑」，即隋煬之好作麴房密室，蓋預作之，為與貴妃遊玩之所。王詩曰：「邠王玉笛三更咽，虢國金車十里香。」亦同此意。但「邠王」云云之詩，竟取妻黨之厚，以形父黨之薄；此詩則借彼兄弟之薄，以見寵貴妃之罪過為非小也。蓋花萼樓外又築夾城，雖云幽閉骨肉，然而內通御氣，猶不失仁人於弟，常常而見之意。至於祿山之反，實由貴妃所招，則社稷之傾覆，皆醿於芙蓉小苑。白詩「漁陽鼙鼓動地來，驚破《霓裳羽衣曲》」，猶是邊愁來尋玄宗；此「芙蓉小苑入邊愁」，則竟是玄宗自尋邊愁矣。且也，「珠簾繡柱」、「錦纜牙牆」原為貴妃而作，而今日之黃鵠圍、白鷗起，皆貴妃所致之邊愁也。或曰：玄宗天寶之後委政林甫、國忠，而疏張曲江等正人，何止寵一貴妃。不知其委政林甫、國忠，乃是替出此身，與貴妃作樂耳。苟能翻然自悔，則林甫之輩自無所用之，而正人復進矣。其以反歌舞地而復為帝王州也，固甚易耳。唐史論玄宗曰：開元之時一玄宗，天寶之時又一玄宗。是玄宗之為君，半賢半不賢也。白詩又曰：「漢王重色思傾國，御宇多年求未得。」是謂玄宗本重色之徒，其在開元年間勵精圖治，讓位賢君，幸而得貴妃之晚耳。若其即位之始即得貴妃，其渝喪也，又何待天寶之後耶？則是玄宗一生，全非賢君也。少陵則以玄宗一生全是賢君，只是天寶年後多一貴妃耳。使得復辟，決定勵精圖治如開元時。白詩又以玄宗在南內，終日只是思念貴妃為事，似無自悔自艾之心，與少陵意不合。觀史，玄宗在蜀時，每聞有敕使，輒惶懼無措。及迎養之使至，始肯還京。則後日南內之思貴妃，倘亦有所託而然耶？抑無所事事，無聊之極耶？○詩以「秋興」命題，八首之中，秋凡四見。唯此首「素秋」乃是正寫秋字，其他「秋江」、「秋風」、「清秋燕子」俱是借秋標物。獨於燕子之秋上加一「清」字，非秋之清，則摹燕子飛飛之態不出。此秋非素，則風煙無力矣，奚由接萬里之遠勢？

  其七

   昆明池水漢時功，武帝旌旗在眼中。織女機絲虛夜月，石鯨鱗
  甲動秋風。波飄菰米沉雲黑，露冷蓮房墜粉紅。關塞極天唯鳥道，
  江湖滿地一漁翁。

  此感當時之亂，由於承平日久，人不習兵，變起倉卒，盜賊所到風靡。故又於蓬萊、曲江之外，更拈出昆明池子，借漢武之事以起興，見玄宗之世，何

常不修武備？如開元即位之初，即講武於驪山，何其軍令之嚴肅。其後募兵以充宿衛，則府兵制壞，而訓練遂成故事矣。此詩「織女機絲虛夜月」，傷名之空存；「石鯨鱗甲動秋風」，譏威之虛張。至天寶之際，並訓練故事亦亡矣。何以驗之？首句於「昆明池」之下著一「水」字，明習戰在水不在岸。又此池與尋常遊玩之地不同，原非種蓮長菰之所。且也，習戰必有習戰之人與習戰之具。習戰之具固用旌旗，習水戰之具，其實用尤在舟楫。若誠習戰，千舟萬楫往來衝突，盤旋於池水之中，方且不有菰與蓮也，何至菰成米而水為之黑，蓮落房而水為之紅乎？故「織女」云云，於池岸上寫，見水中習戰，故事猶在；而「波漂」云云，於池水中寫，則忘戰之危可知矣。「關塞」句，或指巫峽之險，非也，乃玄宗幸蜀之路。按史，玄宗幸蜀，書曰帝出奔蜀，次於馬嵬，又曰帝至扶風，曰帝至河池，曰帝至普安，普安即唐之劍州，曰上皇至巴西，曰至成都。二人幸蜀必由劍州者，懼追兵之至也。劍州關塞，極天險之至矣。其通蜀者，止有窄窄一條鳥道。追兵少則不能入，多則不能容。玄宗所恃以安行至成都者，此耳。故於「鳥道」上著一「唯」字。在本句則以鳥道之小，照極天關塞之大，以形容其孤危之甚。若以承上文六句，見習戰於昆明池水之中，其疏鑿之役，操練之資，所費不知幾，到此全然用他不著。所恃以保全性命者，止此極天關塞中之窄窄一條鳥道也。〔註21〕故於此首之五、六用「波漂」二句掃去昆明池水之功，足徵所養非所用。而漢武之開昆明，竟不如漢高之修棧道，尚有得力之時耳。又以「唯」字楔下句「一」字，則又照君臣二人之孤危。「關塞極天」，高之極矣，單單只玄宗一人向窄窄鳥道邊行；「江湖滿地」，闊之極矣，單單只少陵一人在泛泛魚舟中住。此與第四首「魚龍秋江」句喻西內單單一玄宗，「故國平居」句單單一少陵思玄宗，格法略同。其曰「漁翁」，蓋以太公自比。曰「一漁翁」，有目空天下之意。繫以「江湖」者，影對廟廓，謂此發蹤指示之人，而奈何置之悠悠江湖之中耶？大約此詩，由前四句論之，則見國家雖安，忘戰必危，然不忘戰者，必不徒博訓練之名，而貴有其實，然後國家可恃以緩急也；由後四句而論，國家治兵之實，全在得人，其人不必戰將，貴得運籌帷幄之人，亦不必多人，得如太公望者，一人而足矣。昔衛靈無道寵南子，與玄宗之寵貴妃無異。而衛公無喪國之禍者，夫子所云祝佗治宗廟，仲孫圉治賓客，王孫賈治軍旅，用得其人也。及唐之世，天下一統，賓客非所急，而國之大事，惟戎與祀耳。前者「東來紫氣」云云，祀非所祀，

〔註21〕旁批：幾能使詩中神理融成一片，誦之令人心目蕩漾。

言之詳矣。至於兵事，則又如此首前六句云云。以當日之為國治兵者，非勳戚之徒，即閹豎之輩，全不知韜鈐為何物，故足致於敗耳。假如當時得王孫賈之人而用之，猶不至此，而況如太公之鷹揚者乎！然而當時固未嘗無太公之人，即今日之垂釣於江湖者也。夫太公見用之年，適當八十耳。豈文王之用太公，必待其八十而後用之乎？少陵之少，既不見用於玄宗矣，是不得不望之於今日。使今日而用少陵，則將奚先？曰：莫先於用兵。何也？今日兩京雖復，盜賊之餘孽未盡，而方鎮之強且跋扈，以梗王化，故不得已而用兵削平之，然後政教始可下及於蒼生也。然而必用太公之人者，諸賊易滅，得如王孫賈之人而足矣；然賈之才能御兵而不能御將，方鎮雖強梁，然而不可盡誅，則必得太公之人，可不戰而屈，是廟策之最善者也。

其八

昆吾御宿自逶迤，紫閣峰陰入渼陂。香稻啄餘鸚鵡粒，碧梧棲老鳳凰枝。佳人拾翠春相問，仙侶同舟晚更移。綵筆昔曾干氣象，白頭吟望苦低垂。

此總結前七首。蓋因今日之作《秋興》，而追憶生平所作得意之詩。在晚年則此詩，而昔年則《渼陂行》也。然其昔年得意之時，不止《渼陂行》，特以今日之《秋興》作於夔府，而昔年之《渼陂行》作於京華極盛之時，故借香稻云云極盛之事，以與今日相形，以補前七首未了之意。故前六句與眼前秋事全不干涉，乃檃括為《渼陂行》詩意，若原詩之小序。然第七句專贊原詩之美，俱從思字來；末句緊接第七句，方抓歸本題，車以結本首上七句，寶總結全篇八首之意。此一首興前七首處處遙相照應。前第五首蓬萊宮闕，君之所；青瑣朝班，臣之所；第六首，曲江之花萼城、芙蓉苑，君遊玩之所；此首渼陂，乃臣民遊玩之所。地與渼陂相連者，曰昆吾，曰御宿，曰紫閣峰，地名凡四。或注曰逶迤，曰峰陰，俱地名。則是兩句之中，除卻六箇地名，只餘「自」、「入」兩箇虛字，使人讀之殊不覺其堆積。此用筆神化之極，直可以二字當六鼇也。「入」者，遊所期之地；「自」者，放舟之始也。自逶迤而昆吾，而御宿，而紫閣，而峰陰，始至渼陂，所經非一地矣，所歷非一時矣，暗伏下文「更移」二字張本，正起「香稻」二句，見景物之盛，在在皆然也。「香稻」二句俱在岸上寫，門籠鸚鵡，院植梧桐，沿陂一帶，俱是勳戚之家，宅第園亭。後人誤以此句為倒插句法，而不知乃是虛實錯對之法。上句「鸚鵡」是實，「香稻」是虛；下句「碧桐」是實，「鳳皇」是虛。亦猶第五首「紫氣」對

－545－

「瑤池」，而「函關」卻對「王母」耳。此雖渼陂景之盛，亦見當時勳戚之家享盡人間富貴。正與第六首「珠簾」二句、第七首「波漂」二句相形，與第四首「王侯第宅皆新主」相反。「佳人」二句，寫遊觀之盛，至於婦女皆出，因婦女之出而遊人益盛。「翠」者，佳人之飾也。不有遺者，安有拾者？其挨擠之甚，至於遺簪墜珥，則不相識之人皆出矣。至於「相問」，則相識者無不出，而或有未出者，則又轉訊其不出之故。此雖寫游女之盛，而亦見當時天下全盛，無征戍之役，故婦女亦得閑暇無事，正與「寒衣處處催刀尺」相反。「仙侶」雖連己與岑家兄弟在中，卻統指遊人。謂當時來遊者，盡王孫公子、文人騷士也。「晚更移」者，亦以天下全盛，無飄零之苦，遊觀娛樂，夜以繼日，而名士風流，頗有受用也。〔註22〕曰「同舟」，正與今日一系之「孤舟」相形。曰「仙侶同舟」，又與此「五陵衣馬自輕肥」相反。此二句與上二句，語雖涉四排，然上二句乃承首句，而此二句當稍推開以起末二句。本詩曰：「公子調冰水，佳人雪藕絲。片雲頭上黑，應是雨催詩。」謂詩催於佳人、公子，而雨其適湊之趣耳。故此亦應以「佳人」、「仙侶」楔出《渼陂行》，即以《渼陂行》照前出《秋興》。但昔也「綵筆干氣象」，何其壯也；今也「白頭苦低垂」，何其哀也。當其賦渼陂也，時值全盛，負其胸中之才，又當年富力強，遂謂堯、舜君民事業可以力致，蓋志氣為之也。至於今者，家國俱破，流落天涯，生平志氣，消磨已盡，堯、舜君民事業無可復望，故所做之詩，皆低頭吟望之語耳。「望」字應前「望」字，但前「望」字乃張望以目，此「望」乃缺望以心。「白頭」對「彩筆」，「低垂」對「氣象」，中加一「苦」字，見衰颯之甚，總以形容今詩無復舊詩之氣象。觀其詩方知其志，勿遽說到志上。蓋此首專寫「興」，全無一字實寫「秋」，唯此句略帶「秋」意也。後之解此首者多不及此，其故有二：一者疑首六句既為隱括《渼陂行》，卻與原詞之事、之意、之時不合，恰似另作半首律詩者；一者疑末二句詞有抑揚，似揚《渼陂行》而抑《秋興》，與「晚來漸於詩律細」之義相悖。不知此正少陵故作謬誤，以起問者，見此八首為生平極得意之作。學者不可草草讀過也。其於原詩事不合者，原詩自「遊渼陂」起，「半陂已南」至「雲際寺」而止，自「天地黯慘」將晚起，至「水面月出」止，所紀不過一地一時之事；二此則自「逶迤」而「昆吾」，而「御宿」，而「紫閣」，而「峰陰」，既入渼陂，而猶然舟為屢移，則莫測其遊之始，莫測其遊之終，無時不行樂，行樂無地不到，不似今日晝而江樓，夜

〔註22〕旁批：令人想慕當年。

而城頭，窮愁抑鬱之甚也。其意之不合者，原詩與此皆寫樂也，但原詩取託於天地之慘黯、神靈之蒼茫、波濤之汗漫、魚龍之隱見，是以奇險不測之意寫樂；此則鸚鵡之啄餘、梧桐之棲老、佳人之拾翠、仙侶之同舟，是以從容歡娛之意寫樂。前後如此之不同者，蓋作《渼陂行》之時，天下無事，少陵心中亦無事，只有一樂，更無苦處。與之相形，為詩不得有牢騷之感，故止播弄筆端，以增作詩之氣象。以此賦爾時之遊則足矣，若以形今日吟望之苦則不合。何也？今日天下多事矣，少陵心中何得無事？故作《秋興》之時，而追引《渼陂》之詩，原是借昔時之樂，以形今日之苦耳。但原以奇險不測為樂，與今日之苦猶不相符，因而別有取夫從容歡娛為樂者。〔註23〕故此六句不隱括原詩之詞，而隱括其意，其詞只可當原詩之小序，而不可替原詩之正文。明此六句為《秋興》而作，非為隱括《渼陂行》而作也。其時之不合者，此首本以為秋，而「佳人」句內卻似有意無意之間帶出個「春」字來。細玩原詩，內有「菱葉荷花靜如拭」句，乃夏秋之交也，可知此「春」字原出有意。就地而論，以京華、渼陂之春，形巫山、巫峽之秋；就世而論，以玄宗開元之春，形天寶肅、代之秋；就身而論，以昔作《渼陂行》之春，形今作《秋興》時之秋；此係顯義。若其深意，則兼他日見用經緯施設之次第。何也？此詩第二首表生平出處之節，第三首表立朝之概，第七首表見用於時之急務在於用兵，削平海內。苟海內既已削平，則將何加？曰富，曰教。「香稻」句美其食，「碧梧」句安其居，有富之意；「佳人」句化形於閨門，「仙侶」句誼敦於朋友，有教之意。而以「春」字照出，何也？國家立政，仁以法春，義以法秋，此夫子所以因魯史以著訓也。前用兵削平海內，義也。故第七首內於風動鯨鱗之間仍點一「秋」字，用教養以永奠蒼生，仁也。故於拾翠相問之間特添以「春」字，蓋欲以昔時之春溫，回今日之秋肅也。不惟「春」字有意，即下句「晚」字亦有意。春者，一歲之始；晚者，一日之暮。此時固天寶之末也，雖曰全盛，其實開元之暮氣也。故此時所述天寶之末，不過借他作個影子，其實所思乃在開元之時也。觀《憶昔》詩云「開元全盛時」，絕不及天寶，情見乎詞矣。其抑此詩以揚《渼陂行》者，政抑《渼陂行》以揚此詩也。蓋人生壯老不同，故所閱歷之境有苦樂，而造詣亦有深淺。《渼陂》之詩不云乎？「少壯幾時奈老何」，今果老矣；詩以窮愁，而亦工矣。故昔時之詩，雖曰氣象可觀，然得意疾書，意味尚淺；至《秋興八首》，則皆由慘淡經營中出，為生平最得意之筆。玄、肅兩

<hr>

〔註23〕旁批：挑剔得極醒極透。

朝之成敗興亡，即此一詩可見；少陵一生之出處心事，即此一詩可知。故後有識者，謂少陵為「詩史」；而此詩敘朝事則史家之斷例，而自述處則《太史公自序》也。○第七句雖指《渼陂行》，然亦概少年所作。「彩筆干氣象」，即本集「詩動帝王尊」，乃暗用漢武帝讀《子虛賦》「飄飄凌雲」之歎，如左太沖「作賦擬相如」意。蓋以玄宗與武帝為人，俱內多欲而外施仁義，生平行事甚相類。故前第五首「承露」句、「西望」句凡兩引，而「昆明」一首全章俱用武帝為客，殆欲以垂頭吟望之《秋興八首》當沈初明通天臺哭訴一表。○發秀復曰：「唐人重鸚鵡者，何也？」曰：「唐姓望出隴西，故俗作鸚鵡詩曰：『隴郡名因鸚鵡貴。』其實鸚鵡以隴郡貴也。武氏之亂，實兆於此，近赤祥矣。少陵拈出此俗，以見當時王侯戚主之富貴。至於『鳳凰』，又是從『鸚鵡』二字拈出，虛實錯對，乃是於王侯戚主之中獨檢出公主來。蓋唐室中有武、韋之亂，故公主最得寵。及平武、韋，而公主之功居多，故公主之權更出諸王勳戚之上。此首雖指天寶中載，實暗影開元初年以見意。若實賦天寶之末，則外戚楊氏之權反加公主之上矣。」發秀又復曰：「『彩筆』句統述其少年之詩，既以『仙侶』句括《渼陂行》『岑家兄弟皆好奇』矣，若再以『佳人』句括《麗人行》『三月三日天氣新』，以刺秦、虢之遨遊，其意頗合。」曰：「小子可興言詩。」

總論

此詩以秋名興，然古人稱秋，有曰三秋，是以月紀；有曰九秋，是以旬紀。而此詩之秋，確指何時乎？第一首「玉露凋傷楓樹林」，又曰「叢菊兩開他日淚」，則斷在仲季之間矣。第二首徘徊通宵，將曉見月，當是仲秋之末也。然未必始於此，故「依北斗」上著一「每」字。而第三首坐江樓上疊兩「日」字，見其望之切，無日不然。又第一首以「暮」字結者，乃以「暮」字起後七首也。蓋秋為一年之終，而暮為一日之終也。終而始復，時光自然之序。故第二首即以落日承之，以及猿鳴而夜，笛奏而曙，方見月光，忽見朝暉，朝而暮，暮而朝，其望之切，無時不然。由而推之，自公遷夔之一歲，泝之入蜀之十餘歲，無歲不然。而此詩特以秋稱者，在秋言秋耳。作者於此，不勝身世之感焉。末首以玄宗開元之世為春，則肅、代之世為秋；「彩筆氣象」之時為春，則「白頭吟望」之時為秋。是以人生之暮當世運之暮，故世之須身者急，身之需世亦急。奈何此身所立之地，不在廟堂之上，而反置之巫山

巫峽之間乎！夫巫山巫峽，西南之邊隅也，於位則坤兌，於野則鬼、井之餘分。所以第一首末句點出「白帝」二字，借公孫命城之義。白為秋色，而白帝行秋令者也。故此詩八首，特以巫山巫峽為來龍之祖，因而照出夔府、京華為兩幹，而眾枝附焉。〔註24〕其附於夔府者，曰「江間」、「塞上」，曰「白帝城」，曰「北斗」，曰「山樓」，曰「石上」、「洲前」，曰「千家山郭」，曰「江樓」，曰「翠微」，曰「滄江」，曰「瞿塘峽口」，曰「邊」，曰「關塞」，曰「江湖」，皆眼前現歷之地，所憑以望者也；其附於京華者，曰「畫省」，曰「五陵」，曰「長安」，曰「王侯第宅」，曰「魚龍」、「江」，曰「蓬萊宮闕」，曰「南山」，曰「承露金莖」，曰「西瑤池」，曰「東函關」，曰「青瑣朝班」，曰「曲江」，曰「花萼夾城」，曰「芙蓉小苑」，曰「昆明池水」，曰「昆吾」，曰「御宿」，曰「紫閣峰」，曰「渼陂」，皆昔日平居之地，今日之所遙望而追思者也。然望有阻，思無阻。故望之所窮，則夔府視京華如天上，第二首「夔府」二句，地之所限也；思之所通，則夔府視京華如眼前，第六首云「瞿塘」兩句，時之所合也。故時如棋，地如枰。故盧中郎《時興》詩中，亦以洛下等地名為骨。此詩八首中所取用地名尤多，然有綱領焉。其大綱如左右之分陝，如前夔府、京華；其每章之細綱，如人伯之分方，第一首巫山巫峽，第二首京華，第三首峽上、江樓，第五首蓬萊宮闕，第六首曲江頭，第七首昆明池，第八首渼陂。八首之中，雖各地主，然未有到底單用一偏者。其主夔府邊者，必用京華地名相照見意；其主京華邊者，必以夔府地名收轉顧題。第一首以「巫山巫峽」賦眼前歷之實境中，卻點出「故園」二字，以伏下文「京華」之案。第二首意在「望京華」，其中則兩地夾寫，而起結皆用「夔府」。第三首景不離峽邊之江樓，而末二句意馳五陵。五陵者，天下豪傑集於京華者也。第四首似純是長安之事，然首句之首「聞」字，末句之末「思」字，則不必明點而已知其為在夔府矣。或曰秋江即巫峽也。第五首「蓬萊宮闕」、「南山」、「瑤池」、「函關」許多地名，皆屬京華。末以「滄江」一地名歸結，最有力量。八首中唯此首地名採得另是一樣，盡因識玄宗好仙，故地名皆切仙境。〔註25〕首句「蓬萊宮闕」為主，盡取三山之一以命名也。終南山，神宅之窟宅。仙露，合不死之藥。「瑤池」、「函關」點出老子、王母更顯。「滄江」，隱逸所棲。「青瑣朝班」，則東方朔之金馬門。「點朝班」者，即末首之「仙

〔註24〕旁批：可作杜陵輿地圖。
〔註25〕旁批：愈解愈妙，真是無疑辨才。

侶」。〔註26〕把一首薎朝詩卻化作遊仙詩，全是幾個地名點得醒快。第六首首句「瞿塘」與「曲江」並提，中間卻側落「曲江」。而城曰「花萼」，苑曰「芙蓉」，簾曰「珠」，柱曰「繡」，纜曰「錦」，檣曰「牙」，特選出一班火豔字面，簇成地名，正是化「帝王州」為「歌舞地」處，為後敗興張本。而「瞿塘」止留作末後「回首」二字所憑之地。本集曰：「即從巴峽穿巫峽，便下襄陽向洛陽。」瞿塘峽之口乃入蜀出蜀必由之處，少陵艤舟於此，幾幾有可歸之勢矣。而卒不得歸，隔歲經年，只單單一舟，舟中單單一人，徘徊於此，更見苦極。此蓋以薎之瞿塘，敵彼曲池之數地名，與上首同。但上首「滄江」在後，用為歸結已妙；此首「瞿塘」在前，用為領袖尤奇。第七首「昆明池水」，止京華一地名耳，卻用薎之「關塞」、「江湖」雙結。蓋以此首譏玄宗之好武功，而又一篇之將終。上六句寫得雄壯之極，非此「極天」、「滿地」之勢，扛之不起。至第八首首二句，連用京華六個地名，而其末只用低頭吟望虛虛結之，全不點出薎府一個地名來。或謂第一首俱寫「巫山巫峽」，雖帶出「故園」二字，亦非實境，故此末章全用京華地名，絕不及薎，使前後虛實互補。不知少陵歸思之切，滿心只是京華，而巫山巫峽是其厭惡而急急去之者也。故前半特藉以寓興，而末首則掃除其迹耳。〔註27〕其次，詩中所引人名，明者凡四，暗者凡四。其明者曰漢武帝，蓋取以喻玄宗；曰匡衡，曰劉向，喻己之學問經術，有體有用，絕非迂腐之儒。故又以青瑣暗表東方曼倩，彩筆暗表司馬長卿，聊示優游玩世之迹，人不易識，而其實抱有撥亂反正之才。如鷹揚之太公，年當遲暮，隱寄江湖，用之最宜及其時也。至於「瑤池」之明稱王母，「紫氣」之暗指老子，偶而拈來，點綴薎朝之瑞符而已，全非詩之肯系〔註28〕也。然而當八首正中之一聯，非此則又無以生全篇之氣勢。至於所引之物類，其繫於天者，皆用以紀時，時出於天者也。故風雲月露，以紀一年之秋；落日朝暉，以紀一日之時；唯霄漢表闕，北斗標望，取意稍別。物之繫於地而可以紀時者，唯有植物。物之植者，榮枯於時者也。最顯者，莫過於「楓樹」、「叢菊」，而若「藤蘿」，若「蘆荻」，若「菰米」，若「蓮房」，若「香稻」，若「碧梧」，凡草木之屬，皆可紀秋。若夫動物，雖無紀時之能，而其受變於時處，亦足感人，如「猿」及「燕子」之類是也，若「鳳凰」、「鸚鵡」、「黃鵠」、「白鷗」，

〔註26〕旁批：令人叫快。

〔註27〕旁批：奇快之論，卻是當日的真情景，妙絕！妙絕！

〔註28〕「系」，疑當作「綮」。

則從思中懸生出來物色，原非實景。物又有繫乎人之所需者，其紀時所用，卻
在瑣瑣事物，若「砧」，若「刀尺」，若「笛」，若「香爐」，若「枕」，而大者
若舟車衣馬之屬，不過偶拈以形人世得喪榮辱相懸之勢，以寄感爾。若夫「承
露金莖」、「雉尾宮扇」、「珠簾繡柱」、「錦纜牙檣」、「織女機杼」、「石鯨鱗甲」，
雖曰用物，而本詩之意，特取以表地。讀詩者宜當地名觀，勿作物類觀。何也？
少陵《秋興八首》從太沖《詠史》八首中來也。《詠史》八首全以多多人名寓
意，《秋興八首》全以多多地名感懷。故於論末復作《秋興地名圖》，而人名、
物名則略。○古人云興括六義之全。少陵此詩八首，首首俱有比、賦之義，無
須一一細貼。至於八首之合乎風、雅、頌者，前三章似列《風》，第四首似
《王風》之《黍離》，第五首似《頌》，第六首似《小雅》，第七首似《大雅》，
第八首似《二南》士女江漢之遊。然亦不須強分，何也？秦、漢以來，世無孔
子，誰別頌、雅之所？然亦不妨強分之以存其意耳。風者，形一國之風俗，故
其所取山川形騰之材，不越此邦之界；所用草木鳥獸之名，不踰本土之產。少
陵既以長安為故國，而詩中取材用物，都取諸蜀之夔府，豈所云風不出境之義
乎？雖然，嘗玫之《三百篇》，黎侯失國，託身於衛，衛人微之，作《式微》
之詩，因以繫衛，遂為《衛風》。況郡縣以後，天下無分土，故為詩者不以一
國之風俗為風，而以一人之感遇為風。少陵此詩，身之所遇在夔府，心之所感
在長安，則即當以所遇、所感現在之實境為風。第一首既以「巫山巫峽」表厥
疆場矣，其江間之波浪、塞上之風雲，即其山川形勢。而楓樹、叢菊，莫非茲
土之物色。「寒衣」二句，俗勤女工，頗似《唐風》，與長安「拾翠」、「相問」
不同。繫之以風，洵不誣也。第二首、第三首峽猿之嗷嗷，戍笛之嗚嗚，漁人
之汎汎，燕子之飛飛，以及石上之藤蘿，洲前之蘆荻，物色皆屬夔府，獨其悵
望八月使槎，徘徊午夜畫省，傷功名之蹭蹬，悼心事之蹉跎，雖緣夔府而觸，
不因夔府而生，乃黎侯賦《式微》之本旨也。原夫《式微》之詩，作於黎侯。
不繫黎而繫衛，譏衛侯不能修方伯連帥之職耳。唐之方鎮，古之方伯也。故少
陵於鎮蜀者有譏爾，譏其不能薦賢於天子也。〔註29〕按：少陵自乾元元年己亥
冬自隴右入成都，大曆元年自雲安至夔，明年丁未作《秋興》，客夔凡八年。
其時前後作鎮蜀者，如嚴武、高適，皆少陵夙昔同學之士，自輕自肥，婉託其
詞，風人和平之致也。已上三首，所賦皆夔府眼前現在之事也。第四首以後五
首俱長安之事，都於夔府無干涉。但五首之中，「蓬萊」以後四首，俱從「思」

―――――――――――――――
〔註29〕旁批：絲絲縷縷，俱妙極天工。

字寫長安往日之事，而第四首則其所聞，乃長安現在之事也。昔東周之大夫行役西周，見王城之傾廢，爰作禾黍離離之詩，是為《王風》。但彼當王城傾廢之餘，千里應然蕭條；此當兩都克復之日，一時更爾繁華。第宅衣冠之紛若，金鼓羽書之旁午，則據所聞而賦，與據所見而賦，同一傷悲也。前者進士之舉，既無望於外；而汲引之事，或可得於內。而「王侯」、「文武」云云，如此復何望乎？此所以念及故國平居，而慨然有所思。但《黍離》之思先王，思其盛，如文、武、成、康之時；此首之思玄宗，亦思其盛，如開元勵治之初。此秋江之魚龍，猶故國之禾黍，乃思之緣起，而非思之根本也。故於「思」上著一「所」字，見思有所以然者，下四首云云之意是也。頌之為義，有美無刺。如第五首雖句句是美，實句句是刺，刺玄宗之好神仙也。按：開元六年夏，初度鄭銑、郭仙舟為道士，猶似出於戲。至二十二年，以方士張果為銀青光祿大夫，從此認真矣。二十五年置玄博士。二十九年得玄元皇帝像，詔兩京諸州各置玄元皇帝廟。天寶元年得靈寶於尹喜故宅，置玄元廟於大寧坊，九月改為太上玄元皇帝宮。二年改西京玄元廟為大明宮，東京為太清宮。八載謁太清宮，冊玄元皇帝尊號。七載玄元皇帝降於會昌，改曰昭應。十載朝獻太清宮。故此詩「東來紫氣滿函關」，言關之東、關之西盡為伯陽紫氣所佔也。此句是主，上句是客，俱用漢武帝事，勿認作周穆王事。《周穆王傳》譏遠遊，重在穆王往就王母；《漢武內傳》譏好仙，重在王母來就武帝，乃七夕故事，偶與「秋」字相關。「承露」句亦屬漢武帝求仙之事，以玄宗為人內多欲而外施仁義，與漢武帝相類。故下文「昆明池」云云，明照出漢武帝。上句終南神仙之窟宅也，「蓬萊宮」言居之深。「雲移」二句，見之難，即方士所云「天子所居，不可令人見」之意也。「一臥」二句，崇奉玄學而抑退儒術，譏其所惑愈深也。誦中有諷，不純乎頌矣。第六首刺玄宗好土木也。昔遊洛陽，寓次遇二客，一秦人，一蜀人。偶談《秋興》及此首，秦客曰：「開元二十年，命范安及於長安廣花萼樓，築夾城至芙蓉園。二十三年，冊楊氏為貴妃。乃欲安排與貴妃行樂之地耳。『花萼』句，言樓之大。一樓耳，築之城，大矣，且作夾城而使之內通於御，其大何如？『芙蓉』句，言苑之遠。謂其勢可以入邊也。『愁』即『城高逕仄旌旗』之『愁』〔註30〕，彼言高意，此言遠意。長安地偏西北，除此一苑，長安之西，幾無地矣。秦之阿房，恐不是過。而目為『小苑』者，人主一念之侈，猶以為小也。『簾』、『柱』者，宮殿之飾，『珠』、『繡』言其麗，

〔註30〕杜甫《白帝城最高樓》：「城尖徑昃旌旆愁。」

『圍黃鵠』言其多；『纜』、『檣』者，水嬉之具，『錦』、『牙』言其麗，『起白鷗』言其多。『黃鵠』，鳥之好群者。『珠簾繡柱』之多，重重密密，迎布曲江之岸。自曲江之中心旋而望之，若千萬成群之黃鵠，重重密密，圍住此曲江者。然『白鷗』，水鳥之愛靜者，『錦纜牙檣』之多，往來盤曳，處處皆遍，即鷗鳥亦不能遂其飲啄之性。『起』者，起於曲江之中。『圍』者，圍乎曲江之外。『通御』者，自曲江而通。『入邊』者，自曲江而入。則『曲江頭』即《哀江頭》所『潛行』之『曲江曲』。而『花蕚』云云，即『江頭宮殿鎖千門』也。夫此不過離宮別館遊幸之所耳，驪山溫泉，處處有之，何止一曲江。奢侈至此，是將秦川百二自古帝王之州縮成一掌歌舞之地，以充一人俄頃之歡娛耳。〔註31〕」蜀客曰：「如子說，奚以置首二句與末『回首』二字也？」曰：「此二句寫法與上『函關』二句寫法相類，亦相照。函關之西，是謂秦川，而函關以東，東周及六國之故地。玄宗既以秦川為歌舞之地，則土木之費，不得不取之函關以東之民。則是玄宗一人獨歡獨樂，而天下之民皆在風煙之中矣。其借『瞿塘』與『曲江』萬里相接以徵之者，以詩之作必有所據之地以起。而少陵作詩之時，適在瞿塘峽口，則『回首』之人即少陵；而少陵『回首』之處，即『瞿塘峽口』也。」蜀客曰：「信哉！玄宗之好仙也，將秦川百二捨為道場；好奢也，將秦川百二排為戲場；則其好武也，安得不將秦川百二化為戰場乎？夫玄宗末年之亂，正坐武備不修之故。則第七首曷譏之？譏其務名不務實耳。故朱子作《綱目》，於開元元年大書曰：『講武於驪山。』詞無所貶。十九年三月置太公廟，書法曰：『譏也。』於時帝事邊功，故有此置。其後西北二邊用兵不已，南詔之敗至於喪師二十萬。未幾，祿山犯闕，四海分崩，流為藩鎮之禍，生民屠戮幾盡，至於五代之後然後已，則皆起玄宗好大喜功之一念。而立太公廟，固其意之效也。夫古來王者致治，原不借才異代。故天下之大，天下之人之眾，豈無懷才抱異如太公而淪迹江湖之間者乎？卒不聞後車之載也，此馮唐所以致歎耳。此與上首信乎雅矣，但未可大小分耳。至於第八首前六句寫天寶之勝遊，其文法似於第五首前六句相類，所謂『朝野多歡娛』也。此首專序在野，其風物之美麗，士女之遊觀，彷彿《周南》江漢之間，中所拈佳人相問之春，即有女所懷之春。似乎《風》之最正而無所刺，即有所刺，亦於玄宗無與。然君子以為猶有刺於玄宗者。『仙侶』句不治其庖，始於十八年二月初令百官休日選勝行樂；『佳人』句不績其麻，起於連年御樓觀燈及賜脯。此則《詩》

〔註31〕旁批：「一掌」妙言，只容得一個貴妃在上。

風也，亦雅矣。故有識之士推少陵為《二雅》之才，信然也。夫以《二雅》之才目少陵，統論其生平之詩耳。若論此詩，則六義皆備，所以託意於『秋』而以『興』義括之也。故學者熟此八首，則全集之千餘篇皆可通；不惟全集，即孔子所刪之《三百篇》亦得通。何也？通之以思也。昔孔子謂《詩三百》，可蔽以一言。『一言』者，無物之思也。此詩八首，凡五百一十二言，卻把『思』字安於正正中間。恰如居所之北辰，在眾星之中，內除卻一『望』字當時衝之南極，將其餘五百一十言分而為二，各得二百五十字。一以『望』字領之，寫眼前之事，而挾述往事以寄感，是為前四章；一以『思』字領之，追寫往日之事。而重期後來以見志，是為後四首。而綜以『思』字為前後黏合之要樞，何也？『思』出於無邪也。思者，興之根本，而秋其枝條，詩中之取材用物，其花葉也。」○客曰：「少陵《秋興》詩八首，古人以為應唐律一首八句之義。敢問奚合奚分？」曰：「做律之法，不過起承轉合。少陵八首亦用此法。所以此詩八首，有合於一首八句之義也。今更為客分之：第一首實為寫秋景，乃律詩起句之法。第二首緊接上意，拈出『望』字，見身在『夔府』，君在『京華』，此律詩第二句推衍首句之法。第三首『日日江樓』承身在『夔府』；第四首『寂寞秋江』承君在『京華』，此律詩三、四承第二之法。而以『直北』云云之危急，對『信宿』云云之閒適；以『侯王』云云之赫奕，對『匡衡』云云之侘傺，乃是絕妙頷聯也。第五首、第六首暗頂上文『思』字，略略拓開，一則以『蓬萊』、『瑤池』等神仙窟宅，表往時御政之所，而繫思於『滄江』之上；一則以『花蕚』、『芙蓉』等錦繡乾坤，追舊遊幸之處，而遙望於『瞿塘』之間。頸聯尤為精工之極。第七首『關塞極天』之『鳥道』、『江湖滿地』之『漁翁』，身與玄宗從頸聯分轉而下，總應前文，而單以寓夔作《秋興》之一人收來，以結上七章，亦如律詩末句照應首句之法。故少陵《秋興》八首只是一首，猶羲義、文序《易》六十四卦總是八卦。」

附錄推論杜律一則

睢陽賈發秀啟夕甫著

登兗州城樓

東郡趨庭日，南樓縱目初。浮雲連海岱，平野入青徐。孤嶂秦碑在，荒城魯殿餘。從來多古意，臨眺獨躊躇。

此子美五言律詩初手，以伯魚自處，而孔子其父者也。問今日所登者何城

之樓？則東郡，即兗州也。問何事而在兗州？則以隨父之任也。夫兗州者，周公之國，而孔子之家也。凡登眺之詩，必帶懷古。懷古者，必懷其本地之第一流人、第一等事。今在兗州，捨孔子與周公奚歸？然使子美居然孔子自處，何以處夫為子美之父也者？故退而自處以伯魚，摘取伯魚對答陳亢趨庭之文為起句。夫趨而過庭者子美，必有獨立堂上之人矣。此善則歸親之誼也。「日」字即取原文兩「他日」字來，有惜陰之意。謂己從父到此，只是學《詩》學《禮》，日不暇給，曷嘗有縱意遊覽之一刻。乃今日登此城樓，而得縱目一眺也。「初」字有兩義，照上句「日」字言，與以前止在署中侍親，未嘗離庭前一步，而此則行有餘力之暇餘；一照下七句言，家本秦川，生平所見皆西北山水，而自此則歷覽東南形勝之始也。「浮雲」二句緊寫「縱目」二字，上句仰寫，下句俯寫。觀其所採《禹貢》地名，盡出兗州之外，則此二句不拘拘一郡之形勝，特以眺者之目量為限，要之亦不離現在所登之兗州南樓，為起目之始。先於東郡之左右旁表以距目之界，曰海、曰岱；次於南樓之東南直表以目之距界，曰青、曰徐。海之與岱懸矣，而以經兗之浮雲聯其勢。「連」者，不斷之詞。青之與徐遠矣，而以目兗之平野接其形。「入」者，不盡之詞。夫題詠兗府南樓，而遙採佳名大觀，則海岱、青徐誠不可移易。但登眺之時，景物之入目者亦復何限，而「聯海岱」者必以「浮雲」，「接青徐」者必以「平野」。蓋平野者，取其幅幀之廣，以徵天地之大，為下文嶧孤、城荒張本；「浮雲」者，取其變幻之速，以寓古今之久，為下文碑在、殿餘張本。

　　已上二句寫縱目已極，直如館中初讀書學生，平日為父師所拘束，一旦放假出遊，滿眼饞態，活現畫出。然後收眼細看本郡景物。嶧山孤嶂之上，秦始■之碑在焉，是李斯之所書也；曲阜荒城之中，魯恭王之殿在焉，是王延壽之所賦也。平日歷覽典籍所載，從來古意，兗州最多，其漫滅無傳，不可勝計。即此二者之尚存，可徵其不誣矣。然此二者之不至漫滅無傳，亦发发耳。何也？以上二句天地之大較之，彼孤嶂、荒城且不異平野之邱垤，何況於嶂上之碑、城中之殿乎！以古今之久較之，彼暴秦義漢曾不及浮雲之倏忽，而況於猶在之碑、僅餘之殿乎！嗟夫！茫茫天地，悠悠今古，寓形幾何，努力當及少壯。則欲建不朽之業者，非古人，吾誰與歸？但古人之不朽非一轍，或立德，或立功，或立言。我今日而欲圖不朽之業，將以立功乎？宜為李斯之上書。將以立言乎？宜為王延壽之作頌。然皆非吾願也。我之所願者，唯學《詩》學《禮》，效孔氏之立德而已，故曰「臨眺獨躊躇」。「躊躇」者，足欲進而心不

定也。其不定於彼者，正其足於此也，蓋有子夏戰勝之力矣。「古意」與「古蹟」不同。「古蹟」，古人行事所留之遺跡也，如本集《詠懷古蹟五首》是也。至於此詩，若指「秦碑」為始皇頌德之碑，「魯殿」為恭王好奢之殿，便是古蹟，則與末句不相貫串矣。但此詩不止取秦始、魯恭之行事，而兼取李書、王賦之義，斯可與下文相適，故曰「古意」。「古意」猶言古董，秦碑得李書，魯殿經王賦，方成古董。不然曷異驛前之稱功碑，縣衙之迎官舍乎？然天下古意，兗州獨多者，孔子魯人也，刪史為經，魯乃宗國，不使如杞、宋之無徵也。而子美卻於孔子之事無稱引焉者，蓋懷孔子而即述孔子，此宋人之腐氣也。故只借「秦碑」、「魯殿」二意，虛虛夾寫出個願學孔氏之意來。此等詩格，如日者命格之有拱祿、拱貴為最上也。況其首句已暗引「趨庭」之語，但「趨庭」家人父子居常之禮，不可標為事蹟，然未嘗不可通之孔子之意也。子美之「躕躇」而不從彼二意者，正戀戀此意而不能去也。況趨庭之教，無非學《詩》學《禮》。他日夫子謂伯魚：「汝為《周南》」，訓以學《詩》；面牆而立，戒以學《禮》。此詩取材「趨庭」，不惟頌法孔子，而兼挾周公在內。此等文法，空中之重樓疊閣也。其於兗州人物之大觀，方寫得圓滿無遺，真聖手也。雖然，兗州之古意，不惟多於春秋之前，即秦漢以後亦復多多。而子美專取此二者，夫燔滅孔子之《詩》、《書》者秦人，壞孔氏之宅以為宮室者魯恭，至於今日，皆若泯若滅。〔註32〕而獨此誦法孔氏之士，或趨庭而承顏，或登樓而縱目。其以護衛聖道，不待起八代之昌黎，此詩真有不測之神妙矣。所以然者，子美雖當年少，有定識，有定力，因而有定志，有志竟成，遂為千古詩家之集大成者。若其詩於題相顧，其布局措詞，字字皆有法度。題曰「兗州」，即詩首「東郡」，其下「孤嶂」、「荒城」由此生，即「海岱」、「青徐」亦由此生。「南樓」字，詩題俱同，「庭」字從「樓」字生，「碑」、「殿」亦從「樓」字生。詩「縱目」及「臨眺」寫題「登」字，「趨」字從「登」字生，「躕躇」又從「趨」字生。其詩律之細，不待晚年也。○客有難啟夕子曰：「此詩寫東郡之形勢，與《秋興》之「蓬萊宮闕」云云，同乎？異乎？」曰：「法同而意異。《秋興》法天之全象，《兗州》依人之視界。《秋興》東以函關，西以瑤池，南以終南山為界，作三點同心半圓形如扇面；《兗州》左以海，右以岱，南以青及徐為界，作三點同心半圓形如扇面。此法之所以同也。至於蓬萊宮闕，君之所居也，可

〔註32〕旁批：一片神光離合，令人心目俱炫，不可即視。所謂莊注郭象，非郭象注莊也。

以謂之北,可以謂之中。謂之中者,須再用規作半圓形與前合,成一全圓形,王者居中制外之象也;謂之北者,長安地偏西北,不必更作,即此以象王者負陰抱陽,南面而治天下也。此皆辰居星共之理,子美法以尊朝廷耳。若夫兗州,身之所在,不過一人之寓目感懷,故止寫視理,謂人目之容量,所受於大象之分,即其見界之所至,以示格物之能而已。惟《秋興》為尊君愛國,故高表凌漢霄之仙掌,而實以紫氣;兗州為寓目感懷,故俯送入青徐之平野而連以浮雲。此意之所以異也。又須知《秋興》是寫望,此是寫眺。〔註33〕眺者,心中無事,極人目量之所至,不必直射,或右或左,縱橫遠近,任所觸之物而後感於心。望者,心中有事,心之所注而目向之,不左不右,直直射去,如《秋興》二章之『每依北斗望京華』;亦不論目力之所能及不能及,而必耽耽注之,如六章瞿塘、曲江相去萬里,不因風煙之阻而輟望。故望之有所見而感,無所見而亦感也。又須知此詩之眺在圈子中往外眺,《秋興》之望在圈子外往內望,何也?《兗州》之望,身在南樓;《秋興》之望,身不列蓬萊宮前之朝班,而在巫山巫峽之間也。」〔註34〕

〔註33〕旁批:融合諸詩處渾成無迹,真如無縫天衣。他人飛針度線,縱費經營,終不能無襞績之痕,安得不推此為聖手?

〔註34〕旁批:收拾處不走一絲。

後　記

一

　　寫《莊子通》一書後記的時候，周邊的「羊人」很多。一晃已是 2023 年的元月 18 號了，感染已經基本結束，似乎沒再聽到誰誰陽了的消息。今年照例沒有回老家，鄉下應該早就又是劈裏啪啦的燃放鞭炮，多少有些年味兒。而置身城中，過年和平常沒什麼兩樣，連煙火味兒都感受不到。人們照樣上班下班，如是而已。如果不刻意去翻下日曆，我都不敢相信 21 號就是除夕了。

　　當然，有些改變還是很明顯的。比如前陣子冷冷清清的超市，現在人就多起來了，結帳都得排老長的隊；寂靜了許久的小區，終於有老人出來遛娃了，那一群關瘋了的娃娃，是時候出來放放風了，是時候和久違的伙伴們一起享受這冬日的暖陽，這晶瑩的冰雪；街上的人也多了起來，小攤販們也開始重操舊業，賣起了各類小吃。更有意思的是，不戴口罩的人也越發的多了，多少有點肆無忌憚，彷彿用這種方式向世人宣告：我已經陽過！

二

　　新年以來，一直是在繼續 21 年的舊工程──《吳詩集覽》，今天錄完了第八卷，餘下的還有很多，何時可以做完，我心裏並無答案。

　　21 年新開始了好幾本書，包括《辟疆園杜詩注解》、《周易引經通釋》、《待軒詩記》、《吳詩集覽》。眼下只有《辟疆園杜詩注解》已經完成。

　　我和杜詩的因緣，在《杜詩闡》的後記已作交代，此不贅述。《辟疆園杜詩注解》是 2021 年 4 月 10 日開始著手的，時作時輟。古籍數據庫沒有收錄的

古籍，需要錄入文本，實在是非常耗費時間。21 年的四部書，除了《待軒詩記》，都是如此。所以大部分不是在校書，而是在錄書。對於鍵盤不熟悉，打字速度也不是很快，一天下來，其實也錄不了多少字。當然，「駑馬十駕，功在不舍」，終於，直到 22 年 11 月 1 日才最終完成。寫到這裡，又忍不住要吐槽了。小學校資源的匱乏，讓人難以想像。沒有數據庫，沒有圖書，有時候為了一句話，就不得不去買一本書回來查找。然而，有什麼辦法呢！家裏的書越來越多，大量地侵佔了生活的空間。書房是有一張床的，但自從國園壹城搬進翡翠國際的時候，這張床就是用來放書的，這就是盧照鄰所謂的「年年歲歲一床書」麼！12 月 23 日，內子傍晚回家，稱自己可能陽了。為了隔離，於是晚上和小寶硬生生把書房的床給騰出來了，一床的書被分散到陽臺的紙箱裏，書房的牆角。那一夜，我和小寶睡在這張床上，這張床才第一次發揮了「床」的基本功能。既然清空了，那麼這床就不再放書，那騰出來的書呢？該怎麼辦呢？

之前處理了 61 冊的《全元文》，如今故技重施，聯繫了一個書店老闆，希望能夠賣掉一批書。說幹就幹，一次就賣掉了 53 冊。後來又陸續整理，又找出了 60 餘冊。然而書架上是塞的滿滿當當，地上堆積的似乎也沒怎麼少。這又該如何是好呢！看來，這以後得嚴格控制自己的手，真不能再買了。

三

寒冷的冬天，加上前一陣子的「一篇羊群」，大家很少出門，相互也減少了來往。比如，小寶以前每天都去喊隔壁的吳研瑄、吳研萌姐妹來家裏玩，或是吳研萌自己來玩，然而，最近小寶也不去喊了，吳研萌自己也不來了，畢竟小寶陽過，吳研瑄、吳研萌姐妹沒有陽過。但最近，該陽的都陽了，沒陽的估計也陽不了。前一陣子集中爆發的那幾天過了之後，似乎再也沒有聽見誰誰陽了的消息。可能這病毒真的式微了。看來正應了那句俗語：「大疫不過三。」

小區的孩子逐漸多了，街上的人也逐漸多了。最近一段日子，基本都是晴天。前幾天，小寶下樓，在樓下呼喊吳研瑄、吳研萌姐妹，她們下樓玩的時候依然帶著口罩，當然我和小寶也帶著口罩。可昨天下樓，我和小寶沒戴口罩，喊下來的姐妹倆也都沒戴口罩。在外面轉了一圈，太陽逐漸被樓房遮住，氣溫有些下降，小寶又邀請姐妹倆來家裏玩，她們沒有拒絕，一起玩了很長時間。看來，大伙兒的生活真的要恢復到 2019 年的狀況了。

　　在樓下玩的時候，突然發現小區的梅花都含苞待放。原來在我們宅在家裏的時候，她們卻在蓄勢待發。那錚錚鐵骨，在料峭的寒風中搖曳，然而不管怎樣，春天終究是來了！

　　春回大地，福滿人間！兔年，我繼續努力！

2023 年 1 月 18 日寫第一節

1 月 30 日寫二～三節，時草完前言

麻城陳開林於翡翠國際